KB173681

**내 코드가
그렇게
이상한가요?**

YOI CODE / WARUI CODE DE MANABU SEKKEI NYUMON -
HOSHU SHIYASUI SEICHO SHITSUZUKERU CODE NO KAKIKATA
by Daiya Senba

Copyright © 2022 Daiya Senba
All rights reserved.
Original Japanese edition published by Gijutsu-Hyoron Co., Ltd., Tokyo
This Korean language edition published by arrangement with Gijutsu-Hyoron Co., Ltd., Tokyo
in care of Tuttle-Mori Agency, Inc., Tokyo, through Botong Agency, Seoul.

이 책의 한국어판 저작권은 Botong Agency를 통한 저작권자와의 독점 계약으로 인사이트가 소유합니다.
저작권법에 의하여 한국 내에서 보호를 받는 저작물이므로 무단전재와 무단복제를 금합니다.

내 코드가 그렇게 이상한가요?
좋은 코드/나쁜 코드로 배우는 설계 입문

초판 1쇄 발행 2023년 6월 19일 **2쇄 발행** 2023년 10월 18일 **지은이** 센바 다이야 **옮긴이** 윤인성 **펴낸이** 한기성 **펴낸곳** (주)도서출판
인사이트 **편집** 나수지 **영업마케팅** 김진불 **제작·관리** 이유현, 박미경 **용지** 월드페이퍼 **출력·인쇄** 예림인쇄 **후가공** 이지앤비 **제본** 예림
바인딩 **등록번호** 제2002-000049호 **등록일자** 2002년 2월 19일 **주소** 서울특별시 마포구 연남로5길 19-5 **전화** 02-322-5143 **팩스**
02-3143-5579 **이메일** insight@insightbook.co.kr **ISBN** 978-89-6626-399-8 책값은 뒤표지에 있습니다. 잘못 만들어진 책은 바
꾸어 드립니다. 이 책의 정오표는 https://blog.insightbook.co.kr에서 확인하실 수 있습니다.

내 코드가 그렇게 이상한가요?

좋은 코드/나쁜 코드로 배우는 설계 입문

센바 다이야 지음 | 윤인성 옮김

인사이트

차례

13장 모델링: 클래스 설계의 토대 273

14장 리팩터링: 기존의 코드를 성장시키는 기술 295

15장 설계의 의의와 설계를 대하는 방법   323

들어가며

소프트웨어를 개발하면서 다음과 같은 경험을 해 본 적 있지 않나요?

- 어떤 곳의 코드를 변경하니 다른 곳에서 버그가 발생했다.
- 코드를 변경했을 때 영향을 끼치는 부분이 어디인지 여기저기 찾아다녔다.
- 코드를 읽고 이해하는 데만 하루가 걸렸다.
- 쉽게 생각했던 사양 변경과 버그 수정에 며칠을 소비했다.

이럴 때 괴로워하면서도, '원인이 무엇인지 모르겠다'고 생각한 적이 있지 않나요? 소스 코드를 작성할 때 무언가 문제가 있는 것 같다고 느끼긴 했지만, '어떻게 개선해야 할지 모르겠다'고 생각하진 않았나요?

일단 원인을 알 수 없는 이유는 무엇일까요? 이는 '이상적인 구조'를 모르기 때문입니다. 소프트웨어와 관련된 비유는 아니지만, 정사각형은 '네 변의 길이가 모두 같고, 내각이 모두 직각인 도형'이라는 것을 알고 있을 것입니다. 이 정사각형의 정의를 알고 있기 때문에, 변의 길이가 일부 다르거나 내각의 일부가 직각이 아닌 도형을 보았을 때 '이것은 정사각형이 아니다'라고 인식할 수 있습니다. 소프트웨어 설계에서도 마찬가지입니다. '이상적인 구조'를 알면 좋지 않은 구조를 명확하게 인지할 수 있습니다.

서양에서는 악마의 정체를 알면 지배하고 복종시킬 수 있다고 믿었습니다. 흑사병 같은 전염병이 창궐했을 때, 사람들은 '악마' 때문이라며 공포에 떨었으나 병원균을 발견하자, 전염병에 대처하는 방법이 획기적으로 발전했습니다. 악마의 실체(즉 정체)를 인식할 수만 있어도, 제대로 대처할 수 있게 됩니다.

이 책에서는 개발 능력을 떨어뜨리고 소프트웨어의 성장을 방해하는 설계/구현상의 문제를 '악마'에 비유합니다. 악마의 정체를 알면 대처할 수 있는 것처럼, 설계/구현상의 문제도 정체를 파악할 수 있으면 올바르게 대처할 수 있습니다.

이 책은 소프트웨어 개발에 숨어 있는 악마를 인식하고 퇴치할 수 있게 도와주는 설계 테크닉을 다룹니다.

개발 효율을 떨어뜨리고 악마를 불러들이는 나쁜 구조에는 어떤 것이 있는지 하나하나 확인해 보고, 원인과 해결 방법을 설명합니다. 이를 통해 여러분은 '악마의 정체를 꿰뚫어보는 눈'과 '악마를 퇴치하는 무기'를 갖추게 될 것입니다.

이 책을 활용해서 악마를 퇴치하여 빠르게 성장하는 소프트웨어를 만들어 봅시다.

이 책의 대상 독자

이 책은 객체 지향 프로그래밍 언어를 사용하는 소프트웨어 개발자를 대상으로 쓰였습니다.

그중에서 (1) 객체 지향 프로그래밍 언어에 대한 기초 지식은 있지만, 설계를 잘 모르거나 자신감이 없는 사람, (2) 지금부터 설계를 제대로 배우고자 하는 사람을 대상으로 합니다.

객체 지향 설계를 다루는 이유

저는 애플리케이션 아키텍트로서, 시스템 설계와 관련된 일을 하고 있습니다. 예를 들어 유지 보수가 어려워진 시스템을 재설계하거나, 새로운 시스템을 만들 때 확장성을 높이기 위한 설계를 하고 있습니다.

이 책에는 샘플 코드로 나쁜 코드가 아주 많이 등장합니다. 이는 모두 실제로 본 적 있는 코드를 이해하기 쉽게 사례를 조금 바꾸어 재구성한 것입니다.

저는 이러한 나쁜 코드를 객체 지향 설계로 해결하고 개선하는 일을 합니다. 따라서 이 책은 저의 실무 노하우를 담고 있습니다.

설계는 문제를 효율적으로 해결하는 구조를 만드는 것입니다. 객체 지향에는 복잡한 로직을 구분하고 정리하여 질서 정연한 구조로 개선하는 다양한 설계 기법이 있습니다. 이 책에서는 나쁜 코드를 좋은 코드로 바꾸는 실천적인 객체 지향 설계 기법을 설명합니다.

이 책에서 사용하는 프로그래밍 언어

이 책의 샘플 코드는 일부를 제외하고 모두 자바로 작성되어 있습니다.

자바를 사용하는 이유는 사용자가 많은 프로그래밍 언어이기 때문입니다. 또한 자바로 된 설계 관련 자료가 굉장히 많으므로, 이 책을 끝낸 이후에도 관련 내용을 공부하기 좋습니다.

저는 C#, C++, 루비, 자바스크립트를 포함한 여러 객체 지향 프로그래밍 언어를 사용해 보았습니다. 그래서 이 책은 자바뿐만 아니라 모든 객체 지향 언어에서 활용할 수 있는 설계 방법을 중심으로 집필했습니다. 자바에서만 활용할 수 있는 기능이나 프레임워크 등을 다루진 않았습니다. 따라서 객체 지향 프로그래밍 언어를 사용하는 개발자라면, 다른 프로그래밍 언어로 대체해서 생각하는 데 문제없을 것입니다.

또한 저는 실무적으로 웹 애플리케이션, 윈도우 애플리케이션, 임베디드 소프트웨어 등 다양한 분야에 개발 경력이 있으며, 개인적으로 게임 개발 경험도 있습니다. 이러한 경험을 기반으로, 이 책은 웹 애플리케이션뿐만 아니라, 다양한 소프트웨어 개발에 폭넓게 활용할 수 있는 설계 기법을 중심으로 집필했습니다.

이 책의 구성

장	내용	단계
1. 잘못된 구조의 문제 깨닫기	잘못된 구조의 폐해를 통해 설계의 중요성을 다룹니다.	입문
2. 설계 첫걸음	잘못된 구조를 개선하는 간단한 예를 통해서, 설계가 무엇을 의미하는지 다룹니다.	입문
3. 클래스 설계: 모든 것과 연결되는 설계 기반	이 책 전체의 기반이 되는 클래스와 객체 지향 설계의 기초를 다룹니다.	실전
4. 불변 활용하기: 안정적으로 동작하게 만들기	예측할 수 있는 코드를 작성하는 데 필요한 불변성을 다룹니다.	실전
5. 응집도: 흩어져 있는 것들	코드가 여러 곳에 분산되는 문제를 해결하는 방법을 다룹니다.	실전
6. 조건 분기: 미궁처럼 복잡한 분기 처리를 무너뜨리는 방법	복잡한 조건 분기를 정리하고 구조화하는 방법을 다룹니다.	실전
7. 컬렉션: 중첩을 제거하는 구조화 테크닉	복잡한 리스트 처리를 정리하고 구조화하는 방법을 다룹니다.	실전
8. 강한 결합: 복잡하게 얽혀서 풀 수 없는 구조	여러 역할의 코드가 결합되어 유지 보수하기 어려워진 클래스를 분할하는 방법을 다룹니다.	실전
9. 설계의 건전성을 해치는 여러 악마	앞에서 소개하지 못한 나쁜 코드와 그 대처 방안을 다룹니다.	실전
10. 이름 설계: 구조를 파악할 수 있는 이름	이름과 구조의 밀접한 관계를 살펴보고, 구조를 개선하는 데 도움이 되는 이름 설계를 다룹니다.	실전
11. 주석: 유지 보수와 변경의 정확성을 높이는 주석 작성 방법	읽는 사람을 혼란스럽게 만드는 나쁜 주석과 읽는 사람에게 도움을 주는 좋은 주석을 다룹니다.	실전
12. 메서드(함수): 좋은 클래스에는 좋은 메서드가 있다	메서드 설계 방법을 집중적으로 다룹니다.	실전
13. 모델링: 클래스 설계의 토대	클래스의 구분과 구조의 기반이 되는 모델링에 대해 다룹니다.	심화
14. 리팩터링: 기존의 코드를 성장시키는 기술	이미 구현된 나쁜 코드를 좋은 코드로 개선하는 리팩터링 방법에 대해 다룹니다.	심화
15. 설계의 의의와 설계를 대하는 방법	이 책의 설계 의의인 '성장성'을 중심으로 설계를 다시 한 번 생각해 봅니다.	심화
16. 설계를 방해하는 개발 프로세스와의 싸움	코드 품질을 악화시키는 개발 프로세스 관련 문제들을 살펴봅니다.	심화
17. 설계 기술을 계속해서 공부하려면	이 책을 읽은 후 보면 좋을 참고 도서를 소개하고, 학습법을 다룹니다.	심화

감사의 글

이 책은 많은 분의 도움으로 완성되었습니다. 도움 주신 분들을 소개하겠습니다.

일단 이 책을 검토해 주신 마스다 토오루(增田亨) 님, 카토 준이치(加藤潤一) 님, 타니모토 신(谷本心) 님, 오카무라 켄(岡村謙) 님에게 감사하다는 말을 전합니다. 훌륭한 엔지니어 분들의 리뷰 덕분에, 이 책의 품질과 가치가 크게 향상되었습니다.

또한 지금까지 저와 함께 일한 모든 동료 분께 감사드립니다. 동료들과 함께 일하면서 얻은 수많은 경험이 이 책을 만드는 바탕이 되었습니다.

설계 커뮤니티에 있는 모든 분들에게도 감사의 말을 전합니다. 커뮤니티를 통해 얻은 지식 덕분에 이 책이 풍성해질 수 있었습니다. 또한 여러분과의 소통이 지금까지 제가 설계를 열심히 할 수 있던 원동력이 되었습니다.

부모님께도 감사의 말을 전합니다. 어렸을 때 비싼 컴퓨터를 사 주신 부모님 덕분에 제가 프로그래머의 길을 걸을 수 있었고, 지금까지 계속할 수 있었습니다.

책 집필을 제안해 주시고, 편집에 참여해 주신 기술평론사의 노다 다이키(野田大貴) 님께도 감사의 말을 전합니다. 첫 집필이라 모르는 부분이 많았는데, 친절하게 도와주셨습니다.

게임 제작 도구 RPG Maker(RPG 쯔꾸르) 관계자 분들과 이 도구를 활용해서 게임을 만드는 모든 분께도 감사의 말을 전합니다. 제가 RPG Maker로 만든 설계에 관한 풍자 동영상을 노다 다이키 님께서 보고 연락을 주셔서 이 책을 집필할 수 있었습니다. 많은 게임 제작자 분들의 아이디어에 자극을 받아 동영상을 만들 수 있었습니다.

그리고 지금까지 함께 가정을 꾸려 온 아내와 아이에게도 감사의 말을 전합니다. 가족의 지원이 있었기에 1년 9개월에 걸친 긴 집필 기간을 버틸 수 있었습니다.

그 밖에도 여러 관계자 분께 감사와 경의를 표합니다. 모두 감사합니다.

1장

잘못된 구조의
문제 깨닫기

좋은 구조[1]로 개선하기 위해서는 일단 나쁜 구조의 폐해를 인지해야 합니다. 그런 다음 폐해를 개선할 수 있는 좋은 구조를 배우면, 나쁜 구조와 좋은 구조의 차이를 파악하여 설계를 개선할 수 있습니다.

과거에 참여한 개발 프로젝트에 여러 문제가 생긴 적이 있습니다. 어떻게 해도 버그[2]가 계속 발생했으며, 코드 품질이 배포할 수 있는 수준에 이르지 못했습니다. 야근이 일상이 되었고, 하루하루 일상이 피폐해져 갔습니다.

처음에는 문제들의 원인조차 알지 못했습니다. 그런데 다양한 기술서를 접한 뒤, 코드를 이해하기 쉽게 만들고, 버그 발생 가능성을 줄이는 좋은 설계가 있음을 알게 되었습니다. 그 덕분에 문제의 원인이 각종 나쁜 구조임을 깨달았습니다.

설계의 중요성을 깨닫기 위해서는 설계를 소홀히 했을 때 어떠한 폐해가 발생하는지 알아야 합니다. 여기서 폐해란 다음과 같은 것을 말합니다.

- 코드를 읽고 이해하는 데 시간이 오래 걸림.
- 버그가 계속해서 발생함.
- 나쁜 구조로 인해서 더 나쁜 구조가 만들어짐.

이 장에서는 이처럼 나쁜 구조로 인해 발생할 수 있는 폐해를 여러 예제를 들어 간단하게 살펴보겠습니다.

1.1 의미를 알 수 없는 이름

좋지 않은 이름이 일으키는 악영향을 소개하겠습니다.

코드 1.1을 보면 이 로직이 무엇을 의미하는지 알 수 있나요?

---

1 프로그램 구조는 클래스와 메서드 등 여러 가지로 세세하게 나눌 수 있습니다. 이 책에서는 특별한 언급이 없는 이상, '구조'는 프로그램 구조 전반을 의미합니다.
2 버그는 '시스템 명세를 만족하지 못하는 프로그램의 결함'을 의미합니다.

🙁 **코드 1.1** 기술 중심 명명

```
class MemoryStateManager {
  void changeIntValue01(int changeValue) {
    intValue01 -= changeValue;
    if (intValue01 < 0) {
      intValue01 = 0;
      updateState02Flag();
    }
  }
  ...
}
```

아마 전혀 알 수 없을 것입니다.

그래도 조금 살펴보면 자료형 이름을 나타내는 Int, 메모리 제어를 나타내는 Memory와 Flag 등 프로그래밍이나 컴퓨터 용어를 기반으로 이름 붙였음을 알 수 있습니다. 이처럼 기술을 기반으로 이름 붙이는 것을 **기술 중심 명명**이라 부릅니다(10.4.1절 참고).[3]

이어서 다음 예를 살펴봅시다.

🙁 **코드 1.2** 일련번호 명명

```
class Class001 {
  void method001();
  void method002();
  void method003();
  ...
}
```

코드 1.2처럼 클래스와 메서드에 번호를 붙여서 이름 짓는 것을 **일련번호 명명**이라고 합니다(10.5.4절 참고).

이와 같이 기술을 기반으로 이름을 짓거나, 일련번호를 매겨 이름을 지으면 코드에서 어떠한 의도도 읽어 낼 수 없습니다.

이렇게 이름 지은 코드는 이해하기 어렵습니다. 읽고 이해하는 데 시간이 오래 걸립니다. 게다가 충분히 이해하지 못한 상태로 코드를 변경하면 버그가 발생합니다.

---

3 이 책에서 설명을 간단하게 하고자, 몇 군데에서 Manager라는 이름을 사용했습니다. 10.5.2절에서 언급하겠지만, Manager라는 이름도 문제를 많이 발생시키는 좋지 않은 이름입니다.

이러한 위험을 줄이고자 스프레드시트 등을 사용해 일람표를 만들기도 합니다. 각 클래스와 메서드의 역할과 기능을 설명하는 문서입니다. 하지만 이런 문서는 바쁜 업무로 인해 유지 보수가 거의 이루어지지 않습니다. 코드는 계속해서 변경되는데 문서 유지 보수가 따라가지 못하면, 문서는 거짓말을 시작합니다. 결국 정확하지 않은 문서는 오히려 후임 담당자가 코드를 읽고 이해하기 어렵게 하며, 그 결과 버그가 더 쉽게 발생하게 됩니다.

그리고 의도를 제대로 이해하지 못하고 코드를 변경하면, 로직이 필요 이상으로 복잡해질 수도 있습니다. 따라서 의도와 목적을 드러내는 이름을 사용하는 것이 좋습니다. 이렇게만 해도 구조가 간단하고 명확해집니다(10장 참고).

1.2 이해하기 어렵게 만드는 조건 분기 중첩

조건 분기는 조건에 따라 처리 방식을 다르게 하는 데 사용되는 프로그래밍 언어의 기본 제어 구조입니다. 그런데 조건 분기를 어설프게 사용하면, 악마가 되어 개발자를 괴롭힙니다.

코드 1.3은 RPG(롤플레잉 게임)에서 마법 발동의 조건을 구현한 예입니다.

코드 1.3 여러 번 중첩된 로직

```
// 살아 있는지 판정
if (0 < member.hitPoint) {
  // 움직일 수 있는지 판정
  if (member.canAct()) {
    // 매직포인트에 여유가 있는지 판정
    if (magic.costMagicPoint <= member.magicPoint) {
      member.consumeMagicPoint(magic.costMagicPoint);
      member.chant(magic);
    }
  }
}
```

RPG에서 어떤 멤버에게 마법을 쓰라고 지시한다고 해서 그 멤버가 마법을 무조건 발동하지는 못합니다. 자신의 순서가 돌아오기 전에 적의 공격을 받아서 전투 불능 상태가 될 수도 있으며, 수면 또는 마비 등의 마법에 걸려 움직이지 못할 수도 있기 때문입니다. 따라서 앞의 코드처럼 '마법을 발동할 수 있는 상태인지' 여러 번 판정해야 합니다.

이 코드는 if 조건문 내부에 if 조건문, 그리고 그 안에 또 if 조건문이 있는 형태입니다. 이러한 상태를 if 조건문이 **중첩**되어 있다고 합니다.

중첩이 많을수록 코드의 가독성이 나빠집니다. 어디서부터 어디까지가 if 조건문 처리 블록[4]인지 확인하기 힘들기 때문입니다. 만약 코드 1.4처럼 중첩되어 있다면, 코드를 읽고 이해하기 정말 힘들 것입니다.

코드 1.4 거대한 중첩

```
if (조건) {
  //
  // 수십~수백 줄의 코드
  //
  if (조건) {
    //
    // 수십~수백 줄의 코드
    //
    if (조건) {
      //
      // 수십~수백 줄의 코드
      //
      if (조건) {
        //
        // 수십~수백 줄의 코드
        //
      }
    }
    //
    // 수십~수백 줄의 코드
    //
  }
  //
  // 수십~수백 줄의 코드
  //
}
```

4 {}(중괄호)로 이루어진 처리 범위

코드를 보고 무슨 이런 코드가 다 있나 싶기도 하지만, 이런 코드는 실제로 존재합니다.

코드를 이렇게 작성하면 조건이 복잡해질수록 코드를 읽고 이해하기 힘듭니다. 이해가 힘들면 디버깅과 기능 변경에 더 오랜 시간이 걸립니다. 게다가 분기 로직을 정확하게 이해하지 못하고 기능을 변경하면, 버그가 발생할 수도 있습니다(자세한 내용은 6.1절에서 설명합니다).

1.3 수많은 악마를 만들어 내는 데이터 클래스

데이터 클래스는 설계가 제대로 이루어지지 않은 소프트웨어에서 빈번하게 등장하는 클래스 구조입니다. 데이터 클래스는 단순한 구조이지만, 수많은 악마를 만들어 낼 수 있습니다.

금액을 다루는 서비스를 예로 들어 데이터 클래스의 어떤 점이 나쁜지 살펴봅시다.

업무 계약을 다루는 서비스에서 계약 금액을 처리하는 요구 사항을 클래스로 구현해야 한다고 합시다. 아무 생각 없이 구현하면, 코드 1.5와 같은 클래스 구조가 만들어집니다.

코드 1.5 데이터밖에 없는 클래스 구조

```java
// 계약 금액
public class ContractAmount {
  public int amountIncludingTax;  // 세금 포함 금액
  public BigDecimal salesTaxRate; // 소비세율
}
```

세금이 포함된 금액과 소비세율을 public 인스턴스 변수로 갖고 있으므로, 클래스 밖에서도 데이터를 자유롭게 변경할 수 있는 구조입니다. 이처럼 데이터를 갖고 있기만 하는 클래스를 **데이터 클래스**라고 부릅니다.

그런데 데이터 클래스에는 데이터뿐만 아니라, 세금이 포함된 금액을 계산하는 로직도 필요한데, 이러한 계산 로직을 데이터 클래스가 아닌 다른 클래스

에 구현하는 일이 벌어지곤 합니다. 설계를 따로 고려하지 않아 생기는 일입니다. 예를 들어 코드 1.6처럼 다른 클래스에 계산 로직이 구현된 경우를 본 적 있지 않나요?

코드 1.6 ContractManager에 작성된 금액 계산 로직

```java
// 계약을 관리하는 클래스
public class ContractManager {
  public ContractAmount contractAmount;

  // 세금 포함 금액 계산
  public int calculateAmountIncludingTax(int amountExcludingTax,
                                         BigDecimal salesTaxRate) {
    BigDecimal multiplier = salesTaxRate.add(new BigDecimal("1.0"));
    BigDecimal amountIncludingTax =
        multiplier.multiply(new BigDecimal(amountExcludingTax));
    return amountIncludingTax.intValue();
  }

  // 계약 체결
  public void conclude() {
    // 생략
    int amountIncludingTax =
        calculateAmountIncludingTax(amountExcludingTax, salesTaxRate);
    contractAmount = new ContractAmount();
    contractAmount.amountIncludingTax = amountIncludingTax;
    contractAmount.salesTaxRate = salesTaxRate;
    // 생략
  }
}
```

작은 규모의 애플리케이션이라면 이러한 구조가 특별히 문제되지 않습니다. 하지만 애플리케이션의 규모가 커진다면, 수많은 악마를 불러들입니다.

어떤 악마가 나타나는지 차근차근 살펴봅시다.

1.3.1 사양을 변경할 때 송곳니를 드러내는 악마

업무 계약 서비스에서 소비세와 관련된 사양이 변경되었다고 합시다. 구현 담당자는 소비세율과 관련된 로직을 변경했습니다.

그런데 며칠이 지나 '소비세율이 변경되지 않았다'라는 장애 보고가 올라왔습니다. 원인을 조사해 보니, 다른 곳에도 세금 포함 금액을 계산하는 로직이 있었던 것입니다. 마찬가지로 구현 담당자는 이곳의 로직도 수정했습니다.

그런데 얼마 지나지 않아서, 또다시 '소비세율이 변경되지 않았다'라는 장애 보고가 올라왔습니다. 조사해 보니 또 다른 곳에도 세금 포함 금액을 계산하는 로직이 있었습니다.

'이런 부분이 더 있는 게 아닐까?'라고 생각한 담당자는 소비세와 관련된 부분을 소스 코드 전체에서 찾기 시작했습니다. 그리고 놀랍게도 세금 포함 금액을 계산하는 로직이 수십 곳에 있음을 확인했습니다.[5]

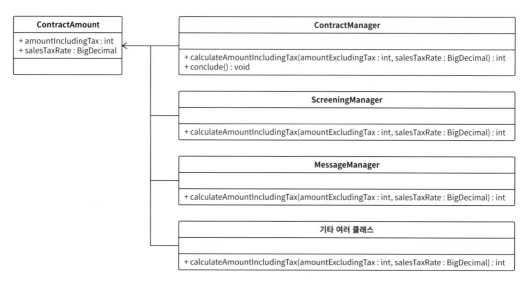

그림 1.1 데이터 클래스로 인해 발생하는 중복

왜 이런 일이 생긴 것일까요? 일단 세금 포함 금액은 여러 상황에서 필요하므로 여러 곳에 구현되기 쉽습니다.

계산 로직을 어느 한곳에 만들어 두면, 사람들이 모두 그것만 사용하고 따로 구현하지는 않겠지 하고 생각할 수도 있습니다. 하지만 설계에 관심이 없다면, 필요한 로직이 이미 구현되어 있다는 사실을 모르고 따로 구현해 버릴 수도 있습니다.

---

5 실제로 제가 경험했던 코드입니다. 이때 저를 포함한 담당자 전체가 소비세 관련 로직을 확인하고 변경하는 데 굉장히 많은 시간과 노력을 들였습니다.

이런 상황은 데이터를 담고 있는 클래스와 데이터를 사용하는 계산 로직이 멀리 떨어져 있을 때 자주 일어납니다. 둘이 떨어져 있으므로, 계산 로직의 존재 자체를 몰라 계속 구현하는 것입니다.

이처럼 데이터와 로직 등이 분산되어 있는 것을 **응집도**가 낮은 구조라고 합니다. 그럼 응집도가 낮아 생길 수 있는 여러 가지 문제를 살펴봅시다.

1.3.2 코드 중복

관련된 코드가 서로 멀리 떨어져 있으면, 관련된 것끼리 묶어서 파악하기 힘듭니다.

업무 계약 서비스 예시에서 살펴본 것처럼, 이미 기능이 구현되어 있는데도 동료 개발자들이 '이 기능이 아직 구현되어 있지 않구나?'라고 오해하고, 같은 로직을 여러 곳에 구현할 수도 있습니다. 의도하지 않게 **코드 중복**이 발생하는 것입니다.

1.3.3 수정 누락

코드 중복이 많으면, 사양이 변경될 때 중복된 코드를 모두 고쳐야 합니다. 하지만 이 과정에서 일부 코드를 놓칠 수 있으며, 결국 버그를 낳습니다.

1.3.4 가독성 저하

가독성이란 코드의 의도나 처리 흐름을 얼마나 빠르고 정확하게 읽고 이해할 수 있는지를 나타내는 지표입니다. 코드가 분산되어 있으면, 중복된 코드를 포함해서 관련된 정보를 다 찾는 것만으로도 시간이 오래 걸립니다. 따라서 가독성이 떨어지는 것입니다.

작은 애플리케이션이라면 문제없을 수도 있지만, 수만 또는 수십만 줄의 소스 코드에 기능이 분산되어 있다면 시간뿐만 아니라 체력과 정신력도 쓸데없이 소모될 것입니다.

1.3.5 초기화되지 않은 상태(쓰레기 객체)

코드 1.7의 코드가 어떻게 실행될지 예측해 봅시다.

코드 1.7 쓰레기 객체

```
ContractAmount amount = new ContractAmount();
System.out.println(amount.salesTaxRate.toString());
```

코드를 실행하면 NullPointerException이 발생합니다. 소비세율 salesTaxRate
는 BigDecimal로 정의되어 있으므로, 따로 초기화하지 않으면 null이 들어갑니
다. ContractAmount가 추가로 초기화해야 하는 클래스라는 것을 모르면, 버그
가 발생하기 쉬운 불완전한 클래스입니다.

이처럼 '초기화하지 않으면 쓸모 없는 클래스' 또는 '초기화하지 않은 상태가
발생할 수 있는 클래스'를 안티 패턴[6] 쓰레기 객체라고 부릅니다.

1.3.6 잘못된 값 할당

값이 잘못되었다는 것은 요구 사항에 맞지 않음을 의미합니다. 예를 들어 다음
과 같은 상태입니다.

- 주문 건수가 음수가 나오는 경우
- 게임에서 히트포인트(HP) 값이 최댓값을 넘는 경우

현재 데이터 클래스는 코드 1.8처럼 소비세율을 음수로 대입해도 값이 들어갑
니다. 따라서 잘못된 값이 쉽게 들어갈 수 있는 구조입니다.

코드 1.8 잘못된 값이 들어간 경우

```
ContractAmount amount = new ContractAmount();
amount.salesTaxRate = new BigDecimal("-0.1");
```

잘못된 값이 들어가지 않게, 데이터 클래스를 사용하는 쪽의 로직을 살짝 변경
해서 유효성을 검사하게 만들 수 있습니다. 하지만 사용하는 곳마다 검사 로직

---

6 (옮긴이) 안티 패턴이란 '하지 않는 것이 좋은 패턴'을 의미합니다.

을 추가해야 하니 마치 세금 포함 금액을 계산하는 로직처럼 여러 곳에 코드가 중복될 수 있습니다.

그렇게 되면 요구 사항이 변경될 경우, 앞서 언급했던 코드 응집도가 낮아 생기는 폐해가 똑같이 일어날 수 있습니다. 즉, 수정 누락과 가독성 저하 같은 문제가 생기는 것입니다.

데이터 클래스가 일으키는 폐해를 정리해 보면, 일단 다음과 같습니다.

- 코드 중복
- 수정 누락
- 가독성 저하
- 초기화되지 않은 상태(쓰레기 객체)
- 잘못된 값 할당

데이터 클래스라는 악마 한 마리가 수많은 악마를 불러들여, 버그를 발생시키고 가독성을 해치는 것입니다.[7] 결과적으로 이와 같은 문제들은 **개발 생산성을 떨어뜨립니다.**

1.4 악마 퇴치의 기본

지금까지 나쁜 구조가 일으킬 수 있는 대표적인 폐해를 소개했습니다. 이 장에서 다룬 내용은 일부일 뿐입니다. 이어지는 장들에서, 악마 같은 코드를 더 많이 살펴볼 것입니다.

이런 악마들을 물리칠 수 있는 방법은 없을까요? 악마를 퇴치하는 방법은 당연히 존재합니다.

일단 나쁜 구조의 폐해를 인지해야 합니다. 나쁜 폐해를 인지하면, '어떻게든

---

7 일부러 데이터 클래스로 설계하는 경우도 있습니다. 이는 앞서 언급한 데이터 클래스의 리스크를 충분히 해소할 수 있는 경우에 한정됩니다. 이 책에서는 DTO(10.5.1절 참고)에서 데이터 클래스를 사용하는 예를 소개합니다.

대처해야겠다'라고 생각하게 되죠. 이 생각이 바로 좋은 설계를 위한 첫걸음입니다.

이어서 객체 지향의 기본인 클래스를 적절하게 설계해야 합니다. 객체 지향 설계가 곧 악마를 퇴치하는 무기입니다.

이어지는 장에서는 다양한 예를 살펴보면서, 나쁜 구조와 나쁜 구조를 개선하는 설계 방법에 대해서 설명하겠습니다.

2장

설계
첫걸음

클래스 설계를 본격적으로 설명하기 전에, 아주 기본적인 설계부터 살펴보겠습니다.

이 장에서는 간단한 코드 예제로 설계가 무엇인지 살펴봅니다. 일단 변수와 메서드(함수) 등 작은 단위부터 시작하겠습니다.

2.1 의도를 분명히 전달할 수 있는 이름 설계하기

일단 코드 2.1을 살펴봅시다. 어떠한 로직일까요?

코드 2.1 어떤 일을 하는지 이해하기 힘든 로직

```
int d = 0;
d = p1 + p2;
d = d - ((d1 + d2) / 2);
if (d < 0) {
  d = 0;
}
```

무언가를 계산하고 있지만, 무엇을 하고 있는지 전혀 이해할 수 없습니다.

사실 이 코드는 게임에서 대미지를 계산하는 로직입니다. 각각의 변수는 다음 표와 같은 의미를 갖습니다.

변수	의미
d	대미지 크기
p1	플레이어의 기본 공격력
p2	플레이어 무기의 공격력
d1	적 자체의 방어력
d2	적 방어구의 방어력

표 2.1 변수의 의미

이름을 짧게 줄이면, 입력해야 하는 글자 수가 줄어듭니다. 따라서 조금이라도 빠르게 구현할 수 있을지도 모릅니다. 하지만 이 코드를 다른 사람이 읽거나 시간이 지난 후 다시 볼 때는 읽고 이해하기 매우 어렵습니다. 입력할 때 아낀 시간보다 몇 배, 아니 몇십 배 이상이 필요할지도 모릅니다. 따라서 전체 개발 시간은 더 늘어나게 됩니다.

의도를 알 수 있는 이름을 사용해서 개선해 봅시다.

코드 2.2 의도를 알 수 있는 이름 붙이기

```
int damageAmount = 0;
damageAmount = playerArmPower + playerWeaponPower;          // ①
damageAmount = damageAmount - ((enemyBodyDefence +
                               enemyArmorDefence) / 2); // ②
if (damageAmount < 0) {
  damageAmount = 0;
}
```

자주 바뀔 가능성이 있는 코드를 구현할 때는 '변수 이름을 쉽게 붙이는 것'도 아주 훌륭한 기본 설계가 될 수 있습니다. 의도를 쉽게 알 수 있는 이름을 붙이세요.

2.2 목적별로 변수를 따로 만들어 사용하기

코드 2.2는 이해하기 쉬워졌지만, 문제가 조금 있습니다.

대미지 크기를 나타내는 damageAmount에 값이 여러 번 할당되고 있습니다. 복잡한 계산을 할 때는 이처럼 계산의 중간 결과를 동일한 변수에 계속해서 대입하는 코드가 많이 사용됩니다.

변수에 값을 다시 할당하는 것을 **재할당**이라고 합니다. 재할당은 변수의 용도가 바뀌는 문제를 일으키기 쉽습니다. 그러면 코드를 읽는 사람을 혼란스럽게 만들고, 버그를 만들어 낼 가능성이 있습니다.

실제 코드 2.2의 ①에서 damageAmount에 할당하는 값은 플레이어 공격력의 총량입니다. 즉, 이제 대미지 크기를 나타내지 않습니다.

재할당으로 기존의 변수를 다시 사용하지 말고, 목적별로 변수를 만들어서 사용합시다. 코드 2.2를 다시 살펴봅시다. ①에는 플레이어 공격력의 총합, ②에는 적 방어력의 총합을 계산하는 부분이 있습니다. 이처럼 개념이 다른 값들은 totalPlayerAttackPower와 totalEnemyDefence라는 변수를 만들어 할당해 봅시다. 이어서 전체 코드를 정리해 보면, 다음과 같습니다.

코드 2.3 목적별로 변수 만들어 사용하기

```
int totalPlayerAttackPower = playerArmPower + playerWeaponPower;
int totalEnemyDefence = enemyBodyDefence + enemyArmorDefence;

int damageAmount = totalPlayerAttackPower - (totalEnemyDefence / 2);
if (damageAmount < 0) {
  damageAmount = 0;
}
```

전체적으로 '어떤 값을 계산하는 데 어떤 값을 사용하는지' 관계를 파악하기 훨씬 쉬워졌습니다.

2.3 단순 나열이 아니라, 의미 있는 것을 모아 메서드로 만들기

코드 2.3에서는 공격력과 방어력을 계산하고, 계산 결과를 다른 변수에 저장하게 만들었습니다.

그런데 일련의 흐름이 모두 그냥 작성되어 있습니다. 이러한 계산 로직들이 단순하게 나열되어 있으면, 로직이 어디에서 시작해서 어디에서 끝나는지, 무슨 일을 하는지 알기 어렵습니다. 계산 로직이 복잡하고 거대해지면, 예를 들어 공격력을 계산할 때 방어력을 실수로 넣는다든지 하는 식으로 값이 섞일 수 있습니다. 그럴 리가 있냐고 생각하는 사람도 있겠지만, 실제 개발에서 자주 볼 수 있는 광경입니다.

이러한 상황을 막으려면, 의미 있는 로직을 모아서 메서드(함수)로 구현하는 것이 좋습니다. 코드 2.4는 코드 2.3에서 공격력 계산, 방어력 계산, 대미지 계산 코드를 메서드로 추출한 코드입니다.

코드 2.4 의미를 알기 쉽게 메서드로 만들기

```
// 플레이어의 공격력 합계 계산
int sumUpPlayerAttackPower(int playerArmPower, int playerWeaponPower) {
```

```
    return playerArmPower + playerWeaponPower;
}

// 적의 방어력 합계 계산
int sumUpEnemyDefence(int enemyBodyDefence, int enemyArmorDefence) {
    return enemyBodyDefence + enemyArmorDefence;
}

// 대미지 평가
int estimateDamage(int totalPlayerAttackPower, int totalEnemyDefence) {
    int damageAmount = totalPlayerAttackPower - (totalEnemyDefence / 2);
    if (damageAmount < 0) {
        return 0;
    }
    return damageAmount;
}
```

이 메서드들을 호출하는 형태로 개선해 봅시다.

코드 2.5 메서드를 호출하는 형태로 개선

```
int totalPlayerAttackPower = sumUpPlayerAttackPower(playerBodyPower,
                                                   playerWeaponPower);
int totalEnemyDefence = sumUpEnemyDefence(enemyBodyDefence,
                                          enemyArmorDefence);
int damageAmount = estimateDamage(totalPlayerAttackPower,
                                  totalEnemyDefence);
```

세부 계산 로직을 메서드로 감쌌으므로, 일련의 흐름이 훨씬 쉽게 읽힙니다. 또한 서로 다른 계산 작업을 각각의 메서드로 분리했으므로 쉽게 구분할 수 있습니다.

그럼 코드 2.1과 코드 2.5를 비교해 봅시다. 같은 결과를 얻을 수 있는 로직이지만, 구조가 많이 달라졌습니다. 코드의 양은 많아졌지만, 읽고 이해하기는 훨씬 쉽습니다.

이처럼 유지 보수와 변경이 쉽도록 변수의 이름과 로직을 신경 써서 작성하는 것이 곧 설계입니다.

2.4 관련된 데이터와 로직을 클래스로 모으기

마지막으로 클래스의 효과에 대해 게임을 예로 들어 간단하게 설명하겠습니다.

전투가 벌어지는 게임에는 주인공의 체력을 수치로 나타내는 히트포인트 (HP)가 있습니다. 히트포인트가 코드 2.6처럼 지역 변수로 정의되어 있다고 해 봅시다.

코드 2.6 히트포인트를 단독 변수로 만듦

```
int hitPoint;
```

대미지를 입으면 히트포인트를 감소시키는 로직이 필요할 것입니다. 이는 코드 2.7처럼 어딘가에 구현되어 있습니다.

코드 2.7 어딘가에 구현되어 있는 히트포인트 감소 로직

```
hitPoint = hitPoint - damageAmount;
if (hitPoint < 0) {
  hitPoint = 0;
}
```

'회복 아이템을 써서 히트포인트를 높이는 기능을 추가하고 싶다'면, 코드 2.8 과 같은 로직이 또 어딘가에 구현될 것입니다.

코드 2.8 어딘가에 구현되어 있는 회복 로직

```
hitPoint = hitPoint + recoveryAmount;
if (999 < hitPoint) {
  hitPoint = 999;
}
```

'변수'와 '변수를 조작하는 로직'이 계속해서 이곳저곳에 만들어지고 있습니다. 이런 현상은 게임에서만 일어나는 일이 아닙니다. 작은 프로그램에서는 큰 문제 없겠지만 수천, 수만 줄의 소스 코드로 이루어진 프로그램이라면, 관련된 로직을 찾아 돌아다니는 시간만 따져도 엄청날 것입니다. 게다가 변수 hit Point에 음수 값이 포함된다든지 잘못된 값이 뒤섞여 들어갈 수도 있습니다.

값이 잘못된 상태로 프로그램이 계속해서 동작한다면, 버그가 발생할 것입니다.

이러한 문제를 해결해 주는 것이 바로 클래스입니다. 클래스는 데이터를 인스턴스 변수로 갖고, 인스턴스 변수를 조작하는 메서드를 함께 모아 놓은 것입니다. 코드 2.9는 히트포인트와 관련한 데이터와 로직을 묶은 클래스입니다.

코드 2.9 클래스를 활용하면 밀접한 관계를 갖고 있는 데이터와 로직을 묶을 수 있음

```java
// 히트포인트(HP)를 나타내는 클래스
class HitPoint {
  private static final int MIN = 0;
  private static final int MAX = 999;
  final int value;

  HitPoint(final int value) {
    if (value < MIN) throw new IllegalArgumentException(MIN + " 이상을
                                               지정해 주세요.");
    if (MAX < value) throw new IllegalArgumentException(MAX + " 이하를
                                               지정해 주세요.");

    this.value = value;
  }

  // 대미지를 받음.
  HitPoint damage(final int damageAmount) {
    final int damaged = value - damageAmount;
    final int corrected = damaged < MIN ? MIN : damaged;
    return new HitPoint(corrected);
  }

  // 회복
  HitPoint recover(final int recoveryAmount) {
    final int recovered = value + recoveryAmount;
    final int corrected = MAX < recovered ? MAX : recovered;
    return new HitPoint(corrected);
  }
}
```

대미지는 damage 메서드, 회복은 recover 메서드라고 이름 붙였듯이 HitPoint 클래스는 히트포인트와 관련된 로직을 담고 있습니다. 서로 밀접한 데이터와 로직을 한곳에 모아 두면, 이곳저곳 찾아 다니지 않아도 괜찮습니다.

그리고 생성자에는 0~999 범위를 벗어나는 값을 거부하는 로직이 있습니다. 잘못된 값이 유입되지 않게 만들면, 조금이나마 버그로부터 안전한 클래스 구조가 될 것입니다.

이처럼 의도를 갖고 적절하게 설계하면, 유지 보수와 변경이 쉬워집니다.

이 장에서는 설계의 기초를 다루었습니다. 다음 장부터는 한결 자세하면서도 본격적인 설계 방법을 설명합니다. 특히 3장에서는 클래스 설계 방법과 그 배경이 되는 접근 방법들을 상세히 설명합니다. 클래스 설계는 이 책의 기본이 되는 내용입니다. 차근차근 확실하게 짚고 넘어갑시다.

3장

클래스 설계:
모든 것과 연결되는
설계 기반

이 장에서는 객체 지향 설계의 기본을 설명합니다.

유지 보수와 변경이 쉬운 코드를 작성하려면, 관심사 분리(10.1.1절 참고)가 중요합니다. 객체 지향 프로그래밍은 로직 정리 방침이 이해하기 쉽고, 관심사 분리가 쉬워 자바가 유행한 1990년 중반 이후부터 오늘날까지 널리 사용되고 있습니다.

객체 지향은 소프트웨어의 품질을 높이기 위한 접근 방법 중 하나입니다. 정의가 굉장히 많은 편인데, 예를 들어 베르트랑 메이어(Bertrand Meyer)가 집필한《객체 지향 소프트웨어 설계 2판 원칙과 개념(Object-Oriented Software Construction 2nd Edition)》에서는 "클래스, 단언(assertion), 제네릭, 상속, 다형성, 동적 바인딩으로 구성되는 것"[1]이라고 나와 있습니다.

이 책에서는 객체 지향이 무엇인지 자세한 정의를 따로 다루지 않습니다. 대신, 프로그램의 구조를 개선하는 방법, 소프트웨어 개발에 도움을 주는 방법, 실무에서 이를 활용하는 방법 등에 초점을 맞춰서, 객체 지향 설계의 기본적인 기법을 설명하겠습니다.

이 책에서는 클래스 기반 객체 지향 설계 전반을 다룹니다.

클래스 기반이란 '데이터'와 '그 데이터를 조작하는 논리'를 클래스라는 기본 단위로 묶어서 정의해 가며, 프로그램을 작성하는 방법입니다.

클래스 기반 객체 지향 언어로는 자바와 C# 등이 있습니다.

이 장에서는 객체 지향 설계의 기본이라고 할 수 있는 클래스 설계의 기본을 설명합니다. 객체 지향 프로그래밍에서 클래스보다 작은 단위로는 조건 분기와 메서드 등이 있습니다. 그래서 곧바로 클래스를 다루는 것이 조금 이르다고 느끼는 독자도 있으리라 생각합니다.

하지만 클래스를 적절하게 설계해야 복잡하고 난해한 조건 분기와 메서드를 잘 작성할 수 있습니다. 클래스 설계가 잘 잡혀 있어야, 유지 보수와 변경이 쉬운 코드를 만들 수 있습니다.

또한 이후의 장에서 설명하는 노하우도 이번 장의 접근 방법을 기본으로 따릅니다. 따라서 조금 이른 감이 있지만, 클래스 설계 방법부터 다루겠습니다.

이 장에서는 데이터 클래스를 예로 악마 퇴치의 기본이 되는 클래스 설계 방법을 설명합니다. 데이터 클래스 속에 숨어 있는 악마들을 하나하나 퇴치해서, 우아하고 성숙한 클래스로 만드는 방법을 살펴봅시다.

---

1   Bertrand Meyer, *Object-Oriented Software Construction 2nd Edition*, Pearson College Div, 2000.

3.1 클래스 단위로 잘 동작하도록 설계하기

일단 가장 중요한 것은 '클래스 단위로도 잘 동작하게 설계해야 한다'는 접근 방법입니다. 이 접근 방법을 우리 주변에 있는 일상적인 물건으로 설명해 보겠습니다.

우리가 사용하는 헤드폰, 전자레인지, 헤어 드라이어 같은 전자 제품은 전원선을 연결하기만 하면 곧바로 사용할 수 있습니다. 마찬가지로 키보드와 마우스도 컴퓨터에 연결하기만 하면 사용할 수 있습니다.[2]

또한, 드라이어에는 선원을 켜고 끄는 비튼, 바람 세기를 조절하는 버튼, 냉풍과 온풍을 조작하는 버튼이 있습니다. 이러한 버튼을 누르기만 해도 다양한 기능을 사용할 수 있습니다. 그리고 사용자의 사소한 조작 때문에 버튼이 고장나서 드라이어 자체를 사용하지 못하게 되는 경우는 거의 없습니다.

이러한 제품들은 그 자체로 잘 동작하게 설계되어 있습니다. 기본적으로 복잡하게 초기 설정을 따로 해야 한다거나, 다른 제품과 결합해야만 사용할 수 있다거나 하지는 않습니다. 그리고 제품이 손상되지 않는 범위 내에서 조작 수단(버튼 등)을 제공합니다.

클래스 설계도 마찬가지입니다. 클래스는 클래스 하나로도 잘 동작할 수 있게 설계해야 합니다. 또한 복잡한 초기 설정을 하지 않아도 곧바로 사용할 수 있게 만들어야 합니다. 그리고 클래스를 마음대로 조작해서 클래스 전체가 고장 나는 일(버그 발생)이 없게, 최소한의 조작 방법(메서드)만 외부에 제공해야 합니다.

그럼 클래스 설계에 대해 차근차근 살펴봅시다.

3.1.1 클래스의 구성 요소

클래스는 기본적으로 다음 두 가지로 구성됩니다.

- 인스턴스 변수
- 메서드

---

2 컴퓨터에 드라이버 등을 설치해야 할 수도 있지만, 그런 사소한 상황은 생략하겠습니다.

이러한 구성에서 버그를 일으키는 악마를 적게 불러오려면, 메서드의 역할을 명확하게 해야 합니다. 그래서 잘 **만들어진 클래스**는 다음 두 가지로 구성됩니다.

- 인스턴스 변수
- 인스턴스 변수에 잘못된 값이 할당되지 않게 막고, 정상적으로 조작하는 메서드

이러한 두 가지 요소를 모두 갖춘 클래스는 악마를 적게 발생시킬 뿐만 아니라, 악마들을 퇴치할 수도 있습니다. 두 가지 모두 필요합니다. 둘 중 하나라도 빠지면 안 됩니다.

반드시 메서드와 인스턴스 변수를 함께 사용해야 한다.

그림 3.1 좋은 클래스 구성

EvilClass_A
field : type

EvilClass_B
method() : type

메서드, 인스턴스 변수 중 하나라도 빠지면 안 된다.
다만, 목적에 따라 예외적으로 이러한 구성이 좋을 때도 있다.

그림 3.2 좋지 않은 클래스 구성

왜 이런 구성을 지켜야 할까요? 데이터 클래스에서 일어나는 폐해들을 다시 생각해 봅시다(1.3절 참고).

데이터 클래스는 일반적으로 인스턴스 변수를 조작하는 로직이 다른 클래스에 구현되어 있습니다. 따라서 연관성을 알아채기 어려워서 코드가 중복될 수 있고, 수정하다가 중복 코드 중 일부를 그대로 두는 일이 생길 수 있으며, 가독성을 낮추기도 합니다.

또한 인스턴스를 생성하더라도 인스턴스 변수들은 아직 유효하지 않은 상태이므로, 초기화를 따로 해 줘야 합니다. 만약 초기화하지 않고 사용하면, 버그

가 발생합니다. 그런데 데이터 클래스는 초기화 작업을 하는 코드조차 다른 클래스에 구현되어 있습니다.

인스턴스 변수에 어떠한 값이든 넣을 수 있으므로, 잘못된 값이 쉽게 들어간다는 문제도 있습니다. 데이터 클래스를 잘못된 값으로부터 방어하기 위한 유효성 검사도 다른 클래스에 구현되어 있습니다. 즉, 데이터 클래스가 자기 자신을 보호할 수 있는 로직을 갖고 있지 않은 것입니다.

언급한 것처럼 드라이어, 헤드폰 같은 전자 제품은 그 자체로 잘 작동하게 설계되어 있습니다. 마찬가지로 클래스도 스스로 잘 동작하게 설계해야 합니다. 이러한 관점에서 보면, 데이터 클래스는 다른 클래스가 여러 가지를 준비해 줘야만 잘 작동하고, 혼자서는 아무것도 할 수 없는 미성숙한 클래스라는 것을 알 수 있습니다.

3.1.2 모든 클래스가 갖추어야 하는 자기 방어 임무

'따로 초기화하지 않거나 사전 준비를 하지 않으면 사용할 수 없는' 클래스와 메서드가 있다면, 누가 사용하고 싶을까요?

앞서 언급했던 것처럼 소프트웨어에서 메서드, 클래스, 모듈 등의 기본적인 단위들은 그 자체로 버그 없이, 언제나 안전하게 사용할 수 있는 품질을 갖추고 있어야 합니다.

굳이 다른 클래스를 사용해서 초기화와 유효성 검사를 해야 하는 클래스는 그 자체로는 안전하게 사용할 수 없는 미성숙한 클래스입니다.

자신의 몸은 자신이 지켜야 합니다. 클래스 스스로 **자기 방어 임무**를 수행할 수 있어야 소프트웨어의 품질을 높이는 데 도움이 됩니다. 소프트웨어의 구성 부품이라 할 수 있는 클래스 하나하나의 품질이 뛰어나야, 소프트웨어 전체의 품질이 향상됩니다.

데이터 클래스는 모든 것을 다른 클래스에 맡겨야 했기 때문에 악마들을 불러들였습니다. 그럼 어떻게 해야 할까요? 굉장히 간단합니다. 데이터 클래스에 자기 방어 임무를 부여해서, 다른 클래스에 맡기던 일을 스스로 할 수 있게 설계하면 됩니다.

3.2 성숙한 클래스로 성장시키는 설계 기법

그럼 데이터 클래스를 성숙한 클래스로 차근차근 성장시켜 봅시다. 이 장에서는 금액을 나타내는 Money 클래스를 예로 설계 방법을 설명하겠습니다.

코드 3.1 금액을 나타내는 클래스

```java
import java.util.Currency;

class Money {
  int amount;            // 금액
  Currency currency;     // 통화 단위
}
```

코드 3.1의 Money는 인스턴스 변수만 갖고 있는 전형적인 데이터 클래스입니다.[3]

3.2.1 생성자로 확실하게 정상적인 값 설정하기

데이터 클래스는 디폴트 생성자(매개변수 없는 생성자)를 사용해서 인스턴스를 생성한 뒤, 인스턴스 변수에 따로 값을 할당해서 초기화합니다. 이는 '로우 데이터 객체(raw data object)'로서 '초기화되지 않은 상태(1.3.5절 참고)'를 유발하는 클래스 구조입니다.

　로우 데이터 객체를 방지하려면, 클래스 인스턴스를 생성하는 시점에 확실하게 인스턴스 변수가 정상적인 값을 갖게 만들면 됩니다. 즉, 적절한 초기화 로직을 생성자에 구현하면 됩니다.

　일단 인스턴스 변수를 모두 초기화하는 데 필요한 매개변수들을 받는 생성자를 만듭니다. 현재 Money 클래스는 다음과 같이 만들면 됩니다.

코드 3.2 생성자에서 초기화하기

```java
class Money {
  int amount;
```

3　Currency 클래스는 자바 라이브러리에서 기본적으로 제공하는 통화 관련 클래스입니다. 자바 고유의 기능이지만 다른 프로그래밍 언어에도 비슷한 기능의 클래스가 있습니다. 다른 프로그래밍 언어 사용자들은 해당 프로그래밍 언어의 적절한 클래스로 변경해서 생각하세요.

```
  Currency currency;

  Money(int amount, Currency currency) {
    this.amount = amount;
    this.currency = currency;
  }
}
```

이렇게 하면 인스턴스 변수가 무조건 초기화됩니다. 하지만 이것만으로는 충분하지 않습니다. 매개변수로 잘못된 값이 전달될 수 있기 때문입니다.

코드 3.3 잘못된 값이 전달되어 버린 경우

```
Money money = new Money(-100, null);
```

값이 잘못된 상태로 프로그램이 동작하면, 버그가 발생합니다. 잘못된 값이 유입되지 못하게 유효성 검사(validation)를 생성자 내부에 정의합니다. 잘못된 값이라면, 곧바로 예외를 발생시키도록 구현합니다.

일단 올바른 값을 정의해야겠죠? 다음과 같은 정의에 따라서 생성자 내부에서 유효성 검사를 하도록 구현합니다.

- 금액 amount: 0 이상의 정수
- 통화 currency: null 이외의 것

코드 3.4 생성자에서 유효성 검사하기

```
class Money {
  // 생략
  Money(int amount, Currency currency) {
    if (amount < 0) {
      throw new IllegalArgumentException("금액은 0 이상의 값을 지정해
                                         주세요.");
    }
    if (currency == null) {
      throw new NullPointerException("통화 단위를 지정해 주세요.");
    }

    this.amount = amount;
    this.currency = currency;
  }
}
```

이렇게 하면 올바른 값만 인스턴스 변수에 저장할 수 있을 것입니다.

참고로 코드 3.4의 생성자처럼 처리 범위를 벗어나는 조건을 메서드 가장 앞 부분에서 확인하는 코드를 가드(guard)라고 부릅니다. 가드를 활용하면 불필요한 요소를 메서드 앞부분에서 제외할 수 있으므로 이어지는 로직이 간단해집니다.

생성자에 가드를 배치해 두면, 여러 가지 장점이 있습니다. 잘못된 값이 전 달되면, 생성자에서 예외가 발생할 것입니다. 따라서 잘못된 값을 가진 Money 인스턴스는 존재할 수 없게 됩니다. 항상 안전하고 정상적인 인스턴스만 존재 하게 되는 것입니다.

3.2.2 계산 로직도 데이터를 가진 쪽에 구현하기

이전에 만들었던 전형적인 데이터 클래스는 금액 추가 등의 계산 로직이 다른 클래스에 구현되어 있습니다. 이렇게 '데이터'와 '데이터를 조작하는 로직'이 분 리되어 있는 구조를 '응집도가 낮은 구조'라고 합니다. 응집도가 낮은 구조에서 는 여러 가지 문제가 발생합니다. 이러한 문제를 막으려면 다른 클래스에 맡겼 던 일을 스스로 할 수 있게 만들어서, 클래스를 성숙하게 만들어야 합니다.

계산 로직도 Money 클래스 내부에 구현합니다. 간단하게 금액을 추가하는 메 서드를 추가해 보았습니다.

코드 3.5 Money 클래스에 금액을 추가하는 메서드 만들기

```
class Money {
  // 생략
  void add(int other) {
    amount += other;
  }
}
```

이제 Money 클래스가 조금 성숙해진 것 같습니다. 그런데 아직 완벽하다고는 말할 수 없습니다. 아직 문제를 일으킬 가능성이 있는 악마가 두 마리나 숨어 있습니다.

3.2.3 불변 변수로 만들어서 예상하지 못한 동작 막기

인스턴스 변수를 변경하는 코드는 이해하기 어렵습니다.

코드 3.6 인스턴스 변수를 계속해서 변경하는 경우

```
money.amount = originalPrice;
// 생략
if (specialServiceAdded) {
  money.add(additionalServiceFee);
  // 생략
  if (seasonOffApplied) {
    money.amount = seasonPrice();
  }
}
```

변수의 값이 계속해서 바뀌면, 값이 언제 변경되었는지, 지금 값은 무엇인지 계속 신경 써야 합니다. 비즈니스 요구 사항이 바뀌어서 코드를 수정하다가 의도하지 않은 값을 할당하는 '예상치 못한 부수 효과[4]'가 쉽게 발생할 수 있습니다.

이를 막으려면, 인스턴스 변수를 불변(immutable)으로 만듭니다. 값을 한 번 할당하면 다시는 바꿀 수 없는 변수를 불변 변수라고 합니다. 불변 변수로 만들려면 final 수식자를 사용합니다.

코드 3.7 final을 붙여 불변 변수로 만들기

```
class Money {
  final int amount;
  final Currency currency;

  Money(int amount, Currency currency) {
    // 생략
    this.amount = amount;
    this.currency = currency;
  }
}
```

인스턴스 변수에 final 수식자를 붙이면, 한 번만 할당할 수 있습니다. 변수 선

---

4 부수 효과와 관련된 내용은 4.2.3절에서 자세하게 설명합니다.

언 시점 또는 생성자 안에서만 값을 할당할 수 있으며, 이후에는 재할당할 수 없습니다.

코드 3.8 재할당할 수 없음

```
Currency won = Currency.getInstance(Locale.KOREA);
Money money = new Money(100, won);
money.amount = -200;  // 컴파일 오류
```

이렇게 하면 인스턴스 변수에 잘못된 값을 직접 할당할 수 없습니다. 생성자에 가드를 함께 활용하면, 더 안전한 구조가 될 것입니다.

3.2.4 변경하고 싶다면 새로운 인스턴스 만들기

'그런데 불변이면, 아예 변경할 수 없는 것 아닌가?'라고 생각하는 독자도 있을 것입니다. 하지만 방법이 있습니다. 인스턴스 변수의 내용을 변경하는 것이 아니라, 변경된 값을 가진 새로운 인스턴스를 만들어서 사용하면 됩니다. Money. add 메서드를 코드 3.9처럼 변경합시다.

코드 3.9 변경된 값을 가진 인스턴스 생성하기

```
class Money {
  // 생략
  Money add(int other) {
    int added = amount + other;
    return new Money(added, currency);
  }
}
```

합산 금액을 값으로 갖는 Money 인스턴스를 생성하고 리턴하는 로직입니다. 이렇게 하면 불변을 유지하면서도 값을 변경할 수 있습니다.

3.2.5 메서드 매개변수와 지역 변수도 불변으로 만들기

기본적으로 메서드의 매개변수는 코드 3.10처럼 메서드 내부에서 변경할 수 있습니다.

코드 3.10 메서드 내부에서 매개변수를 변경

```
void doSomething(int value) {
    value = 100;
}
```

값이 중간에 바뀌면, 값의 변화를 추적하기 힘들기 때문에 버그를 발생시키기
도 합니다. 기본적으로 매개변수는 변경하지 않는 것이 좋습니다.

매개변수에 final을 붙이면 값을 변경할 수 없게 됩니다. 메서드 내부에서 매
개변수를 변경하는 코드를 작성하면, 컴파일 오류가 발생합니다.

코드 3.11 final로 매개변수를 재할당하지 못하게 만들기

```
void doSomething(final int value) {
    value = 100;  // 컴파일 오류
}
```

메서드 구조가 안전해지도록 매개변수에 final을 붙입시다.

코드 3.12 add 메서드의 매개변수도 final로 만들기

```
class Money {
    // 생략
    Money add(final int other) {
        int added = amount + other;
        return new Money(added, currency);
    }
}
```

다른 메서드와 생성자의 매개변수도 마찬가지입니다.

지역 변수도 마찬가지로 중간에 값을 변경하면, 값의 의미가 바뀔 수 있습니
다. 코드 2.2에서 damageAmount도 재할당으로 인해 중간에 의미가 바뀌었습니
다. 따라서 지역 변수에도 final을 붙여 불변으로 만듭시다.

코드 3.13 지역 변수도 불변으로 만들기

```
class Money {
    // 생략
    Money add(final int other) {
        final int added = amount + other;
        return new Money(added, currency);
    }
}
```

지역 변수와 메서드의 매개변수에 final을 붙이는 것에 관한 더 자세한 내용은 4.1절을 참고하세요.

3.2.6 엉뚱한 값을 전달하지 않도록 하기

'예상하지 못한 부수 효과'라는 악마 이외에도, 다른 악마가 아직 남아 있습니다. 바로 '잘못된 값의 전달'입니다. 코드 3.14를 살펴봅시다.

코드 3.14 금액을 의미하지 않는 값을 전달하는 경우

```
final int ticketCount = 3;   // 티켓의 수
money.add(ticketCount);
```

가격이 아니라, 티켓의 수를 나타내는 숫자를 더해 버렸습니다. 버그입니다. 둘 다 int 자료형이므로, 코드는 문제없이 실행됩니다. '설마 이런 일이 일어나 겠어?' 하고 생각할 수도 있겠지만, 방대한 데이터를 다루는 애플리케이션에서 는 조금만 부주의하면 이러한 코드가 작성될 수 있습니다. 저도 실제로 많이 보았습니다.

엉뚱한 값이 전달되지 않도록 하려면, Money 자료형만 매개변수로 받을 수 있게 메서드를 변경하면 됩니다.

코드 3.15 Money 자료형만 받도록 메서드 수정하기

```
class Money {
  // 생략
  Money add(final Money other) {
    final int added = amount + other.amount;
    return new Money(added, currency);
  }
}
```

매개변수의 자료형을 int에서 Money로 변경했습니다. 따라서 Money 이외의 자 료형을 전달할 수 없습니다. 엉뚱한 값이 전달되는 상황 자체를 막을 수 있게 되었습니다.

같은 int 자료형이라면, 의미가 다른 값을 잘못 전달해도 컴파일 오류가 발 생하지 않습니다. 이런 문제는 발견하기도 어렵습니다. int와 String처럼 프로

그래밍 언어가 표준적으로 제공하는 자료형을 **기본 자료형**(primitive type)이라고 부릅니다.

기본 자료형 위주로 사용하면, 의미가 다른 값이 여러 개 있어도 모두 int 자료형이나 String 자료형으로 정의하기 쉽습니다. 따라서 실수로 의미가 다른 값을 전달하기 쉽습니다.

반면 Money처럼 독자적인 자료형을 사용하면, 의미가 다른 값을 전달할 경우 컴파일 오류가 발생할 수 있습니다.

추가로, 통화 단위가 다른 두 금액을 더하는 상황도 막아 봅시다. 통화 단위가 다른 Money가 들어오면, 예외를 발생시킵니다.

코드 3.16 add 메서드를 추가로 개선하기

```
class Money {
  // 생략
  Money add(final Money other) {
    if (!currency.equals(other.currency)) {
      throw new IllegalArgumentException("통화 단위가 다릅니다.");
    }

    final int added = amount + other.amount;
    return new Money(added, currency);
  }
}
```

지금까지 버그에 강하고, 안전한 메서드를 만들어 보았습니다.

3.2.7 의미 없는 메서드 추가하지 않기

주의하지 않으면 악마를 불러들이는 구현이 있습니다. 코드 3.17은 금액을 곱하는 메서드입니다. 이와 같은 메서드가 의미가 있을까요?

코드 3.17 금액을 곱하는 메서드가 의미 있을까?

```
class Money {
  // 생략
  Money multiply(Money other) {
    if (!currency.equals(other.currency)) {
      throw new IllegalArgumentException("통화 단위가 다릅니다.");
    }
```

```
      final int multiplied = amount * other.amount;
      return new Money(multiplied, currency);
  }
}
```

합계 금액을 구하려면 가산(덧셈), 할인을 하려면 감산(뺄셈), 비율을 구하려면 나눗셈을 사용할 것입니다. 하지만 금액을 곱하는 일은 일반적인 회계 서비스에서 있을 수 없습니다. 'int 자료형 비슷한 것이니까 덧셈, 뺄셈, 곱셈, 나눗셈을 구현해 두자.'라고 생각하고, 시스템 사양에 필요하지 않은 메서드를 '선의'로 추가했다면, 이후에 누군가 이를 무심코 사용했을 때 버그가 될 수 있습니다.

시스템 사양에 필요한 메서드만 정의합시다.

3.3 악마 퇴치 효과 검토하기

지금까지 악마 퇴치를 위한 객체 지향 설계의 기본을 살펴보았습니다. Money 클래스의 소스 코드와 클래스 다이어그램[5]을 살펴봅시다.

코드 3.18 관련 로직을 응집해서 코드 수정 시 버그 발생이 어려워진 Money 클래스

```java
import java.util.Currency;

class Money {
  final int amount;
  final Currency currency;

  Money(final int amount, final Currency currency) {
    if (amount < 0) {
      throw new IllegalArgumentException("금액은 0 이상의 값을 지정해
                                          주세요.");
    }
    if (currency == null) {
      throw new NullPointerException("통화 단위를 지정해 주세요.");
    }
```

---

5 이 책의 클래스 다이어그램에서는 final 수식자를 따로 표현하지 않습니다.

```
      this.amount = amount;
      this.currency = currency;
  }

  Money add(final Money other) {
      if (!currency.equals(other.currency)) {
          throw new IllegalArgumentException("통화 단위가 다릅니다.");
      }

      final int added = amount + other.amount;
      return new Money(added, currency);
  }
}
```

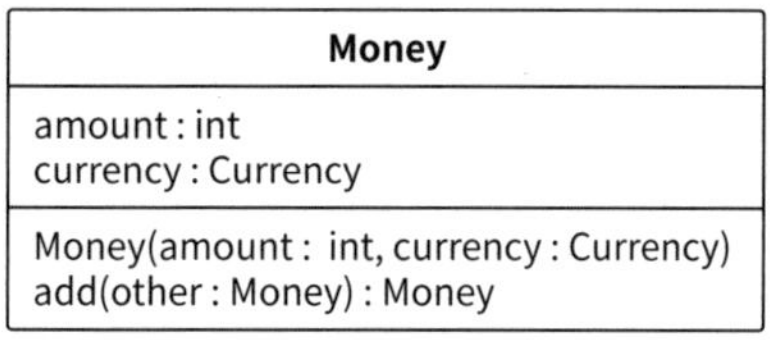

Money
amount : int currency : Currency
Money(amount : int, currency : Currency) add(other : Money) : Money

그림 3.3 Money 클래스

데이터 클래스에 다양한 악마가 숨어 있었습니다. 이러한 악마들은 잘 퇴치되었을까요? 검증해 보면(표 3.1), 기존의 악마가 잘 퇴치되었고, 새로운 악마가 끼어들 틈도 없는 단단한 구조가 되었음을 알 수 있습니다.

퇴치된 악마	이유
중복 코드	필요한 로직이 Money 클래스 내부에 모여 있으므로, 다른 클래스에 중복 코드가 작성될 일이 줄어듦.
수정 누락	중복 코드가 발생하지 않으므로, 수정 시 누락이 발생할 일이 줄어듦.
가독성 저하	필요한 로직이 모두 Money 클래스 내부에 모여 있어, 디버깅 또는 기능 변경 시 관련된 로직을 찾으러 돌아다니지 않아도 되므로 가독성이 높아짐.
쓰레기 객체	생성자에서 인스턴스 변수의 값을 확정하므로, 초기화되지 않은 상태가 있을 수 없음.
잘못된 값	잘못된 값을 막을 가드를 설치하고, 인스턴스 변수에 final 수식자를 붙여 불변으로 만들었으므로, 잘못된 값이 들어오지 않음.
생각하지 못한 부수 효과	final 수식자를 붙여 불변 변수로 만들었으므로, 부수 효과로부터 안전함.
값 전달 실수	매개변수를 Money 자료형으로 바꿨으므로, 다른 자료형의 값을 실수로 넣었을 때 컴파일 오류가 발생함.

표 3.1 객체 지향을 활용한 설계 효과 검증

이 장의 앞부분에서 악마 퇴치를 위한 클래스의 요소로 다음을 언급했습니다.

- 인스턴스 변수
- 인스턴스 변수에 잘못된 값이 할당되지 않게 막고, 정상적으로 조작하는 메서드

데이터에 잘못된 값이 들어오면 버그가 발생합니다. 이를 염두에 두고 Money 클래스를 살펴보면, 생성자와 add 메서드의 가드가 잘못된 값으로부터 클래스를 보호하고 있습니다.

이처럼 인스턴스 변수를 중심으로, 인스턴스 변수가 잘못된 상태에 빠지지 않게 설계하면 악마를 퇴치할 수 있습니다. **클래스 설계란 인스턴스 변수가 잘못된 상태에 빠지지 않게 하기 위한 구조를 만드는 것**이라고 해도 과언이 아닙니다. 같은 데이터라고 해도 메서드 매개변수, 지역 변수, static 변수로 설계했다면 악마의 공격을 방어할 수 없습니다. 인스턴스 변수이기 때문에 방어할 수 있는 것입니다.

코드 1.5의 ContractAmount는 계약 금액과 관련된 로직을 아무것도 갖고 있지 않아서, 다양한 폐해를 발생시켰습니다.[6] 반면 Money 클래스는 금액과 관련된 규칙과 제약이 잘 모여 있습니다.

관련된 로직이 흩어져 있는 구조를 응집도가 낮은 구조라고 합니다. 반면 방금 소개한 Money 클래스처럼 로직이 한곳에 모여 있는 구조는 **응집도가 높은 구조**라고 합니다. 또한 '데이터'와 '그 데이터를 조작하는 로직'을 하나의 클래스로 묶고, 필요한 절차(즉 메서드)만 외부에 공개하는 것을 **캡슐화**라고 합니다.

6 　관련된 로직이 부족한 상태를 《도메인 주도 설계》(17.1.11절 참고)라는 책에서는 '빈약한 도메인 모델(Anemic Domain Model)'이라고 표현합니다.

3.4 프로그램 구조의 문제 해결에 도움을 주는 디자인 패턴

응집도가 높은 구조로 만들거나, 잘못된 상태로부터 프로그램을 방어하는 등 프로그램의 구조를 개선하는 설계 방법을 **디자인 패턴**(설계 패턴, design pattern)이라고 부릅니다. 디자인 패턴은 노하우처럼 정리되어 있습니다. 몇 가지 디자인 패턴을 소개하면, 표 3.2와 같습니다. 디자인 패턴은 각각 다양한 효과를 발휘합니다.

디자인 패턴	효과
완전 생성자	잘못된 상태로부터 보호함.
값 객체	특정한 값과 관련된 로직의 응집도를 높임.
전략(strategy)	조건 분기를 줄이고, 로직을 단순화함.
정책(policy)	조건 분기를 단순화하고, 더 자유롭게 만듦.
일급 컬렉션(First Class Collection)	값 객체의 일종으로 컬렉션과 관련된 로직의 응집도를 높임.
스프라우트 클래스(Sprout Class)	기존 로직을 변경하지 않고, 안전하게 새로운 기능을 추가함.

표 3.2 디자인 패턴의 예

사실 이 장의 Money 클래스는 완전 생성자와 값 객체라는 두 가지 디자인 패턴을 적용한 것입니다.

3.4.1 완전 생성자

완전 생성자(complete constructor)는 잘못된 상태로부터 클래스를 보호하기 위한 디자인 패턴입니다.

매개변수 없는 디폴트 생성자로 객체를 생성하고, 이후에 인스턴스 변수에 값을 설정하는 방법은 인스턴스 변수를 초기화하지 않을 가능성이 존재합니다. 그럼 곧바로 쓰레기 객체가 만들어질 것입니다.

쓰레기 객체를 방지하려면, 인스턴스 변수를 모두 초기화해야만 객체를 생성할 수 있게, 매개변수를 가진 생성자를 만들면 됩니다. 그리고 생성자 내부에서는 가드를 사용해서 잘못된 값이 들어오지 않게 만듭니다. 이렇게 설계하면, 값이 모두 정상인 완전한 객체만 만들어질 것입니다. Money 클래스의 생성자가 바로 완전 생성자 구조입니다.

참고로 인스턴스 변수에 final 수식자를 붙여서 불변으로 만들면, 생성 후에도 잘못된 상태로부터 방어할 수 있습니다.

3.4.2 값 객체

값 객체(value object)란 값을 클래스(자료형)로 나타내는 디자인 패턴입니다. 애플리케이션에서 사용하는 금액, 날짜, 주문 수, 전화번호 등 다양한 값을 값 객체로 만들 수 있습니다. 이러한 값을 값 객체로 만들어서 사용하면, 각각의 값과 로직을 응집도가 높은 구조로 만들 수 있습니다.

예를 들어서 금액을 단순한 int 자료형의 지역 변수 또는 매개변수로 사용하면, 금액 계산 로직이 이곳저곳에 분산될 것입니다. 즉, 응집도가 낮은 구조가 되는 것입니다. 추가로 주문 수, 할인 포인트까지 int 자료형으로 사용한다면, 실수로 의미가 다른 값들이 섞일 수도 있습니다.

이러한 상황을 막으려면, 값을 클래스로 정의하면 됩니다.

Money 클래스는 생성자에서 금액에 제약 조건(0원 이상)을 걸고 있습니다. 추가로 금액을 계산하는 로직도 Money.add 메서드로 갖고 있습니다. 즉, 응집도가 높은 구조라고 할 수 있습니다. 또한 Money.add 메서드는 매개변수로 Money 자료형만 받을 수 있습니다. 따라서 의도하지 않게 다른 값이 섞이는 상황을 원천적으로 차단할 수 있습니다.

애플리케이션 내부에서 다루는 값과 개념들은 모두 값 객체로 만들 수 있습니다. 예로 표 3.3을 들 수 있습니다.

애플리케이션	값 객체로 만드는 값과 개념
온라인 쇼핑몰	세금 제외 금액, 세금 포함 금액, 상품명, 주문 수, 전화번호, 배송지, 할인 포인트, 할인 금액, 배송 날짜 등
태스크 관리 도구	태스크 이름, 태스크 설명, 코멘트, 시작 일, 종료 일, 우선순위, 진행 상태, 담당자 ID, 담당자 이름 등
건강 관리 애플리케이션	연령, 성별, 키, 몸무게, BMI, 혈압, 복부 둘레, 체지방량, 기초대사량 등
게임	최대 히트포인트, 남은 히트포인트, 히트포인트 회복량, 공격력, 매직포인트, 매직포인트 소비량, 소지금, 적이 떨어뜨린 금액, 아이템 가격, 아이템 이름 등

표 3.3 값 객체로 만들 수 있는 값과 개념의 예

값 객체와 완전 생성자는 얻을 수 있는 효과가 거의 비슷하므로, 일반적으로 함께 사용합니다. '값 객체 + 완전 생성자'는 객체 지향 설계에서 폭넓게 사용되는 기법이라고 할 수 있습니다.

Money 클래스는 금액과 관련된 제약과 의도를 나타냅니다. '값 객체 + 완전 생성자'를 활용해서 설계하면, 제약과 의도를 자료형으로 표현할 수 있으며, 안전한 코드를 작성할 수 있습니다. 애플리케이션에서 다루는 값을 값 객체로 만들어서 활용하면, 여러 악마를 퇴치할 수 있습니다.

'값 객체 + 완전 생성자' 조합은 앞으로 살펴볼 예제에서도 계속해서 등장하므로 꼭 기억하세요.

여러 종류의 프로그래밍 언어와 설계 노하우

세상에는 굉장히 다양한 프로그래밍 언어가 있습니다. 그리고 언어에 따라서 기본적인 패러다임과 사양이 다릅니다.

패러다임(규범과 구성에 대한 접근 방법)에는 객체 지향 이외에도 절차 지향, 함수형 등이 있습니다. 여러 가지 패러다임이 섞여 있는 언어도 있습니다. 그리고 변수에 대한 접근 방법에 따라 정적 자료형 언어와 동적 자료형 언어로 나눌 수 있습니다.

이 책에서 예로 소개하는 자바는 정적 자료형, 클래스 기반의 객체 지향 언어입니다. 같은 종류의 프로그래밍 언어로는 C#, 코틀린, 스칼라 등이 있습니다. 그럼 다른 종류의 프로그래밍 언어에는 이 책에서 설명하는 설계 노하우를 적용할 수 없는 것일까요? 그렇지는 않습니다. 루비는 동적 자료형 언어이지만, 자바와 마찬가지로 클래스 기반의 객체 지향 언어입니다. 클래스의 구성 요소에 큰 차이가 없습니다. 저는 최근 개발 업무에 루비를 사용하고 있습니다. 그럼에도 이 책에서 설명하는 설계 노하우를 활용합니다. 예를 들어 이 장에서 살펴보았던 Money 클래스를 루비로는 코드 3.19처럼 구현할 수 있습니다.

코드 3.19 루비 버전의 Money 클래스

```ruby
class Money
  attr_reader :amount, :currency

  def initialize(amount, currency)
    if amount < 0
      raise ArgumentError.new('금액은 0 이상의 값을 지정해 주세요.')
```

```
    end
    if currency.nil? || currency.empty?
      raise ArgumentError.new('통화 단위를 지정해 주세요.')
    end
    @amount = amount
    @currency = currency
    self.freeze  # 불변으로 설정
  end

  def add(other)
    if @currency != other.currency
      raise ArgumentError.new('통화 단위가 다릅니다.')
    end
    added = @amount + other.amount
    Money.new(added, @currency)
  end
end
```

자바스크립트는 객체 지향 언어이지만, 과거에는 클래스 기반의 객체 지향 언어가 아니라 프로토타입 기반의 객체 지향 언어였습니다(참고로 현재는 두 가지 모두 지원합니다). 프로토타입 기반의 객체 지향 언어는 프로토타입(prototype)이라고 부르는 객체를 활용해서 구조를 구현합니다. 클래스로 구조를 구현하는 클래스 기반 객체 지향 언어와 사용 방법이 다르기는 하지만, 비슷한 의도를 가진 코드를 작성하는 데는 아무 문제도 없었습니다.

중요한 것은 '데이터'와 '그 데이터를 조작하는 로직'을 한곳에 모아 응집도를 높이는 것, 그리고 필요한 조작만 외부에 공개해서 캡슐화하는 것입니다. 이 목적을 달성하기 위한 수단이 클래스와 프로토타입 등 여러 가지 있을 뿐, 개념은 다르지 않습니다.

언어의 패러다임과 특성에 따라 적용하기 힘든 기법이 있을 수는 있습니다. 하지만 대부분은 적용할 수 있습니다. 또한 적용하기 힘들어 보여도, 기법이 등장한 배경을 생각해 보면, 응용할 수 있는 방법을 찾을 수 있습니다. 이 책에서는 어떤 프로그래밍 언어든 공통으로 사용할 수 있는 기법들을 설명합니다.

4장

불변 활용하기:
안정적으로
동작하게 만들기

이 장에서는 3장에서 다루었던 가변과 불변에 대해서 조금 더 자세히 설명하겠습니다. 변수의 값을 변경하는 등 상태를 변경할 수 있는 것을 **가변**(mutable)이라고 합니다. 반면 상태를 변경할 수 없는 것을 **불변**(immutable)이라고 합니다.

가변과 불변을 적절하게 설계하지 못하면 악마들이 나타납니다. 동작을 예측하기 어렵고 혼란스러워집니다. 예를 들어서 '이 값은 이렇게 변경될 것이다'라고 생각하고 구현했는데, 의도하지 않은 다른 값으로 변경되는 상황이 생길 수 있습니다.

이러한 악마를 퇴치하려면, 가능한 한 상태가 변경되지 않도록 설계해야 합니다. 이때 불변이라는 개념이 활용됩니다. 불변은 최근 프로그래밍 스타일의 표준 트렌드라고 할 수 있습니다.

4.1 재할당

변수에 값을 다시 할당하는 것을 **재할당** 또는 **파괴적 할당**이라고 합니다. 재할당은 변수의 의미를 바꿔 추측하기 어렵게 만듭니다. 또한 언제 어떻게 변경되었는지 추적하기 힘들게 합니다.

게임을 예로 들어 보겠습니다. 아래는 대미지를 계산하는 코드입니다.

코드 4.1 변수 tmp에 여러 번 재할당하기

```
int damage() {
    // 멤버의 힘과 무기 성능을 기본 공격력으로 활용합니다.
    int tmp = member.power() + member.weaponAttack();
    // 멤버의 속도로 공격력을 보정합니다.
    tmp = (int)(tmp * (1f + member.speed() / 100f));
    // 공격력에서 적의 방어력을 뺀 값을 대미지로 사용합니다.
    tmp = tmp - (int)(enemy.defence / 2);
    // 대미지가 음수가 되지 않게 조정합니다.
    tmp = Math.max(0, tmp);

    return tmp;
}
```

다양한 값을 가져와 최종 대미지를 구하는 과정에서 변수 tmp를 계속 재사용하고 있습니다.

변수 tmp는 기본 공격력, 보정 값, 대미지 등이 계속 재할당되면서 값의 의미가 바뀝니다.

중간에 의미가 바뀌면, 읽는 사람은 헷갈릴 수밖에 없습니다. 헷갈리면 버그를 만들어 낼 가능성이 높아집니다. 따라서 재할당은 피하는 것이 좋습니다. 변수 하나를 재활용하지 않고, 계속해서 새로운 변수를 만들어 사용하면 재할당을 피할 수 있습니다.

4.1.1 불변 변수로 만들어서 재할당 막기

재할당을 기계적으로 막을 수 있는 방법이 있습니다. 변수에 final 수식자를 붙이면 됩니다. final을 붙인 변수는 변경할 수 없습니다. 따라서 코드 4.2처럼 작성하면 컴파일 단계에서 오류가 발생합니다.

코드 4.2 지역 변수에 **final**을 붙여 기계적으로 재할당 막기

```
void doSomething() {
  final int value = 100;
  value = 200;  // 컴파일 오류
```

코드 4.1의 damage 메서드를 개별적인 불변 지역 변수를 사용하는 형태로 변경하면, 다음과 같습니다.

코드 4.3 개별적인 불변 지역 변수를 사용하는 형태로 변경하기

```
int damage() {
  final int basicAttackPower = member.power() + member.weaponAttack();
  final int finalAttackPower = (int)(basicAttackPower *
                              (1f + member.speed() / 100f));
  final int reduction = (int)(enemy.defence / 2);
  final int damage = Math.max(0, finalAttackPower - reduction);

  return damage;
}
```

4.1.2 매개변수도 불변으로 만들기

매개변수도 마찬가지입니다. 매개변수를 변경하면 값의 의미가 바뀔 수 있습니다. 이렇게 의미가 바뀌면 코드를 읽는 사람이 헷갈리므로, 버그의 원인이 될 수 있습니다.

코드 4.4 매개변수 productPrice에 재할당하는 코드

```
void addPrice(int productPrice) {
  productPrice = totalPrice + productPrice;
  if (MAX_TOTAL_PRICE < productPrice) {
    throw new IllegalArgumentException("구매 상한 금액을 넘었습니다.");
  }
```

재할당을 막으려면, 매개변수에도 final을 붙이면 됩니다. 매개변수에 어떠한 연산을 적용하고 싶다면, 이전과 마찬가지로 불변 지역 변수를 만들고 이를 활용해서 연산합니다.

코드 4.5 매개변수에 final을 붙여 불변으로 만들기

```
void addPrice(final int productPrice) {
  final int increasedTotalPrice = totalPrice + productPrice;
  if (MAX_TOTAL_PRICE < increasedTotalPrice) {
    throw new IllegalArgumentException("구매 상한 금액을 넘었습니다.");
  }
```

4.2 가변으로 인해 발생하는 의도하지 않은 영향

인스턴스가 가변이면 다른 부분에 의도하지 않은 영향을 주기 쉽습니다. 코드를 변경했을 때, 생각하지도 못했던 위치에서 상태가 변화하여 예측하지 못한 동작을 하는 경우가 있습니다.

의도하지 않게 영향을 끼치는 경우를 두 가지 소개하겠습니다. 이어서 문제를 개선해 주는 설계 방법을 설명합니다.

4.2.1 사례 1: 가변 인스턴스 재사용하기

게임을 예로 설명하겠습니다.

무기의 공격력을 나타내는 AttackPower 클래스를 구현했습니다. 공격력 값을 저장하는 인스턴스 변수 value에 final 수식자가 따로 붙어 있지 않으므로 가변입니다.

코드 4.6 공격력을 나타내는 클래스

```java
class AttackPower {
  static final int MIN = 0;
  int value;  // final을 붙이지 않았으므로 가변

  AttackPower(int value) {
    if (value < MIN) {
      throw new IllegalArgumentException();
    }

    this.value = value;
  }
}
```

무기를 나타내는 Weapon 클래스는 AttackPower를 인스턴스 변수로 갖는 구조입니다.

코드 4.7 무기를 나타내는 클래스

```java
class Weapon {
  final AttackPower attackPower;

  Weapon(AttackPower attackPower) {
    this.attackPower = attackPower;
  }
}
```

처음 코드를 짤 때는 무기의 공격력이 고정적이었습니다. 그래서 공격력이 같으면 AttackPower 인스턴스를 재사용하는 코드를 작성했습니다.

코드 4.8 AttackPower 인스턴스 재사용하기

```java
AttackPower attackPower = new AttackPower(20);
```

```
Weapon weaponA = new Weapon(attackPower);
Weapon weaponB = new Weapon(attackPower);
```

그런데 이후에 '무기 각각의 공격력을 강화할 수 있도록 조건을 변경하자'라
는 이야기가 나와서 수정했습니다. 그런데 어떤 무기의 공격력을 강화하면, 다
른 무기의 공격력도 강화되는 버그가 발생했습니다. 코드 4.9를 살펴봅시다.
weaponA의 공격력을 변경했더니, weaponB의 공격력도 함께 바뀌고 있습니다(코
드 4.10). AttackPower 인스턴스를 재사용했기 때문입니다.

코드 4.9 재사용하고 있는 공격력을 변경하면?
```
AttackPower attackPower = new AttackPower(20);

Weapon weaponA = new Weapon(attackPower);
Weapon weaponB = new Weapon(attackPower);

weaponA.attackPower.value = 25;

System.out.println("Weapon A attack power : " +
                    weaponA.attackPower.value);
System.out.println("Weapon B attack power : " +
                    weaponB.attackPower.value);
```

코드 4.10 다른 무기의 공격력까지 변경된 상태
```
Weapon A attack power : 25
Weapon B attack power : 25
```

이처럼 가변 인스턴스 변수는 예상하지 못한 동작을 일으킵니다. AttackPower
인스턴스를 재사용하면, 한쪽의 변경이 다른 한쪽에 영향을 줍니다.
　이러한 상황을 예방하려면, 인스턴스를 재사용하지 못하게 만들면 됩니다.
AttackPower 인스턴스를 개별적으로 생성하고, 재사용하지 않는 로직으로 변
경합니다.

코드 4.11 공격력 인스턴스를 개별적으로 생성하기
```
AttackPower attackPowerA = new AttackPower(20);
AttackPower attackPowerB = new AttackPower(20);

Weapon weaponA = new Weapon(attackPowerA);
```

```
Weapon weaponB = new Weapon(attackPowerB);

weaponA.attackPower.value += 5;

System.out.println("Weapon A attack power : " +
                   weaponA.attackPower.value);
System.out.println("Weapon B attack power : " +
                   weaponB.attackPower.value);
```

이렇게 하면, 한쪽 공격력을 변경해도 다른 쪽 공격력은 그대로입니다.

코드 4.12 재사용하지 않으면, 영향을 주고받지 않음

```
Weapon A attack power : 25
Weapon B attack power : 20
```

4.2.2 사례 2: 함수로 가변 인스턴스 조작하기

예상하지 못한 동작은 함수(메서드) 때문에 발생하기도 합니다.

AttackPower 클래스에 공격력을 변화시키는 reinforce 메서드와 disable 메서드를 추가했습니다.

코드 4.13 공격력을 변화시키는 메서드 추가하기

```java
class AttackPower {
  static final int MIN = 0;
  int value;

  AttackPower(int value) {
    if (value < MIN) {
      throw new IllegalArgumentException();
    }

    this.value = value;
  }

  /**
   * 공격력 강화하기
   * @param increment 공격력 증가량
   */
  void reinforce(int increment) {
    value += increment;
  }
```

```
  /** 무력화하기 */
  void disable() {
    value = MIN;
  }
}
```

전투 중에 공격력을 강화하는 상황(유스케이스)에서 AttackPower.reinforce
메서드를 호출하는 형태라고 생각하세요.

코드 4.14 공격력을 강화하는 처리

```
AttackPower attackPower = new AttackPower(20);
// 생략
attackPower.reinforce(15);
System.out.println("attack power : " + attackPower.value);
```

일단 처음에는 정상적으로 동작했습니다.

코드 4.15 예상대로 공격력을 강화함

```
attack power : 35
```

그런데 어느 날부터 갑자기 제대로 동작하지 않게 되었습니다. 공격력이 0이
되는 일이 종종 발생하게 된 것입니다.

코드 4.16 공격력이 0이 되는 상황이 발생함

```
attack power : 0
```

원인을 조사한 결과, AttackPower 인스턴스가 다른 스레드에서 사용되었음을
확인했습니다. 코드 4.17과 같은 코드를 다른 스레드에서 실행하면서, 공격력
을 0으로 만드는 AttackPower.disable 메서드를 호출한 것입니다.

코드 4.17 다른 스레드에서 공격력을 변경함

```
// 다른 스레드의 처리
attackPower.disable();
```

AttackPower의 disable 메서드와 reinforce 메서드는 구조적인 문제를 갖고 있습니다. 바로 부수 효과입니다.

4.2.3 부수 효과의 단점

함수의 부수 효과는 '함수가 매개변수를 전달받고, 값을 리턴하는 것' 이외에 외부 상태(인스턴스 변수 등)를 변경하는 것을 가리킵니다.

조금 더 구체적으로 설명하면, 함수(메서드)에는 주요 작용과 부수 효과가 있습니다.

- 주요 작용: 함수(메서드)가 매개변수를 전달받고, 값을 리턴하는 것
- 부수 효과: 주요 작용 이외의 상태 변경을 일으키는 것

여기에서 상태 변경이란 함수 밖에 있는 상태를 변경하는 것을 의미합니다. 예를 들어 다음과 같은 것입니다.

- 인스턴스 변수 변경
- 전역 변수(9.5절 참고) 변경
- 매개변수 변경
- 파일 읽고 쓰기 같은 I/O 조작

코드 4.17에서는 다른 스레드에서 호출했던 AttackPower.disable이 예상치 못한 부분에 영향을 미치고 있습니다. AttackPower.disable과 AttackPower.reinforce를 실행할 때마다 인스턴스 변수 AttackPower.value의 값이 계속해서 바뀝니다. 따라서 동일한 결과를 내기 위해서는 동일한 순서로 실행해야 합니다. 즉, 작업 실행 순서에 의존하게 되는 것입니다. 이런 코드는 결과를 예측하기 힘들며, 유지 보수하기 힘듭니다.

인스턴스 변수뿐만 아니라, 전역 변수와 매개변수 변경에서도 같은 문제가 발생합니다.

파일을 읽고 쓰는 I/O 조작도 상태 변경이라고 말할 수 있습니다. 단순하게 데이터의 위치가 메모리상의 변수가 아니라, 외부 장치로 바뀌었을 뿐입니다. 참고로 파일은 파일을 읽는 시점에 반드시 존재한다고 할 수도 없고, 파일을

읽는 중에 내용이 변경될 수도 있습니다. 그래서 항상 같은 결과가 나온다고 보장할 수 없습니다.

한편 함수 내부에 선언한 지역 변수의 변경은 부수 효과라고 말할 수 없습니다. 함수 외부에 영향을 주지 않기 때문입니다.

4.2.4 함수의 영향 범위 한정하기

부수 효과가 있는 함수는 영향 범위를 예측하기 힘듭니다. 따라서 예상치 못한 동작을 막으려면, 함수가 영향을 주거나 받을 수 있는 범위를 한정하는 것이 좋습니다.

함수는 다음 항목을 만족하도록 설계하는 것이 좋습니다.

- 데이터(상태)는 매개변수로 받습니다.
- 상태를 변경하지 않습니다.
- 값은 함수의 리턴 값으로 돌려줍니다.

따라서 매개변수로 상태를 받고, 상태를 변경하지 않고, 값을 리턴하기만 하는 함수가 이상적입니다.

이러한 이야기를 들으면, '메서드에서 인스턴스 변수를 사용하는 것도 좋지 않다는 말일까?'라고 생각하는 분도 있을 것입니다. 하지만 이는 괜찮습니다. 자세한 내용은 이후에 설명하겠지만, 인스턴스 변수는 불변으로 만들어 영향이 전달되지 않게 할 수 있으므로, 예상치 못한 동작 문제를 회피할 수 있습니다. 추가로, 객체 지향 프로그래밍 언어는 함수의 부수 효과로 인한 범위를 클래스 내부까지 허용하는 것이 일반적입니다. 따라서 이 책에서도 인스턴스 변수를 동일한 클래스의 메서드에서 사용하지 못하도록 제한하지는 않습니다.

4.2.5 불변으로 만들어서 예기치 못한 동작 막기

지금까지 설명한 방식에 따라, 예상하지 못한 동작을 막기 위해 AttackPower 클래스를 개선해 봅시다. 불변을 기반으로 코드를 다시 설계해 보면, 코드 4.18과 같습니다.

인스턴스 변수 value가 가변적이므로, 부수 효과가 발생할 여지를 남겼었습니다. '주의해서 코드를 작성할 테니 불변이 아니어도 괜찮을 거야.'라는 생각은 스스로를 너무 맹신하는 것입니다. 기능 변경 때에 의도하지 않게 부수 효과가 있는 함수가 만들어져서, 예상하지 못한 동작을 일으킬 가능성은 항상 존재합니다. 코드가 많으면 많을수록, 이러한 가능성은 더 커집니다.

따라서 부수 효과의 여지 자체를 없앨 수 있게, 인스턴스 변수 value에 final 수식자를 붙여서 불변으로 만듭시다.

불변 변수로 만들면 변경할 수 없습니다. 변경된 값을 사용하고 싶다면 새로운 값을 가진 새로운 인스턴스 변수를 만들어서 사용해야 합니다. 따라서 다음 코드의 reinforce 메서드와 disable 메서드처럼 AttackPower 인스턴스를 새로 생성하고 리턴하는 구조로 변경합니다.

코드 4.18 불변으로 견고해진 AttackPower 클래스

```java
class AttackPower {
  static final int MIN = 0;
  final int value;  // final로 불변으로 만들었습니다.

  AttackPower(final int value) {
    if (value < MIN) {
      throw new IllegalArgumentException();
    }

    this.value = value;
  }

  /**
  * 공격력 강화하기
  * @param increment 공격력 증가량
  * @return 증가된 공격력
  */
  AttackPower reinforce(final AttackPower increment) {
    return new AttackPower(this.value + increment.value);
  }

  /**
  * 무력화하기
  * @return 무력화한 공격력
  */
  AttackPower disable() {
```

```
        return new AttackPower(MIN);
    }
}
```

AttackPower를 호출하는 코드도 변경합니다(코드 4.19, 코드 4.20). 인스턴
스 변수 AttackPower.value는 불변이므로, 공격력을 변경하려면 reinforce와
disable 메서드를 호출하고, 변경 후의 값을 가진 AttackPower 인스턴스를 생
성하고 활용해야 합니다. AttackPower 인스턴스를 새로 생성했으므로, 변경 전
과 변경 후의 공격력은 서로 영향을 주지 않습니다.

코드 4.19 영향 범위를 줄인 공격력 강화

```
final AttackPower attackPower = new AttackPower(20);
// 생략
final AttackPower reinforced =
    attackPower.reinforce(new AttackPower(15));
System.out.println("attack power : " + reinforced.value);
```

코드 4.20 다른 인스턴스를 생성했으므로 영향을 주지 않음

```
// 다른 스레드에서 처리
final AttackPower disabled = attackPower.disable();
```

추가로 코드 4.11도 불변을 활용하도록 개선해 봅시다. Weapon 클래스에 메서
드를 추가합니다. 무기를 강화하는 reinforce에서 Weapon 클래스의 인스턴스
를 생성하고, 리턴하게 합니다.

코드 4.21 무기를 나타내는 클래스(개선 버전)

```
class Weapon {
  final AttackPower attackPower;

  Weapon(final AttackPower attackPower) {
    this.attackPower = attackPower;
  }

  /**
   * 무기 강화하기
   * @param increment 공격력 강화
   * @return 강화된 무기
   */
```

```
  Weapon reinforce(final AttackPower increment) {
    final AttackPower reinforced = attackPower.reinforce(increment);
    return new Weapon(reinforced);
  }
}
```

AttackPower와 Weapon을 개선했으므로, 코드 4.11은 코드 4.22처럼 바뀝니다.

코드 4.22 AttackPower와 Weapon 사용(개선 버전)

```
final AttackPower attackPowerA = new AttackPower(20);
final AttackPower attackPowerB = new AttackPower(20);

final Weapon weaponA = new Weapon(attackPowerA);
final Weapon weaponB = new Weapon(attackPowerB);

final AttackPower increment = new AttackPower(5);
final Weapon reinforcedWeaponA = weaponA.reinforce(increment);

System.out.println("Weapon A attack power : " +
                   weaponA.attackPower.value);
System.out.println("Reinforced weapon A attack power : " +
                   reinforcedWeaponA.attackPower.value);
System.out.println("Weapon B attack power : " +
                   weaponB.attackPower.value);
```

강화 전의 weaponA와 강화 후의 reinforcedWeaponA는 서로 다른 인스턴스이며,
불변입니다. 각각의 내부에 있는 AttackPower 인스턴스도 마찬가지입니다. 서
로 영향을 주고받지 않습니다(코드 4.23).

코드 4.23 서로 영향을 주고받지 않음

```
Weapon A attack power : 20
Reinforced weapon A attack power : 25
Weapon B attack power : 20
```

4.3 불변과 가변은 어떻게 다루어야 할까

실제로 개발할 때는 불변과 가변을 어떻게 다루어야 할까요?

4.3.1 기본적으로 불변으로

지금까지 설명한 것처럼 변수를 불변으로 만들면 다음과 같은 장점이 있습니다.

- 변수의 의미가 변하지 않으므로, 혼란을 줄일 수 있음.
- 동작이 안정적이게 되므로, 결과를 예측하기 쉬움.
- 코드의 영향 범위가 한정적이므로, 유지 보수가 편리해짐.

따라서 기본적으로는 불변으로 설계하는 것이 좋습니다. 이 책에서도 불변을 표준 스타일로 사용하겠습니다.

자바의 경우 변수를 불변으로 만들려면, 변수 선언 시 final 수식자를 붙여야 하므로, 코드가 쓸데없이 길어집니다. 하지만 장점이 더 많습니다. 코틀린과 스칼라(Scala)에서는 val 키워드(불변)와 var 키워드(가변)를 선택할 수 있습니다. 자바스크립트도 상수를 선언하는 const 키워드를 도입했습니다. 이러한 프로그래밍 언어에서는 간단한 코드로 불변이라는 성질을 적용할 수 있습니다.

러스트(Rust)에서는 불변이 디폴트입니다. 가변으로 만들려면, mut 키워드를 붙여야 합니다.

이처럼 최근 등장하는 프로그래밍 언어는 불변이 디폴트가 되도록 만들어지고 있습니다. 그만큼 불변이라는 성질을 중요하게 여기는 것입니다.

4.3.2 가변으로 설계해야 하는 경우

기본적으로 불변으로 설계하는 것이 좋지만, 가변이 필요한 경우도 있습니다. 바로 성능(performance)이 중요한 경우입니다. 예를 들어 대량의 데이터를 빠르게 처리해야 하는 경우, 이미지를 처리하는 경우, 리소스에 제약이 큰 임베디드 소프트웨어를 다루는 경우는 가변을 사용하는 것이 좋을 수 있습니다.

불변이라면 값을 변경할 때 인스턴스를 새로 생성해야 합니다. 만약 크기가 큰 인스턴스를 새로 생성하면서 시간이 오래 걸려 성능에 문제가 생긴다면, 불변보다는 가변을 사용하는 것이 좋습니다.

또한 스코프가 국소적인 경우에는 가변을 사용해도 좋습니다. 예를 들어 반복문 카운터 등 반복 처리 스코프에서만 사용되는 지역 변수는 가변으로 해도 괜찮습니다.

4.3.3 상태를 변경하는 메서드 설계하기

인스턴스 변수를 가변으로 만들었다면, 메서드를 만들 때 주의해야 할 점이 있습니다. 코드 4.24는 게임의 히트포인트와 멤버를 나타내는 클래스입니다. 기본적인 조건은 다음과 같습니다.

- 히트포인트는 0 이상
- 히트포인트가 0이 되면, 사망 상태로 변경

그럼 Member.damage 메서드는 이러한 조건을 만족할까요?

코드 4.24 정상적으로 동작하지 않는 로직

```java
class HitPoint {
  int amount;
}

class Member {
  final HitPoint hitPoint;
  final States states;
  // 생략

  /**
  * 대미지 받기
  * @param damageAmount 대미지 크기
  */
  void damage(int damageAmount) {
    hitPoint.amount -= damageAmount;
  }
}
```

현재 Member.damage 로직은 HitPoint.amount가 음수가 될 수 있습니다. 또한 히트포인트가 0이 되어도 사망 상태로 바꾸지 않습니다. 따라서 조건을 만족하지 않습니다.

상태를 변화시키는 메서드를 '뮤테이터(mutater)'라고 합니다. 조건에 맞는 올바른 상태로 변경하는 뮤테이터로 바꿔 봅시다.

코드 4.25 가변으로 할 때는 반드시 올바른 상태로만 변경하도록 설계하기

```java
class HitPoint {
  private static final int MIN = 0;
  int amount;

  HitPoint(final int amount) {
    if (amount < MIN) {
      throw new IllegalArgumentException();
    }

    this.amount = amount;
  }

  /**
  * 대미지 받는 처리
  * @param damageAmount 대미지 크기
  */
  void damage(final int damageAmount) {
    final int nextAmount = amount - damageAmount;
    amount = Math.max(MIN, nextAmount);
  }

  /** @return 히트포인트가 0이라면 true */
  boolean isZero() {
    return amount == MIN;
  }
}

class Member {
  final HitPoint hitPoint;
  final States states;
  // 생략

  /**
  * 대미지 받는 처리
  * @param damageAmount 대미지 크기
```

```
*/
void damage(final int damageAmount) {
  hitPoint.damage(damageAmount);
  if (hitPoint.isZero()) {
    states.add(StateType.dead);
  }
}
}
```

4.3.4 코드 외부와 데이터 교환은 국소화하기

불변을 활용해서 아무리 신중하게 설계하더라도, 코드 외부와의 데이터 교환
은 주의해야 합니다.

파일을 읽고 쓰는 I/O 조작은 코드 외부의 상태에 의존합니다. 웹 애플리케
이션도 거의 필수로 데이터베이스를 사용합니다.

코드를 아무리 주의 깊게 작성하더라도, 파일이나 데이터베이스는 코드 외
부에 있는 상태입니다. 예를 들어 파일의 내용은 다른 시스템에 의해서 덮어
쓰일 수 있습니다. 코드 내부에서는 이러한 외부 동작을 제어할 수 없습니다.
특별한 이유 없이 외부 상태에 의존하는 코드를 작성하면, 동작 예측이 힘들어
지므로 문제가 발생할 가능성이 높아집니다.

최근에는 이러한 영향을 그나마 줄일 수 있게, 코드 외부와 데이터 교환을 국
소화하는 테크닉을 많이 사용합니다. 국소화하는 방법으로는 예를 들어 리포
지터리 패턴(repository pattern)[1]이 있습니다. 리포지터리 패턴은 데이터베이스의
영속화[2]를 캡슐화하는 디자인 패턴입니다.

---

1 데이터베이스 등 데이터 소스의 제어 로직을 캡슐화하는 패턴입니다. 리포지터리 패턴은 특정 클래
   스 내부에 데이터베이스 관련 로직을 격리하므로, 애플리케이션 로직이 데이터베이스 관련 로직과
   섞이지 않습니다. 리포지터리 패턴은 집합체(정합성 유지가 필요한 여러 클래스의 집합체)라는 단위
   로 데이터를 읽고 쓰게 설계하는 것이 일반적입니다.
2 (옮긴이) '데이터베이스의 영속화'는 '데이터베이스에 데이터를 저장하는 것'을 의미합니다.

5장

응집도: 흩어져 있는 것들

이 장에서는 응집도에 대해서 집중적으로 다룹니다.

응집도(cohension)란 '모듈 내부에 있는 데이터와 로직 사이의 관계가 얼마나 강한지 나타내는 지표'입니다(15.5.3절 참고). 모듈은 클래스, 패키지, 레이어 등을 모두 포함할 수 있는 용어입니다. 이 책에서는 쉽게 이해할 수 있게 모듈을 클래스라고 생각하겠습니다. 따라서 응집도를 '클래스 내부에 있는 데이터와 로직 사이의 관계가 얼마나 강한지 나타내는 지표'로 설명하겠습니다.

응집도가 높은 구조는 변경하기 쉬우며, 바람직한 구조입니다. 반대로 응집도가 낮은 구조는 변경 시 문제가 발생하기 쉽습니다.

응집도가 낮은 구조의 대표적인 예로 데이터 클래스를 소개했습니다. 하지만 데이터 클래스 이외에도 응집도를 낮추는 악마들이 있습니다.

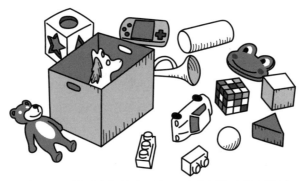

그림 5.1 코드가 분산되어 있으면, 어떤 코드가 어디 있는지 알기 힘들다.

5.1 static 메서드 오용

static 메서드 오용으로 응집도가 낮아지는 경우가 있습니다. 예를 살펴봅시다.

코드 5.1 static 메서드가 정의되어 있는 OrderManager 클래스

```
// 주문을 관리하는 클래스
class OrderManager {
  static int add(int moneyAmount1, int moneyAmount2) {
```

```
    return moneyAmount1 + moneyAmount2;
  }
}
```

주문 관리 클래스 OrderManager에 금액을 더하는 static 메서드 add가 정의되어 있습니다. static 메서드로 정의하면 클래스의 인스턴스를 생성하지 않고도, 코드 5.2처럼 add 메서드를 호출할 수 있습니다.

 코드 5.2 static 메서드와 데이터 클래스를 함께 사용하는 상황

```
// moneyData1, moneyData2는 데이터 클래스
moneyData1.amount = OrderManager.add(moneyData1.amount,
                                     moneyData2.amount);
```

이러한 static 메서드는 moneyData1, moneyData2처럼 데이터 클래스와 함께 사용하는 경우가 꽤 많습니다.

그럼 이러한 구조는 무엇이 문제일까요? 데이터는 MoneyData에 있고, 데이터를 조작하는 로직은 OrderManager에 있다는 것이 문제입니다. 데이터와 로직이 서로 다른 클래스에 작성되어 있는 것입니다. 응집도가 낮은 구조는 1.3.1절에서 살펴본 것처럼 악마들을 불러들입니다.

5.1.1 static 메서드는 인스턴스 변수를 사용할 수 없음

static 메서드는 인스턴스 변수를 사용할 수 없습니다. 따라서 어떤 메서드를 static 메서드로 만든 시점에 이미 데이터와 데이터를 조작하는 로직 사이에 괴리가 생깁니다. 당연히 응집도가 낮아질 수밖에 없습니다.

3장에서 설명했던 Money 클래스는 인스턴스 변수 amount와 관련된 로직을 메서드로 함께 갖고 있었습니다. 즉, 응집도가 높은 구조였습니다. 다양한 악마의 공격으로부터 클래스가 스스로를 보호할 수 있게, 데이터와 로직을 모아 응집도가 높은 구조로 설계하는 것은 객체 지향 설계의 기본입니다.

5.1.2 인스턴스 변수를 사용하는 구조로 변경하기

static 메서드의 매개변수에 주목해 봅시다. OrderManager.add 메서드는 금액을 나타내는 매개변수 moneyAmount1, moneyAmount2를 받아서 계산하고 있습니다.

응집도는 '클래스 내부에서 데이터와 로직의 관계가 얼마나 강한지 나타내는 지표'라고 말했습니다. 따라서 '인스턴스 변수'와 '인스턴스 변수를 사용하는 로직'을 같은 클래스에 만드는 것이 응집도를 높이는 방법입니다.

응집도가 높은 구조가 될 수 있도록 인스턴스 변수를 사용해서 계산하는 구조로 설계를 변경하는 것이 좋습니다. 3장의 Money 클래스처럼 변경하면 됩니다. 금액을 인스턴스 변수 amount로 갖게 하고, add 메서드는 amount를 사용하여 계산하도록 설계합니다.

5.1.3 인스턴스 메서드인 척하는 static 메서드 주의하기

static 키워드가 붙어 있지 않을 뿐, static 메서드와 같은 문제를 갖고 있는 인스턴스 메서드도 자주 볼 수 있습니다. 코드 5.3을 살펴봅시다.

코드 5.3 인스턴스 메서드인 척하는 add 메서드

```
class PaymentManager {
  private int discountRate; // 할인율

  // 생략
  int add(int moneyAmount1, int moneyAmount2) {
    return moneyAmount1 + moneyAmount2;
  }
}
```

PaymentManager 클래스의 add 메서드는 인스턴스 메서드입니다. 그런데 인스턴스 변수 discountRate를 전혀 사용하지 않습니다. 매개변수로 받은 값만 활용해서 계산하므로, OrderManager의 static 메서드였던 add와 차이가 없습니다. PaymentManager.add 메서드는 앞에 static 키워드를 붙여도, 아무 문제 없이 동작할 것입니다.

이처럼 인스턴스 메서드인 척하는 static 메서드도 응집도를 낮춥니다. 이를 해결하는 방법은 이전과 동일합니다.

어떤 것이 인스턴스 메서드인 척하는 static 메서드인지 구분하기 어렵다고 생각할 수도 있습니다. 그런데 사실 쉽게 파악할 수 있습니다. 메서드 앞에 static 키워드를 추가해 보세요. 메서드에서 인스턴스 변수가 사용되고 있다면,

IDE(통합 개발 환경)의 정적 코드 분석 도구에 의해서 '내부에서 인스턴스 변수가 사용되고 있다'라는 오류가 발생하거나, 컴파일 자체가 되지 않을 것입니다. 반면 정적 코드 분석에서 어떠한 오류도 없고, 컴파일해도 아무 문제가 없다면, 해당 메서드는 인스턴스 메서드인 척하고 있는 static 메서드입니다.

5.1.4 왜 static 메서드를 사용할까?

static 메서드를 사용하는 이유는 객체 지향 언어를 사용할 때, C 언어 같은 절차 지향 언어의 접근 방법을 사용하려 하기 때문입니다. 절차 지향 언어에서는 데이터와 로직이 따로 존재하도록 설계합니다. 이러한 접근 방법을 객체 지향 언어에 적용하여 설계하면, 데이터와 로직을 별도의 클래스에 배치하게 됩니다. 그래서 클래스의 인스턴스를 생성하지 않고도 사용할 수 있는 static 메서드를 활용하는 것입니다.

static 메서드는 클래스의 인스턴스를 만들지 않아도 되므로, 간단하게 사용할 수 있습니다. 하지만 응집도가 낮아지는 문제를 일으키므로, 남용하지 않는 것이 좋습니다.

5.1.5 어떠한 상황에서 static 메서드를 사용해야 좋을까?

static 메서드를 사용하면 좋은 상황도 물론 있습니다. 응집도의 영향을 받지 않는 경우, static 메서드를 사용해도 괜찮습니다. 예를 들어 로그 출력 전용 메서드, 포맷 변환 전용 메서드처럼 응집도와 관계없는 기능은 static 메서드로 설계하는 것이 좋습니다.

팩토리 메서드(5.2.1절)도 static 메서드로 설계하는 것이 좋습니다.

5.2 초기화 로직 분산

클래스를 잘 설계해도, 초기화 로직이 분산되어 응집도가 낮은 구조가 되어 버리는 경우가 있습니다.

온라인 쇼핑몰 또는 결제 서비스에서는 신규 가입 때, 무료로 포인트를 제공하기도 하는데, 다음 코드는 그러한 기프트 포인트를 값 객체로 설계한 예입니다.

코드 5.4 기프트 포인트를 나타내는 클래스

```java
class GiftPoint {
  private static final int MIN_POINT = 0;
  final int value;

  GiftPoint(final int point) {
    if (point < MIN_POINT) {
      throw new IllegalArgumentException("포인트를 0 이상 입력해야 합니다.");
    }

    value = point;
  }

  /**
   * 포인트 추가하기
   *
   * @param other 추가 포인트
   * @return 추가 후 남은 포인트
   */
  GiftPoint add(final GiftPoint other) {
    return new GiftPoint(value + other.value);
  }

  /**
   * @return 남은 포인트가 소비 포인트 이상이라면 true
   */
  boolean isEnough(final ConsumptionPoint point) {
    return point.value <= value;
  }

  /**
   * 포인트 소비하기
   *
   * @param point 소비 포인트
   * @return 소비 후 남은 포인트
   */
  GiftPoint consume(final ConsumptionPoint point) {
    if (!isEnough(point)) {
      throw new IllegalArgumentException("포인트가 부족합니다.");
    }
```

```
    return new GiftPoint(value - point.value);
  }
}
```

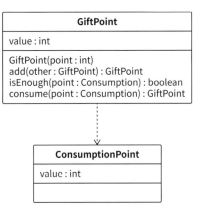

그림 5.2 응집도가 높아 보이는 GiftPoint 클래스

GiftPoint 클래스에는 포인트를 추가하는 메서드와 소비하는 메서드가 정의되어 있으므로, 기프트 포인트와 관련된 로직이 데이터와 응집되어 있는 것처럼 보입니다.

　그런데 사실 그렇지 않습니다. 코드 5.5를 살펴봅시다. 이는 표준 회원으로 가입했을 때, 3000포인트를 제공하는 코드를 구현한 것입니다.

코드 5.5 표준 회원 가입 포인트
```
GiftPoint standardMembershipPoint = new GiftPoint(3000);
```

또 다른 위치에는 코드 5.6이 구현되어 있습니다. 프리미엄 회원으로 신규 가입했을 때 10000포인트를 부여하는 코드입니다.

코드 5.6 프리미엄 회원 가입 포인트
```
GiftPoint premiumMembershipPoint = new GiftPoint(10000);
```

생성자를 public으로 만들면, 의도하지 않은 용도로 사용될 수 있습니다. 결과적으로 관련된 로직이 분산되기 때문에 유지 보수하기 힘들어집니다. 예를 들어 회원 가입 포인트를 변경하고 싶을 때, 소스 코드 전체를 확인해야 합니다.

5.2.1 private 생성자 + 팩토리 메서드를 사용해 목적에 따라 초기화하기

이러한 초기화 로직의 분산을 막으려면 생성자를 private으로 만들고, 대신 목적에 따라 팩토리 메서드를 만듭니다.

코드 5.7 팩토리 메서드를 사용한 GiftPoint 클래스

```java
class GiftPoint {
  private static final int MIN_POINT = 0;
  private static final int STANDARD_MEMBERSHIP_POINT = 3000;
  private static final int PREMIUM_MEMBERSHIP_POINT = 10000;
  final int value;

  // 외부에서는 인스턴스를 생성할 수 없습니다.
  // 클래스 내부에서만 생성할 수 있습니다.
  private GiftPoint(final int point) {
    if (point < MIN_POINT) {
      throw new IllegalArgumentException("포인트는 0 이상이어야 합니다.");
    }

    value = point;
  }

  /**
   * @return 표준 가입 기프트 포인트
   */
  static GiftPoint forStandardMembership() {
    return new GiftPoint(STANDARD_MEMBERSHIP_POINT);
  }

  /**
   * @return 프리미엄 가입 기프트 포인트
   */
  static GiftPoint forPremiumMembership() {
    return new GiftPoint(PREMIUM_MEMBERSHIP_POINT);
  }
  // 생략
}
```

생성자를 private으로 만들면, 클래스 내부에서만 인스턴스를 생성할 수 있습니다. 인스턴스를 생성하기 위한 static 팩토리 메서드에서 생성자를 호출합니다. 팩토리 메서드는 목적에 따라 만들어 두는 것이 일반적입니다.

표준 회원을 위한 `forStandardMembership`, 프리미엄 회원을 위한 `forPremium`

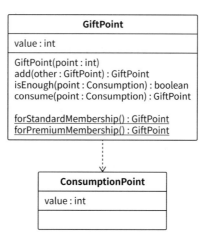

그림 5.3 초기화 로직도 응집한 GiftPoint 클래스

Membership이란 팩토리 메서드를 만들었습니다. 각 메서드에는 해당되는 포인트를 추가하는 로직을 만들었습니다.

이렇게 만들면, 신규 가입 포인트와 관련된 로직이 GiftPoint 클래스에 응집됩니다. 신규 가입 포인트나 기프트 포인트와 관련된 사양에 변경이 있는 경우, GiftPoint 클래스만 변경하면 됩니다. 다른 클래스에서 관련된 로직을 찾는 번거로움을 줄일 수 있습니다.

표준 회원 신규 가입, 프리미엄 회원 신규 가입 로직은 팩토리 메서드를 사용하는 형태로 개선합니다.

코드 5.8 표준 회원 가입 포인트 팩토리 메서드

```
GiftPoint standardMembershipPoint = GiftPoint.forStandardMembership();
```

코드 5.9 프리미엄 회원 가입 포인트 팩토리 메서드

```
GiftPoint premiumMembershipPoint = GiftPoint.forPremiumMembership();
```

5.2.2 생성 로직이 너무 많아지면 팩토리 클래스를 고려해 보자

상황에 따라 생성 로직이 너무 많아질 수 있습니다. 그러면 해당 클래스가 무엇을 하는 클래스인지 알기 어렵습니다. 많은 생성 로직으로 인해 해당 클래스가 하는 일이 불분명해지기 때문입니다. 생성 로직이 너무 많아지는 것 같다면, 생성 전용 팩토리 클래스를 분리하는 방법을 고려하는 것이 좋습니다.

5.3 범용 처리 클래스(Common/Util)

static 메서드를 빈번하게 볼 수 있는 클래스로, 범용 처리를 위한 클래스가 있습니다. 일반적으로 이러한 클래스에는 Common, Util이라는 이름이 붙습니다. 문제는 static 메서드와 마찬가지로 응집도가 낮은 구조가 만들어질 수 있다는 것입니다. 이는 더 나쁜 악마를 불러들일 수 있습니다.

똑같은 일을 수행하는 코드가 많아지면 코드를 재사용하기 위해 범용 클래스를 만들곤 합니다. 이때 static 메서드로 구현되는 경우가 많습니다.

소비세 계산을 예로 들겠습니다. 당연하지만 금전 거래와 관련된 서비스는 금액을 다룹니다. 그리고 금액을 다룬다면, 당연히 소비세 등의 세금을 계산합니다. 소비세를 계산하는 상황이 많다면, 로직을 개별적으로 작성하기보다는 범용 처리 클래스에 static 메서드로 구현하는 경우가 많을 것입니다.

코드 5.10 Common 클래스

```
// 범용 처리 클래스
class Common {
  // 생략

  // 세금 포함 금액 계산하기
  static BigDecimal calcAmountIncludingTax(BigDecimal amountExcludingTax,
                                           BigDecimal taxRate) {
    return amountExcludingTax.multiply(taxRate);
  }
}
```

현재 코드에서 calcAmountIncludingTax가 static 메서드입니다. 자주 사용되는 메서드일 테니, 범용 처리 클래스에 구현해 두면 코드가 중복되는 일을 줄일 수 있을 것입니다. 하지만 결국 static 메서드이므로 응집도가 낮은 구조라는 문제를 갖고 있습니다.

참고로 static 메서드가 응집도를 낮추는 문제만 가져오지는 않습니다. 전역 변수(9.5절 참고)가 나타나게 되는 등 여러 가지 악영향을 미칩니다.

5.3.1 너무 많은 로직이 한 클래스에 모이는 문제

코드 5.11을 살펴봅시다.

코드 5.11 관련 없는 범용 처리가 한 클래스에 모인 상태

```
// 범용 처리 클래스
class Common {
  // 생략

  // 세금 포함 금액 계산하기
  static BigDecimal calcAmountIncludingTax(BigDecimal amountExcludingTax,
                                           BigDecimal taxRate) { ... }

  // 사용자가 이미 탈퇴했다면 true
  static boolean hasResigned(User user) { ... }

  // 상품 주문하기
  static void createOrder(Product product) { ... }

  // 유효한 전화번호라면 true
  static boolean IsValidPhoneNumber(String phoneNumber) { ... }
```

세금을 계산하는 메서드 이외에도 탈퇴했는지 확인하는 메서드, 주문 메서드처럼 관련 없는 로직이 Common 클래스 안에 모여 있습니다. 심지어 모두 static 메서드입니다. 이는 응집도가 낮은 구조입니다. 안타깝게도 이런 코드는 실제 프로덕션 코드에서도 굉장히 많이 볼 수 있습니다.

어째서 이런 일이 일어나는 것일까요?

원인은 Common과 Util이라는 이름 자체가 '범용'이라는 뜻이기 때문입니다. 이 이름은 읽는 사람에게 '범용적으로 사용하고 싶은 로직은 Common 클래스에 모아 두면 되겠구나'라고 생각하게 만듭니다.

근본적인 원인은 범용의 의미와 재사용성을 잘못 이해하고 있기 때문입니다. 재사용성은 설계의 응집도를 높이면, 저절로 높아집니다.

코드 3.18의 Money 클래스를 살펴봅시다. add 메서드를 호출하면 언제라도 금액을 더할 수 있습니다. 재사용성이 충분히 좋습니다.

5.3.2 객체 지향 설계의 기본으로 돌아가기

꼭 필요한 경우가 아니면, 범용 처리 클래스를 만들지 않는 것이 좋습니다. 객체 지향 설계의 기본으로 돌아가서 설계하도록 합시다(3장 참고).

Common.calcAmountIncludingTax 메서드를 개선해 보면, 다음과 같습니다.

코드 5.12 세금 포함 금액을 계산하는 클래스

```
class AmountIncludingTax {
  final BigDecimal value;

  AmountIncludingTax(final AmountExcludingTax amountExcludingTax,
                     final TaxRate taxRate) {
    value = amountExcludingTax.value.multiply(taxRate.value);
  }
}
```

5.3.3 횡단 관심사

로그 출력과 오류 확인은 애플리케이션의 모든 동작에 필요한 기능입니다. 온라인 쇼핑몰에서도 주문, 예약, 배송 같은 모든 상황에 필요한 기본 기능일 것입니다.

이처럼 다양한 상황에서 넓게 활용되는 기능을 **횡단 관심사**(cross-cutting concern)라고 부릅니다. 대표적으로 다음과 같은 기능들을 들 수 있습니다.

- 로그 출력
- 오류 확인
- 디버깅
- 예외 처리
- 캐시
- 동기화
- 분산 처리

횡단 관심사에 해당하는 기능이라면 범용 코드로 만들어도 괜찮습니다. 코드 5.13에 있는 로그 출력을 위한 Logger.report는 인스턴스화할 필요가 없으므로, static 메서드로 만들어도 괜찮습니다.

코드 5.13 횡단 관심사는 static 메서드로 만들어도 괜찮음

```
try {
  shoppingCart.add(product);
} catch (IllegalArgumentException e) {
  // report는 로그 출력 전용 static 메서드
  Logger.report("문제가 발생했습니다. 장바구니에 상품을 추가할 수 없습니다.");
}
```

5.4 결과를 리턴하는 데 매개변수 사용하지 않기

범용 처리 클래스 예에서 살펴보았던 것처럼 매개변수를 잘못 나루면, 응집도
가 낮아지는 문제가 발생합니다. 출력 매개변수도 같은 문제를 일으킵니다. 코
드 5.14를 살펴봅시다.

코드 5.14 매개변수를 변경하고 있음

```
class ActorManager {
  // 게임 캐릭터 위치를 이동
  void shift(Location location, int shiftX, int shiftY) {
    location.x += shiftX;
    location.y += shiftY;
  }
}
```

shift는 게임 캐릭터의 위치를 이동하는 메서드입니다. 그런데 이동 대상 인스
턴스를 매개변수 location으로 전달받고, 이를 변경하고 있습니다. 이렇게 출
력으로 사용되는 매개변수를 출력 매개변수라고 부릅니다. 데이터 조작 대상
은 Location, 조작 로직은 ActorManager입니다. 데이터와 로직이 각자 다른 클
래스에 있는 것입니다. 따라서 응집도가 낮은 구조임을 알 수 있습니다. 응집
도가 낮은 구조는 중복을 만듭니다. 의도하지 않게 다른 사람이 코드 5.15와
같은 코드를 다른 클래스에 구현할 수도 있습니다.

코드 5.15 완전히 같은 메서드가 다른 클래스에 구현됨

```
class SpecialAttackManager {
  void shift(Location location, int shiftX, int shiftY) {
```

출력 매개변수는 응집도 문제 이외에도 여러 문제를 발생시킵니다. 예를 들어 코드 5.16을 실행하면 어떤 일이 일어날까요?

코드 5.16 무슨 일이 일어날까?

```
discountManager.set(money);
```

set 메서드의 로직을 살펴봅시다.

코드 5.17 매개변수가 변경되었다는 것을 외부에서 알 수 없음

```
class DiscountManager {
  // 할인 적용하기
  void set(MoneyData money) {
    money.amount -= 2000;
    if (money.amount < 0) {
      money.amount = 0;
    }
  }
}
```

전달한 매개변수 money의 값을 변경하고 있습니다. 매개변수는 입력으로 전달하는 것이 일반적입니다. 이처럼 출력으로 사용해 버리면, 매개변수가 입력인지 출력인지 메서드 내부의 로직을 확인해야 합니다. 메서드의 내용을 하나하나 확인하게 만드는 구조는 로직을 읽고 이해하는 데 시간이 오래 걸려, 가독성이 좋지 않습니다.

출력 매개변수로 설계하지 말고, 객체 지향 설계의 기본으로 돌아가서 '데이터'와 '데이터를 조작하는 논리'를 같은 클래스에 배치합시다. 이동 메서드 shift는 위치를 나타내는 location 클래스에 정의합시다.

코드 5.18 매개변수를 변경하지 않는 구조로 개선

```
class Location {
  final int x;
  final int y;

  Location(final int x, final int y) {
    this.x = x; this.y = y;
  }
```

```
Location shift(final int shiftX, final int shiftY) {
  final int nextX = x + shiftX;
  final int nextY = y + shiftY;
  return new Location(nextX, nextY);
}
}
```

C#의 out 키워드

C#에는 출력 매개변수임을 명시하는 out 키워드와 ref 키워드가 있습니다. 이 책에서는 out 키워드만 소개하겠습니다.

코드 5.19처럼 out을 붙이면, 매개변수 value는 참조 전달되며, 함수 안에서는 전달받은 변수를 변경할 수 있습니다.

코드 5.19 C#의 출력 매개변수

```
static void Set(out int value) {
  value = 10;
}

int value;
Set(out value);
Console.WriteLine(value);    // 화면에 10을 출력합니다.
```

코드 5.20처럼 여러 값을 변경하고 리턴하기 위해서, out 키워드를 사용하는 경우를 자주 볼 수 있습니다. RecoverCompletely는 게임에서 히트포인트(HP)와 매직포인트(MP)를 최대로 회복한 뒤, 리턴하는 메서드입니다.

코드 5.20 출력 매개변수를 사용해서 변경하기

```
static void RecoverCompletely(out int hitPoint, out int
magicPoint) {
  hitPoint = MAX_HIT_POINT;
  magicPoint = MAX_MAGIC_POINT;
}

int hitPoint;
int magicPoint;
RecoverCompletely(out hitPoint, out magicPoint);
member.HitPoint = hitPoint;
member.MagicPoint = magicPoint;
```

하지만 지금까지 설명한 것처럼 출력 매개변수는 응집도가 낮은 구조가 되기 쉽습니다. 따라서 객체 지향의 기본에 충실한 클래스로 만들려면 신경을 써야 합니다.

코드 5.21 히트포인트를 값 객체로 설계하기

```
/// <summary>히트포인트</summary>
class HitPoint {
  private const int MIN = 0;
  // readonly는 자바의 final에 해당
  readonly int _value;
  private readonly MaxHitPoint _maxHitPoint;

  /// <summary>
  /// <param name="value">현재 히트포인트</param>
  /// <param name="maxHitPoint">최대 히트포인트</param>
  /// </summary>
  HitPoint(int value, MaxHitPoint maxHitPoint) {
    if (value < MIN) {
      throw new ArgumentOutOfRangeException("0 이상을 지정해
                                            주세요.");
    }
    _value = value;
    _maxHitPoint = maxHitPoint;
  }

  /// <summary>
  /// 최대까지 회복
  /// <returns>히트포인트</returns>
  /// </summary>
  HitPoint RecoverCompletely() {
    return new HitPoint(_maxHitPoint._value, _maxHitPoint);
  }
}
```

out 키워드는 코드 5.22의 TryParse 메서드처럼 매우 범용적인 변환 용도로만 사용하는 것이 좋습니다. 응집도가 낮아 문제가 생긴다면 사용하지 않는 것이 좋습니다.

코드 5.22 출력 매개변수는 응집도 관련 문제가 없을 때만 사용하기

```
int valueString = "123";
int value;
// TryParse는 int로 자료형 변환하는 메서드
bool success = int.TryParse(valueString, out value);
```

```
if (success) {
  total += value;
}
```

5.5 매개변수가 너무 많은 경우

매개변수가 너무 많은 메서드는 응집도가 낮아지기 쉽습니다.

　게임의 매직포인트(MP)를 예로 설명하겠습니다. RPG 같은 게임에는 매직포인트라는 개념이 있습니다. 이와 관련해 다음과 같은 사양이 있다고 합시다.

- 마법을 사용하면 매직포인트가 일정량 감소합니다.
- 회복 아이템 등을 사용하면 매직포인트가 일정량 회복됩니다.
- 매직포인트에는 최댓값이 있습니다.
- 매직포인트는 최댓값까지만 회복될 수 있습니다.
- 일부 장비는 매직포인트 최댓값을 높이는 효과가 있습니다.

설계를 따로 생각하지 않으면, 코드 5.23과 같은 로직이 만들어지기 쉽습니다.

코드 5.23 매개변수가 너무 많은 메서드

```
/**
 * 매직포인트 회복하기
 * @param currentMagicPoint 현재 매직포인트 잔량
 * @param originalMaxMagicPoint 원래 매직포인트 최댓값
 * @param maxMagicPointIncrements 장비로 증가하는 매직포인트 최댓값 증가량
 * @param recoveryAmount 회복량
 * @return 회복 후의 매직포인트 잔량
 */
int recoverMagicPoint(int currentMagicPoint, int originalMaxMagicPoint,
                      List<Integer> maxMagicPointIncrements,
                      int recoveryAmount) {
  int currentMaxMagicPoint = originalMaxMagicPoint;
  for (int each : maxMagicPointIncrements) {
    currentMaxMagicPoint += each;
  }
```

```
    return Math.min(currentMagicPoint + recoveryAmount,
                    currentMaxMagicPoint);
}
```

recoverMagicPoint는 장비의 매직포인트 최댓값 증가 효과를 추가해서, 최대 매직포인트 currentMaxMagicPoint를 계산하고 있습니다. 그리고 currentMax MagicPoint를 넘지 않게 매직포인트를 회복시킵니다.

이 메서드는 정상적으로 기능하지만, 구조가 좋지 않습니다.

매직포인트 잔량, 최댓값, 장비 착용으로 인한 최댓값 증가량, 회복량을 각각 하나의 매개변수로 전달받습니다. 이렇게 너무 많은 매개변수를 받는 메서드는 실수로 잘못된 값을 대입할 가능성이 높습니다. 현재 예시 상황에서는 4개 정도의 데이터이지만, 실제 게임과 일반 애플리케이션에서는 굉장히 많은 값을 다룰 것입니다. 그래서 이렇게 너무 많은 매개변수를 받는 메서드는 다양한 문제를 일으킵니다.

또한 회복 이외의 기능도 수행하고 있습니다. 매직포인트 최댓값 증가량 계산은 회복 이외의 상황에도 사용하는 경우가 많을 것입니다. 이렇게 로직을 그대로 적으면, 중복 코드가 발생할 가능성이 높아집니다.

이러한 문제는 왜 생기는 것일까요? 메서드에 매개변수를 전달한다는 것은 해당 매개변수를 사용해서 어떤 기능을 수행하고 싶다는 의미입니다. 그래서 매개변수가 많다는 것은 많은 기능을 처리하고 싶다는 의미가 됩니다. 하지만 처리할 게 많아지면 로직이 복잡해지거나, 중복 코드가 생길 가능성이 높아집니다. 여러 악마들이 모여 많은 문제를 일으킬 것입니다.

5.5.1 기본 자료형에 대한 집착

boolean, int, float, double, String처럼 프로그래밍 언어가 표준적으로 제공하는 자료형을 **기본 자료형**(primitive type)이라고 합니다.

코드 5.23의 recoverMagicPoint 메서드와 마찬가지로 코드 5.24에 있는 dis countedPrice 메서드는 매개변수와 리턴 값에 모두 기본 자료형만 쓰고 있습니다. 이처럼 기본 자료형을 남용하는 현상을 **기본 자료형 집착**(primitive obsession)이라고 합니다.

```
class Common {
  /**
   * @param regularPrice 정가
   * @param discountRate 할인율
   * @return 할인 가격
   */
  int discountedPrice(int regularPrice, float discountRate) {
    if (regularPrice < 0) {
      throw new IllegalArgumentException();
    }
    if (discountRate < 0.0f) {
      throw new IllegalArgumentException();
    }
```

프로그래밍 초보자, 혹은 경력이 많더라도 줄곧 기본 자료형만을 써 온 개발자는 클래스 설계를 고려하지 않는 경우가 많습니다. 그래서 기본 자료형 집착에 빠지기 쉽습니다.

'아니, 이 정도를 집착이라고 할 수 있나? 일반적인 구현 스타일인 것 같은데?' 또는 '클래스를 많이 만드는 것이 오히려 이상해 보이는데?'라고 생각하는 독자가 있을 수도 있습니다. 하지만 잘못된 생각입니다. 코드 5.25를 살펴봅시다.

코드 5.25 기본 자료형에 집착하면, 코드 중복이 쉽게 발생함

```
class Util {
  /**
   * @param regularPrice 정가
   * @return 적절한 가격이라면 true
   */
  boolean isFairPrice(int regularPrice) {
    if (regularPrice < 0) {
      throw new IllegalArgumentException();
    }
```

isFairPrice는 적절한 가격인지 확인하는 메서드입니다. 그런데 discountedPrice처럼 정가 regularPrice가 유효한 값인지 검사하는 코드가 여기도 있습니다. 기본 자료형으로만 구현하면, 이처럼 중복 코드가 많이 생깁니다. 또한 계산 로직이 이곳저곳에 분산되기 쉽습니다.

물론 기본 자료형만으로도 '동작하는 코드'를 작성할 수 있습니다. 하지만 그렇게 구현하면, 관련 있는 데이터와 로직을 집약하기 힘듭니다. 따라서 버그가 생기기 쉽고, 가독성이 떨어집니다.

데이터는 단순히 존재하기만 할 수는 없습니다. 데이터를 사용해 계산하거나 데이터를 판단해서 제어 흐름을 전환할 때 사용됩니다. 기본 자료형으로만 구현하려고 하면, 데이터를 사용한 계산과 제어 로직이 모두 분산됩니다. 응집도가 낮은 구조가 되는 것입니다.

3장에서 설명했던 것처럼 객체 지향 설계를 기반으로, 일단 관련 있는 것을 클래스로 만들기 위해서는, 프로그래밍 접근 방법부터 바꿔야 합니다.

코드 5.26처럼 할인 요금, 정가, 할인율을 하나하나의 클래스로 발전시켜 봅시다. 정가 클래스 RegularPrice 내부에 유효성 검사를 캡슐화했습니다. 할인율도 마찬가지로 클래스로 만들었습니다.

코드 5.26 '정가'라는 구체적인 자료형 설계하기

```
/** 정가 */
class RegularPrice {
  final int amount;

  /**
  * @param amount 금액
  */
  RegularPrice(final int amount) {
    if (amount < 0) {
      throw new IllegalArgumentException();
    }
    this.amount = amount;
```

그리고 할인 요금 DiscountedPrice에는 정가 클래스 RegularPrice와 할인율 클래스 DiscountRate를 전달합니다. 코드 5.24의 Common.discountedPrice와 다르게 매개변수가 기본 자료형이 아니라, 클래스로 바뀌었습니다.

코드 5.27 기본 자료형이 아니라 클래스 자료형 전달하기

```
/** 할인 요금 */
class DiscountedPrice {
  final int amount;
```

```
/**
 * @param regularPrice 정가
 * @param discountRate 할인율
 */
DiscountedPrice(final RegularPrice regularPrice,
                final DiscountRate discountRate) {
  // regularPrice와 discountRate를 사용해서 계산
```

이렇게 하면 관련 있는 로직을 각각의 클래스에 응집할 수 있습니다.

5.5.2 의미 있는 단위는 모두 클래스로 만들기

그럼 매직포인트 예시로 돌아가 봅시다.

　매개변수가 너무 많아지는 문제를 피하려면, 개념적으로 의미 있는 클래스를 만들어야 합니다. 일단 매직포인트가 중심 개념입니다. 매직포인트를 나타내는 클래스 MagicPoint를 준비합니다. 그리고 매직포인트와 관련된 값들을 인스턴스 변수로 갖게 구성합니다.

코드 5.28 매개변수가 아니라 인스턴스 변수로 표현하기

```
/** 매직포인트 */
class MagicPoint {
  // 현재 잔량
  int currentAmount;
  // 원래 최댓값
  int originalMaxAmount;
  // 장비 착용에 따른 최댓값 증가량
  List<Integer> maxIncrements;
}
```

그런데 이렇게 코드를 만들면, 매직포인트 최댓값 계산 로직과 매직포인트 회복 로직이 다른 클래스에도 작성될 수 있습니다.

　따라서 매직포인트 최댓값 계산과 회복 메서드를 MagicPoint 클래스에 정의합니다(코드 5.29). 이때 다른 클래스에서 불필요한 조작을 하지 못하게, 인스턴스 변수는 private으로 만듭니다. 이외에도 매직포인트 소비 메서드 등도 정의합니다.

```
/** 매직포인트 */
class MagicPoint {
  private int currentAmount;
  private int originalMaxAmount;
  private final List<Integer> maxIncrements;

  // 생략

  /** @return 현재 매직포인트 잔량 */
  int current() {
    return currentAmount;
  }

  /** @return 매직포인트 최댓값 */
  int max() {
    int amount = originalMaxAmount;
    for (int each : maxIncrements) {
      amount += each;
    }
    return amount;
  }

  /**
  * 매직포인트 회복하기
  * @param recoveryAmount 회복량
  */
  void recover(final int recoveryAmount) {
    currentAmount = Math.min(currentAmount + recoveryAmount, max());
  }

  /**
  * 매직포인트 소비하기
  * @param consumeAmount 소비량
  */
  void consume(final int consumeAmount) { ... }
```

매직포인트와 관련된 로직이 클래스 안에 잘 응집되었습니다.

매개변수가 많으면 데이터 하나하나를 매개변수로 다루지 말고, 그 데이터를 인스턴스 변수로 갖는 클래스를 만들고 활용하는 설계로 변경해 보세요.

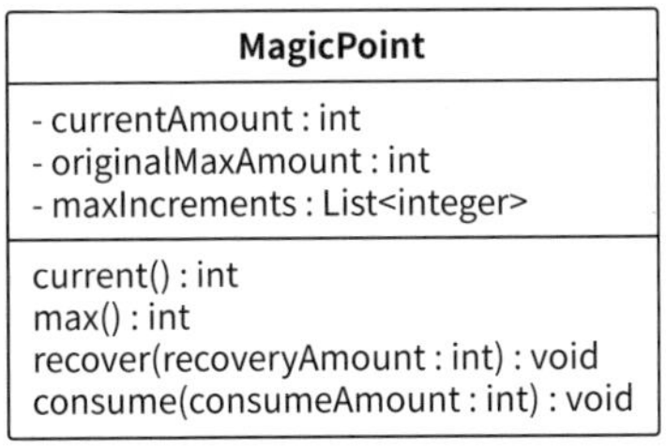

```
                    ┌─────────────────────────────────┐
                    │           MagicPoint            │
                    ├─────────────────────────────────┤
                    │ - currentAmount : int           │
                    │ - originalMaxAmount : int       │
                    │ - maxIncrements : List<integer> │
                    ├─────────────────────────────────┤
                    │ current() : int                 │
                    │ max() : int                     │
                    │ recover(recoveryAmount : int) : void │
                    │ consume(consumeAmount : int) : void  │
                    └─────────────────────────────────┘
```

그림 5.4 연관된 데이터와 로직을 MagicPoint로 응집시켜 '너무 많은 매개변수' 문제 해소

5.6 메서드 체인

코드 5.30은 게임에서 멤버의 갑옷을 변경하는 메서드입니다.

코드 5.30 줄줄이 호출하는 '메서드 체인'

```
/**
* 갑옷 입기
* @param memberId 장비를 변경하고 싶은 멤버의 ID
* @param newArmor 입을 갑옷
*/
void equipArmor(int memberId, Armor newArmor) {
  if(party.members[memberId].equipments.canChange) {
    party.members[memberId].equipments.armor = newArmor;
  }
}
```

Party 클래스의 List 자료형 변수인 members에서 갑옷을 바꿔 입힐 멤버를 선택하고, 장비 목록인 equipments를 가져옵니다. 이어서 canChange 값을 확인해서 장비를 변경할 수 있는지 판정하고, armors에 새로 입을 갑옷을 할당합니다.

이처럼 .(점)으로 여러 메서드를 연결해서 리턴 값의 요소에 차례차례 접근하는 방법을 **메서드 체인**[1]이라고 부릅니다. 현재 예에서는 메서드 체인을 사용해서, 클래스의 꽤 깊은 곳에 있는 요소에 접근하고 있습니다.

---

1 (옮긴이) 열차 사고(train wreck)라고도 부릅니다.《실용주의 프로그래머 20주년 기념판》'Topic 28 결합도 줄이기 - 열차 사고'에서 자세한 내용을 찾아볼 수 있습니다.

이 방법도 응집도를 낮출 수 있어 좋지 않은 작성 방법입니다.

이 코드에서는 armor에 할당하고 있지만, 할당하는 코드를 어디에서나 작성할 수 있습니다. 따라서 비슷한 코드가 여러 곳에 중복 작성될 가능성이 있습니다. members와 equipments도 마찬가지입니다. 모든 곳에서 요소에 접근할 수 있습니다.

예를 들어서 members, equipments, canChange, armor에 접근하는 코드가 여러 곳에 중복되어 구현되어 있다고 합시다. 이러한 요소의 사양이 조금이라도 변경되면, 해당 요소에 접근하고 있던 모든 코드를 확인하고 수정해야 할 것입니다. 또한 버그가 발생했다면, 어디에서 발생한 것인지 모든 코드를 확인해야 할 것입니다.

이처럼 영향이 미치는 범위가 커질 수 있는 구조이므로, 전역 변수(9.5절 참고)와 같은 성질을 갖습니다. 어디서든 아무 요소에나 접근할 수 있는 구조이므로, 사실 하나의 전역 변수보다 훨씬 악질적입니다.

데메테르의 법칙[2]이라는 것이 있습니다. 사용하는 객체 내부를 알아서는 안 된다는 법칙입니다. 단순하게 '모르는 사람에게 말을 걸지 않기'라고 설명하기도 합니다. 메서드 체인으로 내부 구조를 돌아다닐 수 있는 설계는 데메테르의 법칙을 위반한다고 할 수 있습니다.

5.6.1 묻지 말고 명령하기

소프트웨어 설계에는 '묻지 말고, 명령하기(Tell, Don't Ask)'라는 유명한 격언이 있습니다. 이는 다른 객체의 내부 상태(변수)를 기반으로 판단하거나 제어하려고 하지 말고, 메서드로 명령해서 객체가 알아서 판단하고 제어하도록 설계하라는 의미입니다.

인스턴스 변수를 private으로 변경해서, 외부에서 접근할 수 없게 합니다. 그리고 인스턴스 변수에 대한 제어는 외부에서 메서드로 명령하는 형태로 만듭니다. 상세한 판단과 제어는 명령을 받는 쪽에서 담당하게 합니다.

---

2 (옮긴이) 더 자세한 내용은 《실용주의 프로그래머 20주년 기념판》 'Topic 28 결합도 줄이기 - 데메테르 법칙'을 참고하세요.

구체적으로 코드 5.31을 살펴봅시다. 인스턴스 변수를 private으로 설정했습니다.

장비하고 있는 방어구 목록을 나타내는 Equipments 클래스에는 방어구 탈착과 관련된 (사양에 정의되어 있는) 메서드를 정의합니다. 예를 들어서 갑옷을 변경하는 equipArmor 메서드, 전체 장비를 해제하는 deactivateAll을 만듭니다.

코드 5.31 상세한 로직은 호출하는 쪽이 아니라, 호출되는 쪽에 구현하기

```
/** 장비하고 있는 방어구 목록 */
class Equipments {
  private boolean canChange;
  private Equipment head;
  private Equipment armor;
  private Equipment arm;

  /**
   * 갑옷 장비하기
   *
   * @param newArmor 장비할 갑옷
   */
  void equipArmor(final Equipment newArmor) {
    if (canChange) {
      armor = newArmor;
    }
  }

  /**
   * 전체 장비 해제하기
   */
  void deactivateAll() {
    head = Equipment.EMPTY;
    armor = Equipment.EMPTY;
    arm = Equipment.EMPTY;
  }
```

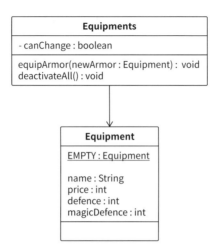

그림 5.5 '묻지 말고 명령하기'에 따라 상세한 처리를 캡슐화한 상태

이렇게 하면 방어구의 탈착과 관련된 로직이 Equipments에 응집됩니다. 따라서 방어구와 관련된 요구 사항이 변경되었을 때, Equipments만 보면 됩니다. 소스 코드 이곳저곳을 찾아 다닐 필요가 없습니다.

6장

조건 분기:
미궁처럼 복잡한
분기 처리를
무너뜨리는 방법

이 장에서는 if 조건문과 switch 조건문 등 조건 분기와 관련된 악마 퇴치법을 소개하겠습니다.

조건 분기는 조건에 따라 처리 내용을 전환하는 데 사용되는 프로그래밍의 기본 제어 구조입니다. 조건 분기를 사용하면 복잡한 판단을 빠르고 정확하게 할 수 있습니다.

그런데 조건 분기를 대충 다루면, 악마가 되어 개발자들을 괴롭힙니다. 조건이 복잡해지면 코드의 동작을 이해하기 힘듭니다.

이해하기 어려운 코드는 디버그하고 사양을 변경하는 데 시간이 오래 걸립니다. 분기 로직을 정확하게 이해하지 못하고 사양을 변경하면, 버그가 생길 수 있습니다.

조건 분기에는 어떤 악마가 숨어 있을까요? 차근차근 살펴봅시다.

그림 6.1 너무 복잡한 조건 분기는 코드에 심각한 영향을 준다.

6.1 조건 분기가 중첩되어 낮아지는 가독성

RPG의 마법 발동을 예로 조건 분기 중첩에 대해 설명하겠습니다.

RPG의 전투 상황에서는 플레이어가 각 멤버에게 행동을 지시합니다. 그리고 멤버의 민첩성 등을 기준으로 행동의 순서가 정해지고, 순서가 돌아오면 각각의 멤버는 지시한 행동을 수행합니다.

하지만 특정 상황에서는 멤버에게 마법을 쓰라고 지시해도 지시받은 마법을
쓰지 못할 수도 있습니다.

공격을 당해 전투 불능에 빠질 수도 있고, 마법에 걸려 수면이나 마비 상태에
빠질 수도 있기 때문입니다. 또한 매직포인트 부족으로 마법을 발동하지 못할
수도 있습니다. 따라서 마법을 발동하려면 여러 가지 조건을 모두 통과해야 합
니다.

코드 6.1은 마법 발동과 관련된 조건을 구현한 예입니다.

코드 6.1 if 조건문을 중첩해서 구현한 예

```
// 살아 있는가
if (0 < member.hitPoint) {
  // 움직일 수 있는가
  if (member.canAct()) {
    // 매직포인트가 남아 있는가
    if (magic.costMagicPoint <= member.magicPoint) {
      member.consumeMagicPoint(magic.costMagicPoint);
      member.chant(magic);
    }
  }
}
```

위 조건을 모두 만족했을 때만 마법을 발동할 수 있는 로직입니다. 여러 개의
조건을 판정하기 위해서 if 조건문 내부에 if 조건문, 그리고 내부에 또 if 조건문
을 넣는 식으로 if 조건문을 중첩했습니다.

중첩을 하면 어떤 문제가 생길까요? 코드의 가독성이 크게 떨어지는 문제가
있습니다. 어디부터 어디까지가 if 조건문의 처리 블록(중괄호({})로 감싸진 처
리 범위)인지 이해하기 힘듭니다. 마법 발동 코드 예는 그나마 중첩이 깊지 않
으므로, 어느 정도 이해하기 쉬울 수 있습니다. 하지만 코드 6.2처럼 중첩되는
코드도 있습니다.

코드 6.2 거대한 중첩

```
if (조건) {
  //
  // 수십 ~ 수백 줄의 코드
  //
```

```
if (조건) {
  //
  // 수십 ~ 수백 줄의 코드
  //
  if (조건) {
    //
    // 수십 ~ 수백 줄의 코드
    //
    if (조건) {
      //
      // 수십 ~ 수백 줄의 코드
      //
    }
  }
  //
  // 수십 ~ 수백 줄의 코드
  //
}
//
// 수십 ~ 수백 줄의 코드
//
}
```

중첩 구조 사이사이에 수많은 코드가 섞여 있으면, if 조건문의 범위((와 } 사이)를 찾기가 매우 힘듭니다. 따라서 어떤 조건을 만족할 때 어떤 로직이 처리되는지 이해하는 것만으로도 많은 시간을 낭비합니다. 그런데 이런 낭비가 한 번으로 끝나지 않습니다. 코드를 읽을 때마다 낭비가 생기고, 코드를 읽는 사람 모두가 이런 일을 겪습니다. 이처럼 가독성이 나쁜 코드는 팀 전체의 개발 생산성을 저하시킵니다.

사양 변경은 더 힘듭니다. 코드가 복잡하고 길면 로직을 정확하게 읽고 이해하기 어렵습니다. 그리고 충분히 이해하지 못한 상태에서 로직을 변경하면, 버그가 쉽게 숨어듭니다.

6.1.1 조기 리턴으로 중첩 제거하기

중첩 악마를 퇴치하는 방법 중 하나로 **조기 리턴**(early return)이 있습니다. 조기 리턴은 조건을 만족하지 않는 경우 곧바로 리턴하는 방법입니다. 앞의 마법 발동 코드에 조기 리턴을 적용해 봅시다. 첫 번째 조건에서는 멤버가 살아 있는지 확인하고 있습니다. 이를 '살아 있지 않다면 곧바로 리턴한다'라는 형태로 변경합니다.

코드 6.3 조기 리턴으로 중첩 제거하기

```
// 살아 있지 않은 경우 리턴하므로 처리를 종료합니다.
// 조기 리턴으로 변경하기 위해 조건을 반전했습니다.
if (member.hitPoint <= 0) return;

if (member.canAct()) {
  if (magic.costMagicPoint <= member.magicPoint) {
    member.consumeMagicPoint(magic.costMagicPoint);
    member.chant(magic);
  }
}
```

조기 리턴하는 형태로 변경하려면, 원래 조건을 반전해야 합니다. 즉 '살아 있는가?'를 '죽은 상태인가?'로 변경해야 합니다.

이렇게 중첩을 하나 제거했습니다. 다른 조건에도 조기 리턴을 적용해 봅시다.

코드 6.4 모든 중첩 제거하기

```
if (member.hitPoint <= 0) return;
if (!member.canAct()) return;
if (member.magicPoint < magic.costMagicPoint) return;

member.consumeMagicPoint(magic.costMagicPoint);
member.chant(magic);
```

코드 6.1의 로직과 비교해 봅시다. 중첩이 제거되어 가독성이 좋아졌습니다.

조기 리턴에는 또 다른 장점이 있습니다. 바로 조건 로직과 실행 로직을 분리할 수 있다는 것입니다. 마법을 쓸 수 없는 조건은 앞부분에 조기 리턴으로 모았고, 마법 발동 때 실행할 로직은 뒤로 모았습니다. 이처럼 조건과 실행을 나누어서 볼 수 있습니다.

예를 들어 다음과 같은 요구 사항이 추가되었다고 합시다.

- 멤버가 테크니컬포인트(TP)를 가짐
- 마법 발동에는 일정량의 테크니컬포인트가 필요함

발동 불능 조건을 확인하는 부분이 조기 리턴으로 앞부분에 모여 있습니다. 따라서 매우 간단하게 로직을 추가할 수 있습니다.

코드 6.5 조건 추가가 간단해짐

```
if (member.hitPoint <= 0) return;
if (!member.canAct()) return;
if (member.magicPoint < magic.costMagicPoint) return;
if (member.technicalPoint < magic.costTechnicalPoint) return;
                                                      // 새로 추가함

member.consumeMagicPoint(magic.costMagicPoint);
member.chant(magic);
```

실행 로직과 관련된 요구 사항 변경도 마찬가지입니다. 예를 들어 '마법이 발동되면 일정량의 테크니컬포인트를 얻는다'라는 조건을 추가해 봅시다. 마법 발동 실행 로직이 뒷부분에 모여 있으므로, 간단하게 추가할 수 있습니다.

코드 6.6 실행 로직 추가도 간단해짐

```
if (member.hitPoint <= 0) return;
if (!member.canAct()) return;
if (member.magicPoint < magic.costMagicPoint) return;
if (member.technicalPoint < magic.costTechnicalPoint) return;

member.consumeMagicPoint(magic.costMagicPoint);
member.chant(magic);
member.gainTechnicalPoint(magic.incrementTechnicalPoint); // 새로 추가함
```

조기 리턴을 사용해서 조건에 따라 실행 흐름이 달라지는 일을 막는 기법은 코드 3.4에서 소개했던 가드와 비슷합니다. 가드와 조기 리턴은 모두 가독성을 좋게 해서, 로직을 빠르게 이해할 수 있게 해 줍니다.

6.1.2 가독성을 낮추는 else 구문도 조기 리턴으로 해결하기

else 구문도 가독성을 나쁘게 만드는 원인 중 하나입니다. 다수의 게임에서 멤버의 히트포인트가 너무 낮아졌을 때, 위험하다는 것을 표시하는 기능[1]을 필요로 합니다. 이러한 요구 사항을 만족할 수 있게, 히트포인트 비율에 따라서 건강 상태 HealthCondition을 리턴하는 로직을 생각해 봅시다. 일단 기본적인 요구 사항을 표로 정리해 보면, 표 6.1과 같습니다.

히트포인트 비율	건강 상태
0%	사망
30% 미만	위험
50% 미만	주의
50% 이상	양호

표 6.1 히트포인트 비율에 따른 건강 상태

이 표처럼 값의 범위에 따라 상태를 전환하려면, 어떻게 구현해야 할까요? 설계를 생각하지 않고 단순하게 구현한다면 코드 6.7처럼 else 구문을 활용하기 쉽습니다.

코드 6.7 else 구문을 많이 사용하여 가독성이 좋지 않은 로직

```
float hitPointRate = member.hitPoint / member.maxHitPoint;

HealthCondition currentHealthCondition;
if (hitPointRate == 0) {
  currentHealthCondition = HealthCondition.dead;
}
else if (hitPointRate < 0.3) {
  currentHealthCondition = HealthCondition.danger;
}
else if (hitPointRate < 0.5) {
  currentHealthCondition = HealthCondition.caution;
}
else {
  currentHealthCondition = HealthCondition.fine;
}
```

---

1 멤버를 둘러싼 영역이 붉은색으로 변화하거나, 멤버의 얼굴이 힘들어하는 표정으로 변화하는 사양을 의미합니다.

```
  }

  return currentHealthCondition;
```

코드 6.7은 그래도 간단한 편입니다. 중첩된 if 조건문 내부에 else 구문이 섞이면 가독성이 현저히 낮아져서, 코드를 이해하기 힘들어집니다.

　그런데 이러한 else 구문도 중첩과 마찬가지로 조기 리턴을 사용해서 해결할 수 있습니다. 일단 각각의 if 블록 내부에 return을 배치합니다.

코드 6.8 조기 리턴 활용하기

```
float hitPointRate = member.hitPoint / member.maxHitPoint;

if (hitPointRate == 0) {
  return HealthCondition.dead;
}
else if (hitPointRate < 0.3) {
  return HealthCondition.danger;
}
else if (hitPointRate < 0.5) {
  return HealthCondition.caution;
}
else {
  return HealthCondition.fine;
}
```

이처럼 바로 리턴하면, 사실 else 절 자체를 사용할 필요가 없습니다. 따라서 코드 6.9처럼 로직을 개선할 수 있습니다.

코드 6.9 else 절을 모두 제거하여 개선한 코드

```
float hitPointRate = member.hitPoint / member.maxHitPoint;

if (hitPointRate == 0) return HealthCondition.dead;
if (hitPointRate < 0.3) return HealthCondition.danger;
if (hitPointRate < 0.5) return HealthCondition.caution;

return HealthCondition.fine;
```

이는 단순하게 외형만 개선한 것이 아닙니다. 표 6.1의 요구 사항을 그대로 표현한 형태가 되었다는 데 의미가 있습니다.

6.2 switch 조건문 중복

값의 종류에 따라 다르게 처리하고 싶을 때는 switch 조건문을 많이 사용합니다. 하지만 switch 조건문은 악마를 불러들이기 굉장히 쉬운 제어 구문입니다. 대처 방법을 모르면, 누구라도 악마의 저주에 걸릴 수 있습니다. 이로 인해 버그가 잔뜩 발생할 수도 있고, 가독성이 떨어질 수도 있습니다.

switch 조건문이 어떠한 문제를 일으킬 수 있는지, 게임을 예로 설명하겠습니다.

'어떤 게임 회사에서 새로운 RPG를 개발한다'라는 상황을 가정해 봅시다. 전투 시스템 개발을 여러 팀이 나누어 맡았습니다. 그중에서 1팀은 공격 마법 구현을 담당하게 되었습니다.

마법은 표 6.2와 같은 기본 요구 사항을 갖습니다.

항목	설명
이름	마법의 이름. 어떤 마법인지 표시하는 데 사용합니다.
매직포인트 소비량	마법 사용 시 소비되는 매직포인트입니다.
공격력	마법의 공격력입니다. 마법별로 서로 다른 계산식을 사용합니다.

표 6.2 마법 기본 요구 사항

개발 초기에는 표 6.3과 같은 마법들을 생각했습니다.

마법	설명
파이어	불 계열의 마법입니다. 사용자의 레벨이 높을수록 공격력이 올라갑니다.
라이트닝	번개 계열의 마법입니다. 사용자의 민첩성이 높을수록 공격력이 올라갑니다.

표 6.3 마법 목록

6.2.1 switch 조건문을 사용해서 코드 작성하기

효과가 다른 마법을 여러 개 구현해야 한다면, 어떤 로직을 사용해야 할까요?[2] 종류에 따라 다른 로직을 구현해야 하면, switch 조건문을 사용하는 경우가 많을 것입니다. 1팀의 담당자도 같은 생각으로 마법의 종류에 따라 switch 조건문으로 처리 로직을 분기했습니다.

일단 enum을 활용해 마법의 종류를 MagicType이라는 이름으로 정의했습니다.

코드 6.10 마법의 종류를 정의한 enum

```
enum MagicType {
  fire,        // 불 계열의 마법
  lighting     // 번개 계열의 마법
}
```

마법에는 각각 다음 요구 사항이 설정되어 있습니다.

- 이름
- 매직포인트 소비량
- 공격력

이어서 마법의 이름을 알려 주는 getName 메서드를 구현했습니다. 그리고 switch 조건문을 사용해서, MagicType에 따라 표시 이름을 지정하게 했습니다.

코드 6.11 switch 조건문으로 표시 이름 지정

```
class MagicManager {
  String getName(MagicType magicType) {
    String name = "";

    switch (magicType) {
      case fire:
        name = "파이어";
        break;
      case lightning:
```

---

2 일반적으로 RPG에는 수많은 마법이 있습니다. 한 게임에도 수십 종류의 마법이 있으며, 사용하는 매직포인트(마법 사용에 소비되는 수치)도 각각 다릅니다.

```
        name = "라이트닝";
        break;
    }

    return name;
  }
}
```

6.2.2 같은 형태의 switch 조건문이 여러 개 사용되기 시작

마법의 종류에 따라 처리가 달라지는 부분은 마법 이름만이 아닙니다. 매직포인트 소비량과 공격력도 모두 마법의 종류에 따라 다릅니다.

　매직포인트 소비량을 알려 주는 costMagicPoint 메서드를 구현했습니다. getName 메서드와 마찬가지로, switch 조건문을 사용해서 소비량을 지정하게 했습니다.

코드 6.12 switch 조건문으로 매직포인트 소비량 지정

```
int costMagicPoint(MagicType magicType, Member member) {
  int magicPoint = 0;

  switch (magicType) {
    case fire:
      magicPoint = 2;
      break;
    case lightning:
      magicPoint = 5 + (int)(member.level * 0.2);
      break;
  }

  return magicPoint;
}
```

공격력을 알려 주는 attackPower 메서드도 switch 조건문으로 계산식을 구분하도록 구현했습니다.

코드 6.13 switch 조건문으로 마법 공격력 지정

```
int attackPower(MagicType magicType, Member member) {
  int attackPower = 0;
```

```
  switch (magicType) {
    case fire:
      attackPower = 20 + (int)(member.level * 0.5);
      break;
    case lightning:
      attackPower = 50 + (int)(member.agility * 1.5);
      break;
  }

  return attackPower;
}
```

지금까지의 코드를 한번 검토해 봅시다. 이 게임에서 구현하는 마법 사양은 굉
장히 단순합니다. 그런데 MagicType에 따른 처리를 switch 조건문으로 구현한
코드가 3번이나 등장했습니다. 같은 형태의 switch 조건문을 여러 번 사용하는
것은 매우 좋지 않습니다. 왜 좋지 않은지 생각해 봅시다.

6.2.3 요구 사항 변경 시 수정 누락(case 구문 추가 누락)

출시일이 다가와 정신없는 와중에 새로운 마법 '헬파이어'가 추가되었습니다.
담당자는 이전에 마법 종류별로 switch 조건문으로 처리를 나누었던 것이 떠올
랐습니다. 따라서 '헬파이어'라는 마법을 추가할 수 있게 case 구문을 추가했습
니다.

코드 6.14 getName 메서드에 case 구문 추가

```
String getName(MagicType magicType) {
  String name = "";

  switch (magicType) {
    // 생략
    case hellFire:
      name = "헬파이어";
      break;
  }

  return name;
}
```

코드 6.15 costMagicPoint 메서드에 case 구문 추가

```
int costMagicPoint(MagicType magicType, Member member) {
  int magicPoint = 0;

  switch (magicType) {
    // 생략
    case hellFire:
      magicPoint = 16;
      break;
  }

  return magicPoint;
}
```

간단하게 동작을 확인하고, 정해진 대로 동작하는 것 같아서 곧바로 게임을 출시했습니다. 그런데 출시 이후, 사용자들로부터 마법 '헬파이어'의 대미지가 너무 약하다는 불만이 제기되었습니다. 확인해보니, 공격력을 계산하는 attackPower 메서드에도 case 구문을 추가해야 한다는 사실을 깜빡한 것이었습니다.

코드 6.16 case 구문 추가 누락

```
int attackPower(MagicType magicType, Member member) {
  int attackPower = 0;

  switch (magicType) {
    // 생략
    // case hellFile: 추가를 깜빡함
  }

  return attackPower;
}
```

문제는 이것만이 아닙니다. 계속해서 새로운 요구 사항이 추가되었습니다. 그중 하나로 '테크니컬포인트'가 있습니다. 테크니컬포인트는 매직포인트와 비슷한 속성입니다. 마법 사용 시 매직포인트를 소비함과 동시에, '어떤 특정 행동을 할 때 테크니컬포인트를 소비한다'라는 조건입니다.

이로 인해 '마법도 테크니컬포인트를 소비'하도록 변경되었으며, 테크니컬포인트 구현은 1팀이 아닌 다른 팀에서 담당하게 되었습니다.

새 담당자는 enum MagicType을 조건으로 사용해서, switch 조건문으로 처리

로직을 마법 종류별로 구분해 구현했음을 확인했습니다. 이를 기반으로 테크니컬포인트를 리턴하는 메서드 costTechnicalPoint를 코드 6.17처럼 구현했습니다.

코드 6.17 테크니컬포인트 소비량을 switch 조건문으로 구분

```java
int costTechnicalPoint(MagicType magicType, Member member) {
  int technicalPoint = 0;

  switch (magicType) {
    case fire:
      technicalPoint = 0;
      break;
    case lightning:
      technicalPoint = 5;
      break;
  }

  return technicalPoint;
}
```

담당자는 딱히 문제가 없다고 판단하고, 게임을 출시했습니다. 그런데 얼마 뒤 '일부 마법의 테크니컬포인트 소비량이 표시되는 값과 다르다'라는 리뷰가 올라왔습니다. 확인해 보니 마법 '헬파이어'에 테크니컬포인트 소비량이 구현되어 있지 않았습니다. 담당자가 새로 추가된 마법에 대해서 몰랐기 때문에 발생한 문제였습니다.

6.2.4 폭발적으로 늘어나는 switch 조건문 중복

이 게임 예제에서는 마법이 세 종류밖에 없었습니다. 주의 깊게 대응하면 case 구문을 누락하는 실수를 막을 수 있을지도 모릅니다. 하지만 일반적인 RPG에는 마법이 수십 가지입니다. 이번 예와 같은 방법으로 구현한다면, 마법 종류만큼 case 구문을 사용해야 할 것입니다.

또한 switch 조건문으로 처리할 대상은 이름, 매직포인트 소비량, 공격력, 테크니컬포인트 소비량입니다. 여기서는 설명을 간단하게 하기 위해 대상의 수를 적게 잡은 것입니다. 실제로는 마법 설명, 공격 범위, 명중률, 속성, 애니메이션 등 대상이 훨씬 많을 것입니다. 그만큼 많은 메서드가 만들어질 것이고,

각각의 메서드에 switch 조건문이 작성될 것입니다. switch-case 구문이 폭발적으로 늘어날 것이 자명합니다.

다시 한 번 소스 코드를 살펴봅시다. switch 조건문은 무엇을 기준으로 분기하고 있나요? 모두 `MagicType`입니다. 분기 후 처리는 메서드마다 다르지만, switch 조건문의 조건식은 모두 `MagicType`입니다. 즉, switch 조건문이 중복 코드가 된 것입니다(switch 조건문 클론 문제).

switch 조건문의 중복이 많아지면, 주의 깊게 대응해도 실수가 발생할 수밖에 없습니다. 인간의 주의력에는 한계가 있기 때문입니다. 결국 요구 사항이 추가될 때마다 case 구문이 누락될 것이고, 이로 인해 버그가 만들어질 것입니다.

또한, 요구 사항을 변경할 때 거대한 switch 조건문 내부에서 관련된 부분이 어디인지 찾아야 합니다. 가독성이 낮기 때문에 이 또한 힘들 것입니다.

1.3.1절에서 중복 코드가 불러들이는 악마로, 수정 누락과 개발 생산성 하락이 있었습니다. switch 조건문도 중복되면 비슷한 악마들을 불러들일 것입니다.

게임에만 해당되는 이야기가 아닙니다. 종류에 따라 처리를 전환하는 상황은 굉장히 많습니다. 예를 들어 영화표는 노인, 어른, 청소년, 어린이에 따라 가격이 다릅니다. 휴대전화 요금제도 여러 가지가 있습니다. 디지털 카메라도 촬영 모드에 따라서 초점을 잡는 방식 등이 다릅니다.

모든 종류의 소프트웨어에서 종류에 따라 처리를 전환하는 코드가 사용됩니다. 그럼 어떻게 해야 할까요?

6.2.5 조건 분기 모으기

switch 조건문 중복을 해소하려면, **단일 책임 선택의 원칙**을 생각해 봐야 합니다. 단일 책임 선택의 원칙은 《객체 지향 소프트웨어 설계 2판 원칙과 개념(Object-Oriented Software Construction 2/E)》에서 다음과 같이 설명하고 있습니다.

소프트웨어 시스템이 선택지를 제공해야 한다면, 그 시스템 내부의 어떤 한 모듈만으로 모든 선택지를 파악할 수 있어야 한다.

간단하게 말해, 조건식이 같은 조건 분기를 여러 번 작성하지 말고 한 번에 작성하자는 뜻입니다. 단일 책임 선택의 원칙에 따라서 MagicType의 switch 조건문을 하나로 묶어 봅시다.

코드 6.18 switch 조건문 한 번에 작성하기

```java
class Magic {
  final String name;
  final int costMagicPoint;
  final int attackPower;
  final int costTechnicalPoint;

  Magic(final MagicType magicType, final Member member) {
    switch (magicType) {
      case fire:
        name = "파이어";
        costMagicPoint = 2;
        attackPower = 20 + (int)(member.level * 0.5);
        costTechnicalPoint = 0;
        break;
      case lightning:
        name = "라이트닝";
        costMagicPoint = 5 + (int)(member.level * 0.2);
        attackPower = 50 + (int)(member.agility * 1.5);
        costTechnicalPoint = 5;
        break;
      case hellFire:
        name = "헬파이어";
        costMagicPoint = 16;
        attackPower = 200 + (int)(member.magicAttack * 0.5 +
                                  member.vitality * 2);
        costTechnicalPoint = 20 + (int)(member.level * 0.4);
        break;
      default:
        throw new IllegalArgumentException();
    }
  }
}
```

switch 조건문 하나로 이름, 매직포인트 소비량, 공격력, 테크니컬포인트 소비량을 전환하고 있습니다. switch 조건문이 한곳에 구현되어 있으므로 사양을 변경할 때도 누락 실수를 줄일 수 있습니다.

6.2.6 인터페이스로 switch 조건문 중복 해소하기

단일 책임 선택의 원칙으로 switch 조건문을 하나만 사용했습니다. 그런데 변경하고 싶은 부분이 많아지면, 코드 6.18의 로직이 점점 많아질 것입니다. 클래스가 거대해지면 데이터와 로직의 관계를 알기 힘들어집니다. 유지 보수와 변경이 어려운 코드가 된다는 것입니다. 따라서 클래스가 거대해지면 관심사에 따라 작은 클래스로 분할하는 것이 중요합니다.

이러한 문제를 해결할 때는 '인터페이스'를 사용합니다.

인터페이스는 자바와 같은 객체 지향 프로그래밍 언어 특유의 문법으로, 기능 변경을 편리하게 할 수 있는 개념입니다.[3] 인터페이스를 사용하면, 분기 로직을 작성하지 않고도 분기와 같은 기능을 구현할 수 있습니다. 잘 활용하면 조건 분기가 많이 줄어들어 로직이 간단해집니다.

도형을 예로 들어 봅시다. 도형은 사각형이나 원 등 다양하게 있습니다. 도형을 다루는 소프트웨어에서는 도형의 면적을 구하는 경우가 많을 것입니다. 코드 6.19는 사각형과 원을 각각 Rectangle과 Circle 클래스로 정의했습니다. 각 클래스에는 면적을 구하는 area 메서드가 있습니다.

코드 6.19 사각형 클래스와 원 클래스

```java
// 사각형
class Rectangle {
  private final double width;
  private final double height;
  // 생략
  double area() {
    return width * height;
  }
}

// 원
class Circle {
  private final double radius;
  // 생략
```

---

3 인터페이스는 자바 이외에 코틀린과 C#을 비롯한 다른 언어에도 있습니다. 스칼라에서는 trait를 활용해서 인터페이스를 구현합니다.

```
  double area() {
    return radius * radius * Math.PI;
  }
}
```

이 코드에서 Rectangle과 Circle 각각의 면적을 구하려면, area 메서드를 호출하면 될 것입니다.

코드 6.20 이름은 area 메서드로 같지만……

```
rectangle.area();
circle.area();
```

면적을 구하는 메서드가 area로 같은 이름이고, 이름이 같으므로 호출 역시 똑같은 방식으로 할 수 있을 것처럼 보입니다. 하지만 Rectangle과 Circle은 클래스가 서로 다릅니다. 즉, 자료형부터 다릅니다. 따라서 코드 6.21처럼 Rectangle 자료형의 변수에 Circle 자료형의 인스턴스를 할당할 수 없습니다. 또한 Circle.area도 호출할 수 없습니다.

코드 6.21 area는 이름은 같지만 서로 다른 메서드

```
// 다른 자료형의 인스턴스는 할당할 수 없습니다. 컴파일 오류가 발생합니다.
// 또한 같은 이름의 메서드라도 사용할 수 없습니다.
Rectangle rectangle = new Circle(8);
rectangle.area();
```

면적을 출력하는 같은 이름의 메서드를 만들었다고 해도 클래스가 다르므로, 코드 6.22처럼 instanceof를 사용해서 자료형을 판정한 뒤, 자료형을 강제로 변환해서 메서드를 호출해야 합니다.

코드 6.22 instanceof로 자료형을 판정한 뒤 메서드를 호출해야 함

```
void showArea(Object shape) {
  if (shape instanceof Rectangle) {
    System.out.println(((Rectangle) shape).area());
  }
  if (shape instanceof Circle) {
    System.out.println(((Circle) shape).area());
  }
```

```
}

...

Rectangle rectangle = new Rectangle(8, 12);
showArea(rectangle);  // 사각형의 면적을 출력합니다.
```

이러한 번거로움을 해결해 주는 것이 인터페이스입니다. 인터페이스는 서로
다른 자료형을 같은 자료형처럼 사용할 수 있게 해 줍니다.

　지금까지 살펴보았던 사각형과 원을 프로그램상에서 같은 도형으로 다룰 수
있게 해 봅시다. 도형을 나타내는 Shape라는 이름의 인터페이스를 만듭니다.
그리고 공통 메서드도 정의합니다. 도형의 면적을 나타내는 area 메서드를 정
의했습니다.

코드 6.23 도형을 나타내는 인터페이스
```
interface Shape {
  double area();
}
```

그리고 도형으로 다룰 Rectangle과 Circle은 Shape 인터페이스를 구현하도록
변경합니다.

코드 6.24 Shape 인터페이스 구현하기
```
// 사각형
class Rectangle implements Shape {
  private final double width;
  private final double height;
  // 생략
  public double area() {
    return width * height;
  }
}

// 원
class Circle implements Shape {
  private final double radius;
  // 생략
  public double area() {
```

```
    return radius * radius * Math.PI;
  }
}
```

이렇게 하면 Rectangle과 Circle을 Shape라는 자료형으로 다룰 수 있습니다. 어떤 의미일까요? 예를 들면 Shape 자료형의 변수에 Rectangle과 Circle 자료형의 변수를 할당할 수 있는 것입니다. 그리고 Shape 인터페이스에 공통 메서드로 정의해 둔 area 메서드도 호출할 수 있습니다.

코드 6.25 같은 Shape 자료형으로 사용할 수 있음

```
// Shape 인터페이스를 구현하는 Rectangle, Circle 모두를 할당할 수 있음.
Shape shape = new Circle(10);
System.out.println(shape.area());  // 원의 면적 출력
shape = new Rectangle(20, 25);
System.out.println(shape.area());  // 사각형의 면적 출력
```

같은 자료형으로 사용할 수 있으므로, 굳이 자료형을 판정하지 않아도 됩니다. 따라서 코드 6.22에서 자료형을 판정하던 showArea 메서드는 코드 6.26처럼 개선할 수 있습니다. 매개변수의 자료형을 Shape로 해 두면, Shape 인터페이스를 구현하는 모든 클래스를 매개변수로 받을 수 있습니다. 그리고 instanceof로 자료형을 판정하지 않아도, area 메서드를 호출할 수 있습니다.

코드 6.26 자료형 판정을 위한 if 조건문을 사용하지 않음

```
void showArea(Shape shape) {
  System.out.println(shape.area());
}

...

Rectangle rectangle = new Rectangle(8, 12);
showArea(rectangle);  // 사각형의 면적을 출력
```

면적을 구하는 코드는 Rectangle과 Circle 클래스가 서로 다릅니다. 하지만 인터페이스를 사용하면, 조건 분기를 따로 작성하지 않고도 각각의 코드를 적절하게 실행할 수 있습니다. 이처럼 '각각의 코드를 간단하게 실행할 수 있게 하는 것'이 인터페이스의 큰 장점 중 하나입니다.

인터페이스를 활용하면, 자료형 판정 분기를 따로 작성하지 않아도 됩니다 (그림 6.2). 삼각형을 나타내는 Triangle 클래스, 타원을 나타내는 Ellipse 클래스 등 새로운 도형을 추가할 수도 있습니다. 각각의 면적을 구하고 싶은 경우, Shape 인터페이스만 구현하면 됩니다.

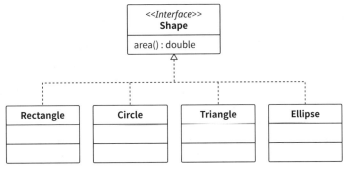

그림 6.2 인터페이스를 활용한 추상화

6.2.7 인터페이스를 switch 조건문 중복에 응용하기(전략 패턴)

switch 조건문 중복 문제를 해결하는 데 인터페이스를 응용해 봅시다.

종류별로 다르게 처리해야 하는 기능을 인터페이스의 메서드로 정의하기

인터페이스의 큰 장점 중 하나는 다른 로직을 같은 방식으로 처리할 수 있다는 점입니다.

앞서 살펴본 마법 예시를 떠올려 봅시다. 어떤 기능들을 다르게 처리해야 했나요? switch 조건문을 사용해서 마법의 이름, 매직포인트 소비량, 공격력, 테크니컬포인트 소비량을 다르게 처리했습니다.

그림 6.2의 클래스들을 살펴봅시다. 면적을 구하는 서로 다른 계산을 같은 형식으로 처리할 수 있게, Shape 인터페이스에서 area 메서드를 정의했습니다. 이처럼 다르게 처리하고 싶은 기능을 인터페이스의 메서드로 정의합니다. 마법별로 다르게 처리해야 하는 기능을 코드 6.27처럼 메서드로 정의해 봅시다.

코드 6.27 인터페이스에 정의한 메서드 목록

```
String name();           // 이름
int costMagicPoint();    // 매직포인트 소비량
int attackPower();       // 공격력
int costTechnicalPoint(); // 테크니컬포인트 소비량
```

인터페이스의 이름을 결정하는 방법: '어떤 부류에 속하는가?'

이어서 인터페이스의 이름을 정해 봅시다. 인터페이스의 이름을 결정하는 방법은 여러 가지가 있습니다. 가장 기본적인 방법은 '인터페이스를 구현하는 클래스들이 어떤 부류인가?'를 생각해 보는 것입니다. 코드 6.23에서 사각형, 원은 '도형'이라는 부류에 속하므로, 영어로 도형을 의미하는 Shape라는 이름을 붙였습니다. 그렇다면 '파이어', '라이트닝', '헬파이어'는 어떤 부류일까요? 바로 마법입니다. 따라서 인터페이스의 이름을 Magic으로 붙이겠습니다.

코드 6.28 마법 자료형을 표현하는 인터페이스

```
// 마법 자료형
interface Magic {
  String name();
  int costMagicPoint();
  int attackPower();
  int costTechnicalPoint();
}
```

종류별로 클래스로 만들기

코드 6.24에서는 사각형, 원 각각을 Rectangle, Circle 클래스로 만들었습니다. 그리고 영역을 계산하는 area 메서드를 각각 구현했습니다. 이와 마찬가지로 마법의 종류를 각각의 클래스로 만들어 봅시다(표 6.4).

마법	클래스
파이어	Fire
라이트닝	Lightning
헬파이어	HellFire

표 6.4 각각의 마법에 대응하는 클래스

각각의 클래스에 인터페이스 구현하기

그리고 각 마법 클래스에서 Magic 인터페이스를 구현합니다. 예를 들어 Fire 클래스에서 마법 '파이어'의 이름, 매직포인트 소비량, 공격력, 테크니컬포인트 소비량을 확인할 수 있게 각각의 메서드를 구현합니다.

코드 6.29 마법 '파이어'를 나타내는 클래스

```java
// 마법 '파이어'
class Fire implements Magic {
  private final Member member;

  Fire(final Member member) {
    this.member = member;
  }

  public String name() {
    return "파이어";
  }

  public int costMagicPoint() {
    return 2;
  }

  public int attackPower() {
    return 20 + (int)(member.level * 0.5);
  }

  public int costTechnicalPoint() {
    return 0;
  }
}
```

다른 마법도 같은 방법으로 구현합니다.

코드 6.30 마법 '라이트닝'을 나타내는 클래스

```java
// 마법 '라이트닝'
class Lightning implements Magic {
  private final Member member;

  Lightning(final Member member) {
    this.member = member;
  }
```

```java
  public String name() {
    return "라이트닝";
  }

  public int costMagicPoint() {
    return 5 + (int)(member.level * 0.2);
  }

  public int attackPower() {
    return 50 + (int)(member.agility * 1.5);
  }

  public int costTechnicalPoint() {
    return 5;
  }
}
```

코드 6.31 마법 '헬파이어'를 나타내는 클래스

```java
// 마법 '헬파이어'
class HellFire implements Magic {
  private final Member member;

  HellFire(final Member member) {
    this.member = member;
  }

  public String name() {
    return "헬파이어";
  }

  public int costMagicPoint() {
    return 16;
  }

  public int attackPower() {
    return 200 + (int)(member.magicAttack * 0.5 + member.vitality * 2);
  }

  public int costTechnicalPoint() {
    return 20 + (int)(member.level * 0.4);
  }
}
```

이와 같이 구현하면, Fire, Lightning, HellFire를 모두 Magic 자료형으로 활용할 수 있습니다(그림 6.3).

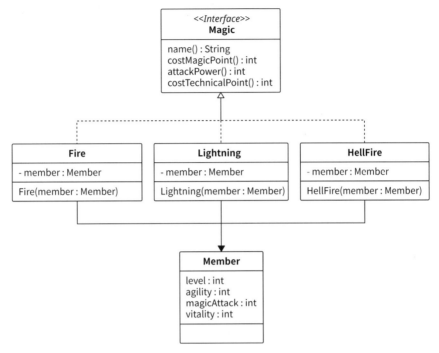

그림 6.3 Magic 인터페이스로 마법과 관련된 처리를 추상화한 구조

switch 조건문이 아니라, Map으로 변경하기

모두 Magic 자료형으로 다룰 수 있게 되었지만, switch 조건문에 의존하지 않고 다른 형태로 전환하기에는 부족합니다. 그러면 Map을 함께 사용해 봅시다. Map을 만들고 키를 enum MagicType으로 지정하고, 값을 Magic 인터페이스 구현 클래스의 인스턴스로 지정합니다.

코드 6.32 Map으로 처리 구분하기

```
final Map<MagicType, Magic> magics = new HashMap<>();
// 생략
final Fire fire = new Fire(member);
final Lightning lightning = new Lightning(member);
```

```
final HellFire hellFire = new HellFire(member);

magics.put(MagicType.fire, fire);
magics.put(MagicType.lightning, lightning);
magics.put(MagicType.hellFire, hellFire);
```

예를 들어 대미지를 계산하기 위해 마법 공격력을 확인해야 하는 경우를 생각
해 봅시다. 다음과 같이 Map에서 'MagicType에 대응하는 인스턴스'를 추출합니
다. 이 인스턴스는 물론 Magic 인터페이스를 구현한 클래스의 인스턴스입니다.
그리고 이 인스턴스의 attackPower를 호출합니다.

코드 6.33 마법 공격력 변경하기

```
void magicAttack(final MagicType magicType) {
  final Magic usingMagic = magics.get(magicType);
  usingMagic.attackPower();
}
```

magicAttack 메서드의 매개변수로 MagicType.hellFire를 전달하면, usingMagic
.attackPower()로 HellFire.attackPower()가 호출될 것입니다. Map이 switch
조건문처럼 경우에 따라 처리를 구분하는 것입니다.
　이름, 마법 공격력, 공격력, 테크니컬포인트 소비량 처리를 모두 Map을 사용
해서 변경해 봅시다.

코드 6.34 Magic 인터페이스로 마법 처리 전체 변경하기

```
final Map<MagicType, Magic> magics = new HashMap<>();
// 생략

// 마법 공격 실행하기
void magicAttack(final MagicType magicType) {
  final Magic usingMagic = magics.get(magicType);

  showMagicName(usingMagic);
  consumeMagicPoint(usingMagic);
  consumeTechnicalPoint(usingMagic);
  magicDamage(usingMagic);
}

// 마법 이름을 화면에 출력하기
void showMagicName(final Magic magic) {
```

```
    final String name = magic.name();
    // name을 사용해서 출력하는 처리
}

// 매직포인트 소비하기
void consumeMagicPoint(final Magic magic) {
    final int costMagicPoint = magic.costMagicPoint();
    // costMagicPoint를 사용해서 마법 소비 처리
}

// 테크니컬포인트 소비하기
void consumeTechnicalPoint(final Magic magic) {
    final int costTechnicalPoint = magic.costTechnicalPoint();
    // costTechnicalPoint를 사용해서 테크니컬포인트 소비 처리
}

// 대미지 계산하기
void magicDamage(final Magic magic) {
    final int attackPower = magic.attackPower();
    // attackPower를 사용해서 대미지 계산
}
```

switch 조건문을 전혀 사용하지 않고, 마법별로 처리를 나누었습니다. `magics`
`.get(magicType)`으로 모두 한꺼번에 전환하고 있는 점이 특징입니다. 처리별
로 switch 조건문을 사용하는 분기 자체를 사용하지 않았습니다.

　이처럼 인터페이스를 사용해서 처리를 한꺼번에 전환하는 설계를 '전략 패턴
(strategy pattern)[4]'이라고 합니다. 전략 패턴은 3.4절에서 설명했던 디자인 패턴의
일종입니다.

메서드를 구현하지 않으면 오류로 인식하게 만들기

인터페이스를 활용한 전략 패턴은 switch 조건문을 사용하지 않을 수 있다는
것 이외에도 여러 장점이 있습니다. 만약 처음부터 전략 패턴으로 설계되었다
면, 마법을 추가했을 때 어떤 상황이 발생했을지 생각해 봅시다.

　마법 '헬파이어'를 추가하던 때를 다시 생각해 봅시다. switch 조건문을 사용

4　전략 패턴의 클래스 구조와 유사한 디자인 패턴으로 '상태 패턴(state pattern)'이 있습니다. 상태 패
　턴은 상태에 따라서 제어 전환을 간단하게 하기 위해 사용합니다.

할 때와 마찬가지로, 담당자가 공격력 메서드 attackPower 구현을 깜빡 잊었다고 해 봅시다.

코드 6.35 Magic 인터페이스에 메서드 추가

```java
interface Magic {
  String name();
  int costMagicPoint();
  int attackPower();  // 새로 추가
}
```

코드 6.36 일부 클래스 구현을 깜빡한 경우

```java
class HellFire implements Magic {
  public String name() {
    return "헬파이어";
  }

  public int costMagicPoint() {
    return 16;
  }

  // attackPower() 구현을 깜박함.
```

이 코드는 컴파일조차 실패합니다. 인터페이스의 메서드는 반드시 구현되어야 컴파일할 수 있기 때문입니다. 만약 구현하지 않은 메서드가 단 하나라도 존재하면, 컴파일하는 데 실패합니다. 따라서 구현하지 않는다는 실수 자체를 방지할 수 있습니다.

값 객체화하기

지금까지 전략 패턴을 사용해서 switch 조건문 중복 문제를 해소하는 방법에 대해 살펴보았습니다. 마지막으로 이 코드의 품질을 더욱 향상시킬 수 있는 방법을 생각해 봅시다.

현재 int 자료형을 리턴하는 메서드는 3개나 있습니다. 3.2.6절에서 설명했던 것처럼 이대로 코드를 사용하면, 실수로 의미가 다른 값을 전달할 가능성이 있습니다. 현재 Magic 인터페이스의 메서드 리턴 값의 자료형은 모두 String 또는 int입니다. 따라서 매직포인트, 공격력, 테크니컬포인트를 값 객체로 만

듭시다. 각각 MagicPoint, AttackPower, TechnicalPoint라는 이름을 붙이겠습니다.

코드 6.37 Magic 인터페이스의 값 객체 도입 버전

```java
interface Magic {
  String name();
  MagicPoint costMagicPoint();
  AttackPower attackPower();
  TechnicalPoint costTechnicalPoint();
}
```

코드 6.38 마법 '파이어'의 값 객체 도입 버전

```java
class Fire implements Magic {
  private final Member member;

  Fire(final Member member) {
    this.member = member;
  }

  public String name() {
    return "파이어";
  }

  public MagicPoint costMagicPoint() {
    return new MagicPoint(2);
  }

  public AttackPower attackPower() {
    final int value = 20 + (int)(member.level * 0.5);
    return new AttackPower(value);
  }

  public TechnicalPoint costTechnicalPoint() {
    return new TechnicalPoint(0);
  }
}
```

코드 6.39 마법 '라이트닝'의 값 객체 도입 버전

```java
class Lightning implements Magic {
  private final Member member;

  Lightning(final Member member) {
```

```
    this.member = member;
  }

  public String name() {
    return "라이트닝";
  }

  public MagicPoint costMagicPoint() {
    final int value = 5 + (int)(member.level * 0.2);
    return new MagicPoint(value);
  }

  public AttackPower attackPower() {
    final int value = 50 + (int)(member.agility * 1.5);
    return new AttackPower(value);
  }

  public TechnicalPoint costTechnicalPoint() {
    return new TechnicalPoint(5);
  }
}
```

코드 6.40 마법 '헬파이어'의 값 객체 도입 버전

```
class HellFire implements Magic {
  private final Member member;

  HellFire(final Member member) {
    this.member = member;
  }

  public String name() {
    return "헬파이어";
  }

  public MagicPoint costMagicPoint() {
    return new MagicPoint(16);
  }

  public AttackPower attackPower() {
    final int value = 200 + (int)(member.magicAttack * 0.5 + member.
vitality * 2);
    return new AttackPower(value);
  }
```

```
public TechnicalPoint costTechnicalPoint() {
  final int value = 20 + (int)(member.level * 0.4);
  return new TechnicalPoint(value);
 }
}
```

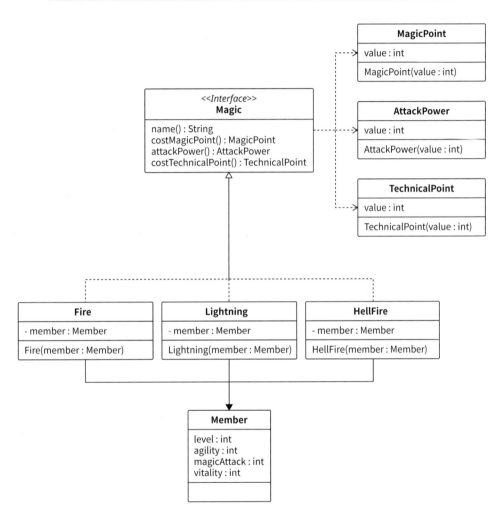

그림 6.4 값 객체를 사용해서 변경한 견고한 클래스 구조

나쁜 설계 영상 'switch 조건문'

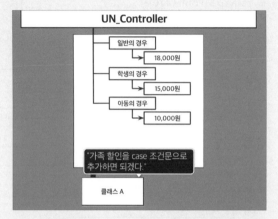

그림 6.5 switch 조건문에 case 구문을 추가해서 대응

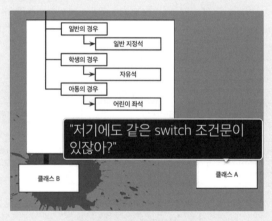

그림 6.6 다른 switch 조건문에 case 구문 추가 누락

나쁜 설계 영상은 나쁜 구조가 불러오는 결말을 재미있게 풍자한 시리즈입니다. 부정기적으로 트위터에 업로드하고 있습니다.[a]

이번에 소개할 'switch 조건문'[b]은 switch 조건문을 과도하게 사용해서 발생하는 폐해를 그린 작품입니다.[c]

동영상에서 티켓은 일반 요금, 학생 요금, 어린이 요금처럼 요금이 구분되어 있습니다. 그리고 이러한 차이를 switch 조건문으로 구현했습니다. 이후 사양 변경으로 가족 할인 요금

이 추가되었습니다. 단순하게 가족 조건을 case 구문을 추가해서 구현했더니, 다른 로직에서 버그가 발생했습니다. 그래서 원인을 찾아보니 같은 형태의 switch 조건문이 여러 곳에 구현되어 있음을 발견했습니다. 즉, switch 조건문이 중복 코드가 되어 있는 것입니다. 그런데 다른 곳에 있는 switch 조건문에 가족 조건을 추가하는 수정을 누락했기 때문에 버그가 발생한 것입니다.

동영상에서는 switch 조건문 중복 코드가 1600만 개 구현되어 있다고 이야기했지만, 이는 일부러 말도 안 되게 과장한 것입니다. 그래도 저는 50개 이상까지는 경험해 본 적 있습니다. 그리고 당연히 사양 변경 시 case 구문 추가를 빼먹어 생긴 버그도 많이 경험했습니다.

왜 이런 문제가 발생하는 것일까요? 이유는 크게 두 가지입니다.

첫 번째 이유는 종류에 따라 처리를 선환하는 방법을 switch 조건문밖에 모르기 때문입니다. 이 문제가 가장 크다고 생각합니다.

객체 지향 언어 대부분은 인터페이스 혹은 인터페이스와 동등한 개념을 제공합니다. 그런데 인터페이스의 목적과 효과(조건 분기 감소 등)를 모르는 경우가 많으며, 어느 정도 알아도 활용하지 않는 경우가 많습니다.

인터페이스를 사용하면, 인터페이스를 구현하는 클래스를 추가해야 합니다. 그런데 클래스를 추가하는 게 불안해서 거부감을 느끼는 사람이 많습니다. 저는 이러한 불안과 거부감이 인터페이스를 잘 활용하지 않는 원인이라고 생각합니다. 사실 클래스를 추가하는 데 어떠한 불안도 느낄 필요가 없습니다.

일반적으로 조건식이 같은 switch 조건문은 여러 번 사용되기 쉽습니다. 한 번만 사용되는 경우는 거의 없습니다. 조건 분기를 해야 하는 경우, 무턱대고 switch 조건문을 사용하면 안 됩니다. 일단 인터페이스를 활용해서 설계할 수 없는지 검토하는 것이 좋습니다.

두 번째 이유는 커뮤니케이션과 관련된 문제입니다. 동영상 내의 등장인물들은 서로 별다른 이야기 없이 그냥 구현을 진행해 버립니다.

의사소통이 제대로 이루어지지 않으면, 바로 옆자리에 앉은 사람이 이미 작성한 줄도 모르고 코드를 만들어, 중복이 발생하는 일이 많습니다. 중복 코드의 문제점을 알고 있지만, 이를 막기 위한 커뮤니케이션이 제대로 이루어지지 않는 것입니다. 동영상 내의 등장인물들도 서로 이야기를 나눴다면, 중복 코드와 수정 누락을 줄일 수 있었을 것입니다(16.1절 참고).

특별한 이유 없이 switch 조건문을 사용하면, 중복 코드가 많아지고 제어가 어려워집니다. 복잡해지기 쉬운 부분은 동료들과 확실하게 논의하면서 진행합시다.

a 호평을 받아서 많게는 70만 회 이상 재생된 작품도 있습니다. 사실 이 책은 출판사에서 "나쁜 설계 영상을 책으로 만들어 보시지 않겠습니까?"라고 제안하여 시작되었습니다.

b *https://twitter.com/MinoDriven/status/1228896043435094016*

c 2020년 2월에 개최된 〈객체 지향 컨퍼런스 2020〉에서 발표에 사용했습니다. 나쁜 설계 영상 시리즈의 4편입니다.

6.3 조건 분기 중복과 중첩

인터페이스는 switch 조건문의 중복을 제거할 수 있을 뿐만 아니라, 다중 중첩된 복잡한 분기를 제거하는 데 활용할 수 있습니다.

코드 6.41은 온라인 쇼핑몰에서 우수 고객인지 판정하는 로직입니다. 고객의 구매 이력을 확인하고, 다음 조건을 모두 만족하는 경우, 골드 회원으로 판정합니다.

- 지금까지 구매한 금액이 100만 원 이상
- 한 달에 구매하는 횟수가 10회 이상
- 반품률이 0.1% 이하

코드 6.41 골드 회원인지 판정하는 메서드

```
/**
 * @return 골드 회원이라면 true
 * @param history 구매 이력
 */
boolean isGoldCustomer(PurchaseHistory history) {
  if (1000000 <= history.totalAmount) {
    if (10 <= history.purchaseFrequencyPerMonth) {
      if (history.returnRate <= 0.001) {
        return true;
      }
    }
  }
  return false;
}
```

if 조건문이 중첩되어 있습니다. 이러한 중첩은 조기 리턴으로 제거할 수 있을 것입니다. 코드 6.42는 다음 조건을 모두 만족하는 경우, 실버 회원으로 판정합니다.

- 한 달에 구매하는 횟수가 10회 이상
- 반품률이 0.1% 이하

코드 6.42 실버 회원인지 판정하는 메서드

```
/**
 * @return 실버 회원이라면 true
 * @param history 구매 이력
 */
boolean isSilverCustomer(PurchaseHistory history) {
  if (10 <= history.purchaseFrequencyPerMonth) {
    if (history.returnRate <= 0.001) {
      return true;
    }
  }
  return false;
}
```

판정 조건이 골드 회원과 거의 같습니다. 만약 골드와 실버 이외에 브론즈 등의 등급이 추가되고, 비슷한 판정 조건이 또 사용된다면, 같은 판정 로직이 여러 곳에 작성될 것입니다. 같은 판정 로직을 재사용하려면 어떻게 해야 할까요?

6.3.1 정책 패턴으로 조건 집약하기

이러한 상황에서 유용하게 활용할 수 있는 패턴으로 **정책 패턴**(policy pattern)이 있습니다. 조건을 부품처럼 만들고, 부품으로 만든 조건을 조합해서 사용하는 패턴입니다.

일단 코드 6.43처럼 인터페이스를 만듭니다. 하나하나의 규칙(판정 조건)을 나타내는 인터페이스입니다.

코드 6.43 우수 고객 규칙을 나타내는 인터페이스

```
interface ExcellentCustomerRule {
  /**
```

```
 * @param history 구매 이력
 * @return 조건을 만족하는 경우 true
 */
boolean ok(final PurchaseHistory history);
}
```

골드 회원이 되려면 3개의 조건을 만족해야 합니다. 이러한 조건을 각각 코드
6.44~6.46처럼 ExcellentCustomerRule을 구현해서 만듭니다.

코드 6.44 골드 회원의 구매 금액 규칙

```
class GoldCustomerPurchaseAmountRule implements ExcellentCustomerRule {
  public boolean ok(final PurchaseHistory history) {
    return 1000000 <= history.totalAmount;
  }
}
```

코드 6.45 구매 빈도 규칙

```
class PurchaseFrequencyRule implements ExcellentCustomerRule {
  public boolean ok(final PurchaseHistory history) {
    return 10 <= history.purchaseFrequencyPerMonth;
  }
}
```

코드 6.46 반품률 규칙

```
class ReturnRateRule implements ExcellentCustomerRule {
  public boolean ok(final PurchaseHistory history) {
    return history.returnRate <= 0.001;
  }
}
```

이어서 정책 클래스를 만듭니다. add 메서드로 규칙을 집약하고, complyWith
All 메서드 내부에서 규칙을 모두 만족하는지 판정합니다.

코드 6.47 우수 고객 정책을 나타내는 클래스

```
class ExcellentCustomerPolicy {
  private final Set<ExcellentCustomerRule> rules;

  ExcellentCustomerPolicy() {
```

```
    rules = new HashSet();
  }

  /**
   * 규칙 추가
   *
   * @param rule 규칙
   */
  void add(final ExcellentCustomerRule rule) {
    rules.add(rule);
  }

  /**
   * @param history 구매 이력
   * @return 규칙을 모두 만족하는 경우 true
   */
  boolean complyWithAll(final PurchaseHistory history) {
    for (ExcellentCustomerRule each : rules) {
      if (!each.ok(history)) return false;
    }
    return true;
  }
}
```

Rule과 Policy를 사용해서 골드 회원 판정 로직을 개선했습니다. goldCustomer Policy로 골드 회원의 조건 3가지를 추가하고, complyWithAll로 골드 회원인지 판정했습니다.

코드 6.48 Policy에 Rule을 추가해서 판정 조건 구축하기

```
ExcellentCustomerPolicy goldCustomerPolicy = new
ExcellentCustomerPolicy();
goldCustomerPolicy.add(new GoldCustomerPurchaseAmountRule());
goldCustomerPolicy.add(new PurchaseFrequencyRule());
goldCustomerPolicy.add(new ReturnRateRule());

goldCustomerPolicy.complyWithAll(purchaseHistory);
```

if 조건문이 ExcellentCustomerPolicy.complyWithAll 메서드 내부에 하나만 있게 되어 로직이 단순해졌습니다.

이렇게 코드를 클래스에 그냥 작성하면, 골드 회원과 무관한 로직을 삽입할 가능성이 있습니다. 따라서 불안정한 구조입니다.

따라서 골드 회원 정책을 코드 6.49처럼 확실하게 클래스로 만듭니다.

코드 6.49 골드 회원 정책

```java
class GoldCustomerPolicy {
  private final ExcellentCustomerPolicy policy;

  GoldCustomerPolicy() {
    policy = new ExcellentCustomerPolicy();
    policy.add(new GoldCustomerPurchaseAmountRule());
    policy.add(new PurchaseFrequencyRule());
    policy.add(new ReturnRateRule());
  }

  /**
   * @param history 구매 이력
   * @return 규칙을 모두 만족하는 경우 true
   */
  boolean complyWithAll(final PurchaseHistory history) {
    return policy.complyWithAll(history);
  }
}
```

골드 회원 조건이 집약된 클래스 구조입니다. 이후 골드 회원 조건이 달라질 경우, 이 GoldCustomerPolicy만 변경하면 됩니다.

실버 회원도 같은 방법으로 만듭니다. 규칙이 재사용되고 있으므로, 멀리 내다보았을 때도 괜찮은 클래스 구조라고 할 수 있습니다.

코드 6.50 실버 회원 정책

```java
class SilverCustomerPolicy {
  private final ExcellentCustomerPolicy policy;

  SilverCustomerPolicy() {
    policy = new ExcellentCustomerPolicy();
    policy.add(new PurchaseFrequencyRule());
    policy.add(new ReturnRateRule());
  }
```

```
/**
 * @param history 구매 이력
 * @return 규칙을 모두 만족하는 경우 true
 */
boolean complyWithAll(final PurchaseHistory history) {
  return policy.complyWithAll(history);
}
}
```

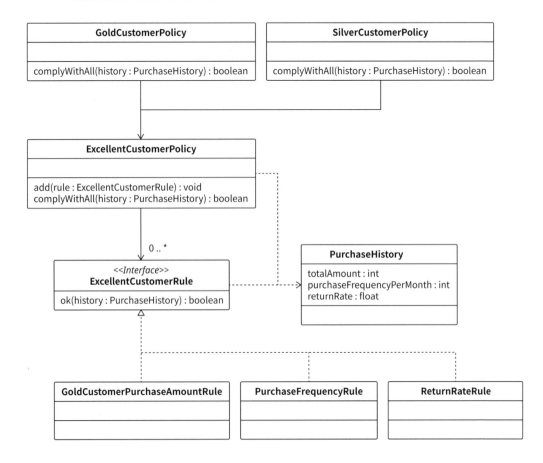

※ 그림이 복잡하므로, 일부 관계는 생략했습니다.

그림 6.7 정책 패턴으로 규칙을 구조화한 상태

6.4 자료형 확인에 조건 분기 사용하지 않기

인터페이스는 조건 분기를 제거할 때 활용할 수 있다고 설명했습니다. 그런데 인터페이스를 사용해도 조건 분기가 줄어들지 않는 경우가 있습니다.

호텔 숙박 요금을 예로 설명하겠습니다. 숙박 요금이 일반 객실 요금(7만 원) 과 프리미엄 객실 요금(12만 원) 두 가지라고 합시다. 이러한 금액을 전략 패턴 으로 전환할 수 있게, 코드 6.51처럼 인터페이스를 만들었습니다.

코드 6.51 숙박 요금을 나타내는 인터페이스

```
interface HotelRates {
  Money fee(); // 요금
}
```

fee 메서드는 숙박 요금을 리턴합니다. 리턴 값의 자료형은 요금을 나타내는 값 객체, Money 클래스입니다.

일반 객실 요금과 프리미엄 객실 요금은 코드 6.52, 6.53처럼 HotelRates 인 터페이스를 구현하는 형태로 만들었습니다.

코드 6.52 일반 객실 요금

```
class RegularRates implements HotelRates {
  public Money fee() {
    return new Money(70000);
  }
}
```

코드 6.53 프리미엄 객실 요금

```
class PremiumRates implements HotelRates {
  public Money fee() {
    return new Money(120000);
  }
}
```

이렇게 하면 전략 패턴으로 숙박 요금을 전환할 수 있을 것입니다.

그런데 성수기처럼 수요가 높은 기간에는 숙박 요금을 높게 설정하는 경우도 있습니다. 성수기 때 일반 숙박과 프리미엄 숙박의 요금을 상향하는 로직을 코드 6.54처럼 급하게 구현했다고 해 봅시다.

코드 6.54 자료형 판정을 기반으로 성수기 요금 분기

```
Money busySeasonFee;
if (hotelRates instanceof RegularRates) {
  busySeasonFee = hotelRates.fee().add(new Money(30000));
}
else if (hotelRates instanceof PremiumRates) {
  busySeasonFee = hotelRates.fee().add(new Money(50000));
}
```

instanceof는 자료형을 판정하는 연산자입니다. hotelRates가 RegularRates라면 3만 원, PremiumRates라면 5만 원을 추가하는 분기 로직입니다.

인터페이스 구현 클래스의 자료형을 확인해서 분기하고 있습니다. 모처럼 인터페이스를 사용했는데, 조건 분기가 그대로 있습니다. 이후로도 특정 기간에 적용하는 요금을 추가한다면, instanceof를 활용한 비슷한 형태의 조건 분기가 계속해서 작성될 것입니다. 즉, 조건 분기 코드가 계속 중복되는 것입니다.

이와 같은 로직은 **리스코프 치환 원칙**[5]이라는 소프트웨어 원칙을 위반합니다. 리스코프 치환 원칙은 클래스의 기반 자료형과 하위 자료형 사이에 성립하는 규칙입니다. 간단하게 설명하면 '기반 자료형을 하위 자료형으로 변경해도, 코드는 문제없이 동작해야 한다'라는 의미입니다.

여기서 기반 자료형은 인터페이스를 의미하며, 하위 자료형은 인터페이스를 구현한 클래스를 의미합니다. instanceof로 분기한 조건문 내부의 3만 원과 5만 원을 추가하는 로직에서 hotelRates는 다른 하위 자료형으로 변경하면, 로직 자체가 깨집니다.[6]

이처럼 리스코프 치환 원칙을 위반하면 자료형 판정을 위한 조건 분기 코드가 점점 많아져서, 유지 보수하기 어려운 코드가 되어 버립니다. **인터페이스**

---

5 (옮긴이) 더 자세한 내용은 《클린 아키텍처》의 '9장 LSP: 리스코프 치환 원칙'을 참고하세요.
6 그렇기 때문에 치환할 수 없도록 instanceof로 자료형을 판정하고 있는 것입니다.

의 의미를 충분히 이해하지 못하고 사용하면 이와 같은 로직이 자주 만들어집니다.

성수기 요금도 인터페이스로 변경해 봅시다. HotelRates 인터페이스에 성수기 요금을 리턴하는 busySeasonFee 메서드를 추가합니다.

코드 6.55 인터페이스에 성수기 요금을 리턴하는 메서드 정의

```
interface HotelRates {
  Money fee();
  Money busySeasonFee();  // 성수기 요금
}
```

그리고 인터페이스 구현 클래스에서 각각 busySeasonFee를 구현합니다.

코드 6.56 일반 숙박 요금에 성수기 요금 추가

```
class RegularRates implements HotelRates {
  public Money fee() {
    return new Money(70000);
  }

  public Money busySeasonFee() {
    return fee().add(new Money(30000));
  }
}
```

코드 6.57 프리미엄 숙박 요금에 성수기 요금 추가

```
class PremiumRates implements HotelRates {
  public Money fee() {
    return new Money(120000);
  }

  public Money busySeasonFee() {
    return fee().add(new Money(50000));
  }
}
```

이제 호출 시 instanceof로 자료형을 판정하지 않아도 됩니다.

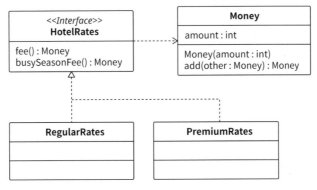

그림 6.8 리스코프 치환 원칙을 따르는 설계

코드 6.58 성수기 요금 자료형 판정 로직이 필요 없어진 상태

```
Money busySeasonFee = hotelRates.busySeasonFee();
```

6.5 인터페이스 사용 능력이 중급으로 올라가는 첫걸음

지금까지 살펴본 것처럼 인터페이스를 잘 사용하면 조건 분기를 크게 줄일 수 있습니다. 따라서 코드를 단순하게 만들 수 있습니다. 인터페이스를 잘 사용하는지가 곧 설계 능력의 전환점이라고 할 수 있습니다.

제 경험으로는 설계 숙련도 따라 조건 분기 작성 방법이 표 6.5처럼 달랐습니다.

	초보자	중급자 이상
분기	if 조건문과 switch 조건문만 사용	인터페이스 설계 사용
분기마다의 처리	로직을 그냥 작성	클래스 사용

표 6.5 설계 스킬별 사고 방식의 차이(필자의 생각)

조건 분기를 써야 하는 상황에는 일단 인터페이스 설계를 떠올리자!를 머릿속에 새겨 두기만 해도 조건 분기 처리를 대하는 방식 자체가 달라질 것입니다.

6.6 플래그 매개변수

코드 6.59를 살펴봅시다. 무엇을 하는 코드일까요?

코드 6.59 damage 메서드

```
damage(true, damageAmount);
```

메서드 내부의 로직을 살펴봅시다.

코드 6.60 damage 메서드 내부

```
void damage(boolean damageFlag, int damageAmount) {
  if (damageFlag == true) {
    // 물리 대미지(히트포인트 기반 대미지)
    member.hitPoint -= damageAmount;
    if (0 < member.hitPoint) return;

    member.hitPoint = 0;
    member.addState(StateType.dead);
  }
  else {
    // 마법 대미지(매직포인트 기반 대미지)
    member.magicPoint -= damageAmount;
    if (0 < member.magicPoint) return;

    member.magicPoint = 0;
  }
}
```

놀랍게도 첫 번째 매개변수 damageFlag로 물리 대미지인지 마법 대미지인지 구분하고 있었습니다. 이처럼 메서드의 기능을 전환하는 boolean 자료형의 매개변수를 **플래그 매개변수**라고 부릅니다. 플래그 매개변수를 받는 메서드는 어떤 일을 하는지 예측하기 굉장히 힘듭니다. 예측을 하기 위해서는 반드시 메서드 내부 로직을 확인해야 하므로, 가독성이 낮아지며 개발 생산성이 저하됩니다.

boolean 자료형뿐만 아니라, 아래와 같이 int 자료형을 사용해 기능을 전환
하는 경우에도 같은 문제가 발생합니다.[7]

코드 6.61 int 자료형으로 기능을 전환하는 상황

```java
void execute(int processNumber) {
  if (processNumber == 0) {
    // 계정 등록 처리
  }
  else if (processNumber == 1) {
    // 배송 완료 메일 발송 처리
  }
  else if (processNumber == 2) {
    // 주문 처리
  }
  else if (processNumber == 3) { ...
```

6.6.1 메서드 분리하기

플래그 매개변수를 받는 메서드는 내부적으로 여러 기능을 수행하고 있으며,
플래그를 사용해서 이를 전환하는 구조를 갖습니다. 메서드는 하나의 기능만
하도록 설계하는 것이 좋습니다. 따라서 플래그 매개변수를 받는 메서드는 기
능별로 분리하는 것이 좋습니다.

코드 6.62 물리 대미지(히트포인트 대미지)와 마법 대미지(매직포인트 대미지)를 메서드로 분리함

```java
void hitPointDamage(final int damageAmount) {
  member.hitPoint -= damageAmount;
  if (0 < member.hitPoint) return;

  member.hitPoint = 0;
  member.addState(StateType.dead);
}

void magicPointDamage(final int damageAmount) {
  member.magicPoint -= damageAmount;
  if (0 < member.magicPoint) return;
```

---

7 기능 전환을 하기 위한 매개변수를 **셀렉터 매개변수**라고도 부릅니다. 그리고 셀렉터 매개변수로 기
능을 전환하는 함수(메서드)를 다목적 함수라고 부릅니다.

```
    member.magicPoint = 0;
  }
```

이처럼 기능별로 나누고, 각각의 메서드에 맞는 이름을 붙이면 가독성이 높아
집니다.

6.6.2 전환은 전략 패턴으로 구현하기

메서드를 기능별로 분할해 보았습니다. 그런데 요구 사항이 달라져 히트포인
트 대미지와 매직포인트 대미지를 전환해야 할 수도 있습니다. 이렇게 전환하
기 위해 boolean 자료형을 사용하면, 플래그 매개변수로 돌아가 버립니다.

  플래그 매개변수가 아니라 전략 패턴을 사용하세요. 플래그 매개변수로 전
환하는 것은 히트포인트 대미지, 매직포인트 대미지입니다. 따라서 코드 6.63
처럼 대미지를 나타내는 인터페이스를 정의합니다.

코드 6.63 대미지를 나타내는 인터페이스

```
interface Damage {
  void execute(final int damageAmount);
}
```

각각의 대미지를 나타내는 클래스로 HitPointDamage와 MagicPointDamage를 만
듭니다. 그리고 Damage 인터페이스를 구현합니다. 코드 6.28의 Magic 인터페이
스 때와 마찬가지로 전환하고자 하는 로직을 각 클래스에 구현합니다.

코드 6.64 Damage 인터페이스 구현

```
// 히트포인트 대미지
class HitPointDamage implements Damage {
  // 생략
  public void execute(final int damageAmount) {
    member.hitPoint -= damageAmount;
    if (0 < member.hitPoint) return;

    member.hitPoint = 0;
    member.addState(StateType.dead);
  }
}
```

```
// 매직포인트 대미지
class MagicPointDamage implements Damage {
  // 생략
  public void execute(final int damageAmount) {
    member.magicPoint -= damageAmount;
    if (0 < member.magicPoint) return;

    member.magicPoint = 0;
  }
}
```

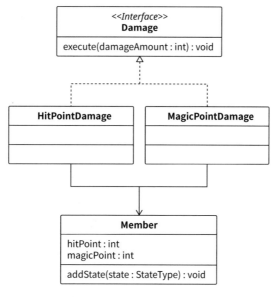

그림 6.9 처리 전환을 전략 패턴으로 설계

코드 6.32와 마찬가지로 enum과 Map으로 변경합니다.

코드 6.65 Map으로 처리 전환

```
enum DamageType {
  hitPoint,
  magicPoint
}

private final Map<DamageType, Damage> damages;
```

```
void applyDamage(final DamageType damageType, final int damageAmount) {
  final Damage damage = damages.get(damageType);
  damage.execute(damageAmount);
}
```

applyDamage를 호출하는 형태는 코드 6.66과 같습니다.

코드 6.66 applyDamage 메서드 호출

```
applyDamage(DamageType.magicPoint, damageAmount);
```

코드 6.59와 비교해 보면, 어떻게 바뀌었는지 쉽게 알 수 있습니다. 조건 분기를 사용하지 않아 가독성이 높아졌습니다. 또한 이렇게 전략 패턴으로 설계하면, 이후에 새로운 종류의 대미지가 추가되었을 때도 쉽게 대응할 수 있습니다. 예를 들어 테크니컬포인트 대미지를 추가하고 싶은 경우, Damage 인터페이스를 구현하는 TechnicalPointDamage 클래스 등을 정의해서 사용하기만 하면 됩니다.

7장

컬렉션:
중첩을 제거하는
구조화 테크닉

이 장에서는 배열과 List 같은 컬렉션을 따라다니는 악마를 소개하고, 이러한 악마를 퇴치하는 방법을 알아보겠습니다.

7.1 이미 존재하는 기능을 다시 구현하지 말기

코드 7.1은 게임에서 소지품 중에 '감옥 열쇠'가 있는지 확인하는 코드입니다. for 반복문 내부에 if 조건문이 중첩되어 있어서 가독성이 좋지 않습니다.

코드 7.1 '감옥 열쇠'를 소지하고 있는지 확인하는 코드

```java
boolean hasPrisonKey = false;
// items는 List<Item> 자료형
for (Item each : items) {
  if (each.name.equals("감옥 열쇠")) {
    hasPrisonKey = true;
    break;
  }
}
```

같은 기능을 코드 7.2처럼 구현할 수 있습니다.

코드 7.2 anyMatch 메서드

```java
boolean hasPrisonKey = items.stream().anyMatch(
  item -> item.name.equals("감옥 열쇠")
);
```

anyMatch 메서드는 자바 표준 라이브러리에 있는 컬렉션 전용 메서드입니다. 조건을 만족하는 요소가 컬렉션 내부에 하나라도 포함되어 있는 경우, true를 리턴합니다. anyMatch를 사용하면 for 반복문과 if 조건문을 사용할 필요도 없이, 한 줄로 처리를 완료할 수 있습니다.

이처럼 anyMatch 메서드를 알고 있으면, 복잡한 로직을 직접 구현하지 않아도 됩니다. 반대로 모르면 로직을 직접 구현해야 하므로, 코드가 쓸데없이 복잡해집니다. 또한 구현 실수로 버그가 발생할 가능성도 있습니다.

표준 컬렉션 라이브러리에는 anyMatch 이외에도 편리한 메서드가 다양하게 준비되어 있습니다. 따라서 for 반복문을 사용해 컬렉션을 직접 조작하고 있다면, 잠시 멈추고 표준 라이브러리에 같은 기능을 하는 메서드가 있는지 확인해 보세요.

바퀴의 재발명

이미 널리 사용되고 있는 기술과 해결법이 존재하는데도, 이를 전혀 모르거나 의도적으로 무시하고 비슷한 것을 새로 만들어 내는 것을 **바퀴의 재발명**이라고 합니다. anyMatch를 사용하지 않고 직접 구현하는 것도 바퀴의 재발명의 예라고 할 수 있습니다.

이미 확립되어 있는 기술을 사용하지 않으면, 비슷한 것을 새로 만들어 내는 데 노력과 시간이 낭비됩니다. 참고로 이미 존재하는 것보다 좋지 못한 결과물을 만들어 내는 것을 **네모난 바퀴의 재발명**이라고 합니다. 오랜 시간에 걸쳐 검증된 라이브러리가 있는데도, 이를 모르고 직접 구현하면 실력의 미숙함 또는 실수 등으로 버그가 발생하는 일이 잦습니다.

바퀴의 재발명으로 인한 문제를 방지하려면, 서비스를 개발하기 전에 미리 프레임워크의 기능과 라이브러리를 잘 확인해야 합니다.

그런데 모든 상황에서 '바퀴의 재발명은 절대 안 된다'고 할 수는 없습니다. 라이브러리와 프레임워크는 누가 만들어 낼까요? 실력이 뛰어난 엔지니어들입니다. 라이브러리를 단순하게 조합해서 구현하기만 한다면 라이브러리가 어떤 구조로 동작하는지 알 수 없습니다. 따라서 기술력이 그 수준에서 멈춰 버립니다. 학습이 목적이라면 굳이 바퀴를 재발명해 보는 것도 좋은 방법입니다. 라이브러리를 직접 만들어 보며 그렇게 동작하는 이유와 구조를 학습하는 과정에서 실력을 키울 수 있으며, 개발 수준을 더 높일 수 있습니다.

7.2 반복 처리 내부의 조건 분기 중첩

컬렉션 내부에서 특정 조건을 만족시키는 요소에 대해서만 어떤 작업을 수행하고 싶은 경우가 있습니다.

예를 들어 RPG에서 독 대미지를 받는 사양을 생각해 봅시다. 멤버 전원의 상태를 확인하고 중독된 상태인 경우, 히트포인트를 감소시키는 로직이 있을 수 있습니다. 설계를 따로 고려하지 않고 코드를 작성하면, 코드 7.3처럼 구현되기 쉽습니다.

코드 7.3 자주 볼 수 있는 중첩 구조

```java
for (Member member : members) {
  if (0 < member.hitPoint) {
    if (member.containsState(StateType.poison)) {
      member.hitPoint -= 10;
      if (member.hitPoint <= 0) {
        member.hitPoint = 0;
        member.addState(StateType.dead);
        member.removeState(StateType.poison);
      }
    }
  }
}
```

일단 살아 있는지 확인합니다. 살아 있다면, 이어서 중독 상태인지 확인합니다. 중독 상태라면 히트포인트를 10만큼 감소시킵니다. 이어서 히트포인트가 0 이하로 떨어지면, 히트포인트를 0으로 보정하고 사망 상태로 만듭니다. 이를 파티 멤버 전원에 동일하게 처리하고 있습니다. for 반복문 내부에 if 조건문이 중첩되어 있어서, 가독성이 좋지 않습니다.

7.2.1 조기 컨티뉴로 조건 분기 중첩 제거하기

반복문 내부에 있는 조건 분기 중첩은 6.1절에서 살펴보았던 조기 리턴을 응용한 **조기 컨티뉴**로 해결할 수 있습니다. continue는 실행하고 있는 처리를 건너뛰고, 다음 반복으로 넘어가는 제어 구문입니다. 조기 리턴은 '조건을 만족하지 않는 경우, return으로 함수를 종료한다'라는 기법이었습니다. 이 방법을 응용해서 '조건을 만족하지 않는 경우, continue로 다음 반복으로 넘어간다'라는 기법을 활용하는 것입니다.

일단 생존 상태를 확인하는 if 조건문은 '살아 있지 않다면 continue로 다음 반복으로 넘어간다'라는 형태로 변경합니다.

코드 7.4 조기 컨티뉴로 중첩 제거하기

```
for (Member member : members) {
  // 살아 있지 않다면 continue로 다음 반복으로 넘어감.
  // 조기 continue로 변경하려면 조건을 반전해야 함.
  if (member.hitPoint == 0) continue;

  if (member.containsState(StateType.poison)) {
    member.hitPoint -= 10;
    if (member.hitPoint <= 0) {
      member.hitPoint = 0;
      member.addState(StateType.dead);
      member.removeState(StateType.poison);
    }
  }
}
```

살아 있지 않다면 continue로 건너뛰므로, 남아 있는 로직이 실행되지 않고, 곧바로 다음 멤버를 처리합니다. 조기 컨티뉴를 활용해서, 중첩을 한 단계 제거했습니다. 다른 if 조건문도 조기 컨티뉴를 적용해 봅시다.

코드 7.5 if 조건문의 중첩을 모두 제거한 상태

```
for (Member member : members) {
  if (member.hitPoint == 0) continue;
  if (!member.containsState(StateType.poison)) continue;

  member.hitPoint -= 10;

  if (0 < member.hitPoint) continue;

  member.hitPoint = 0;
  member.addState(StateType.dead);
  member.removeState(StateType.poison);
}
```

3겹으로 중첩된 if 조건문이 모두 제거되어 가독성이 좋아졌습니다. 어디까지 실행되는지 continue로 쉽게 확인할 수 있으므로 이해하기도 쉬워졌습니다.

7.2.2 조기 브레이크로 중첩 제거하기

반복 처리 제어 구문에는 continue 이외에도 break가 있습니다. break는 처리를 중단하고, 반복문 전체를 벗어나는 제어 구문입니다. 조기 컨티뉴와 마찬가지로 조기 브레이크를 사용하면 로직이 단순해지는 경우가 많습니다.

이번에도 RPG를 예로 생각해 봅시다. 멤버가 힘을 합쳐 공격하는 '연계 공격'이라는 요구 사항이 추가되었다고 합시다. 연계 공격은 공격력이 증폭되는 효과가 있지만, 성공 조건이 조금 까다로워서 계속 사용할 수는 없다는 특징이 있습니다. 연계 공격의 총 대미지는 다음과 같은 로직으로 계산한다고 합시다.

- 첫 멤버부터 차례대로 연계 공격의 성공 여부를 평가
- 연계 공격에 성공한 경우
  - 해당 멤버의 공격력 × 1.1을 대미지로 추가
- 연계 공격에 실패한 경우
  - 후속 멤버의 연계를 평가하지 않음
- 한 멤버의 추가 대미지가 30 이상인 경우
  - 추가되는 대미지까지 총 대미지에 합산
- 한 멤버의 추가 대미지가 30 미만인 경우
  - 연계 공격 실패로 간주하고, 후속 멤버의 연계를 평가하지 않음

조금 복잡한 로직입니다. 잘 생각하지 않으면 코드 7.6처럼 구현하기 쉽습니다.

코드 7.6 중첩이 복잡해서 가독성이 떨어지는 로직

```
int totalDamage = 0;
for (Member member : members) {
  if (member.hasTeamAttackSucceeded()) {
    int damage = (int)(member.attack() * 1.1);
    if (30 <= damage) {
      totalDamage += damage;
    }
    else {
      break;
    }
  }
  else {
    break;
  }
}
```

for 반복문 내부에 if 조건문이 중첩되어 있으며, else 구문과 break까지 있습니다. 가독성이 굉장히 좋지 않은 로직이라고 할 수 있습니다. 조기 컨티뉴와 마찬가지로 조기 브레이크를 활용해서 정리해 봅시다. 조기 리턴, 조기 컨티뉴처럼 조건을 반전하고 브레이크하면 됩니다.

코드 7.7 조기 브레이크로 가독성 개선하기

```java
int totalDamage = 0;
for (Member member : members) {
  if (!member.hasTeamAttackSucceeded()) break;

  int damage = (int)(member.attack() * 1.1);

  if (damage < 30) break;

  totalDamage += damage;
}
```

가독성이 꽤 좋아졌습니다. 이처럼 반복문 처리 내부에서 if 조건문이 중첩될 경우, 조기 컨티뉴와 조기 브레이크를 활용할 수 있는지 검토해 보기 바랍니다.

7.3 응집도가 낮은 컬렉션 처리

컬렉션 처리도 응집도가 낮아지기 쉽습니다. RPG의 파티를 예로 설명하겠습니다.

코드 7.8 멤버 조작과 관련된 클래스

```java
// 필드 맵과 관련된 제어를 담당하는 클래스
class FieldManager {
  // 멤버를 추가합니다.
  void addMember(List<Member> members, Member newMember) {
    if (members.stream().anyMatch(member -> member.id == newMember.id)) {
      throw new RuntimeException("이미 존재하는 멤버입니다.");
    }
    if (members.size() == MAX_MEMBER_COUNT) {
      throw new RuntimeException("이 이상 멤버를 추가할 수 없습니다.");
    }
```

```
    members.add(newMember);
  }

  // 파티 멤버가 1명이라도 존재하면 true를 리턴
  boolean partyIsAlive(List<Member> members) {
    return members.stream().anyMatch(member -> member.isAlive());
  }
```

FieldManager는 게임에서 필드 맵을 관리하는 클래스입니다. 파티에 멤버를
추가하는 addMember 메서드와 파티에 살아 있는 멤버가 있는지 리턴하는 party
IsAlive가 정의되어 있습니다.

　그런데 필드 맵 말고도 게임에서 멤버를 추가하는 시점이 있습니다. 중요한
이벤트가 발생했을 때, 멤버를 추가하는 로직이 있을 수도 있습니다. 이를 코
드 7.9처럼 구현했다고 합시다.[1]

코드 7.9 다른 클래스에 구현된 중복 코드

```
// 게임 중에 발생하는 특별 이벤트를 제어하는 클래스
class SpecialEventManager {
  // 멤버를 추가합니다.
  void addMember(List<Member> members, Member member) {
    members.add(member);
  }
}
```

SpecialEventManager는 게임 내 특별한 이벤트를 관리하는 클래스입니다.
SpecialEventManager도 FieldManager와 마찬가지로 멤버를 추가하는 메서드
addMember가 있습니다. 코드가 중복된 것입니다.[2]

　마찬가지로 FieldManager.partyIsAlive의 로직도 다른 클래스에 중복 구현
되어 있을 가능성이 있습니다. 예를 들어 다음 BattleManager.membersAreAlive
는 FieldManager.partyIsAlive와 이름만 다를 뿐, 그 로직은 차이가 없습니다
(코드 7.10). 겉모습만 다른 중복 코드라고 할 수 있습니다.

1　실제 RPG에서는 필드 맵 외에 중요한 이벤트 때 동료가 추가되는 경우가 많습니다.
2　다만 FieldManager.addMember와 달리 올바른 상태인지 확인하는 로직이 없는 퇴화된 수준으로 복사
　된 코드입니다.

코드 7.10 또 다른 위치에도 중복 코드가 있는 상태

```java
// 전투를 제어하는 클래스
class BattleManager {
  // 파티 멤버가 1명이라도 존재하는 경우 true를 리턴
  boolean membersAreAlive(List<Member> members) {
    boolean result = false;
    for (Member each : members) {
      if (each.isAlive()) {
        result = true;
        break;
      }
    }
    return result;
  }
}
```

이처럼 컬렉션과 관련된 작업을 처리하는 코드가 여기저기에 구현될 가능성이 굉장히 높습니다. 응집도가 낮아진 것입니다. 그럼 어떻게 해야 할까요?

7.3.1 컬렉션 처리를 캡슐화하기

컬렉션과 관련된 응집도가 낮아지는 문제는 일급 컬렉션 패턴을 사용해 해결할 수 있습니다. **일급 컬렉션**(퍼스트 클래스 컬렉션, First Class Collection)이란 컬렉션과 관련된 로직을 캡슐화하는 디자인 패턴입니다.

클래스에는 다음 두 가지가 있어야 합니다(3장 참고).

- 인스턴스 변수
- 인스턴스 변수에 잘못된 값이 할당되지 않게 막고, 정상적으로 조작하는 메서드

클래스 설계 원리를 반영하면 일급 컬렉션은, 다음과 같은 요소로 구성된다고 할 수 있습니다.

- 컬렉션 자료형의 인스턴스 변수
- 컬렉션 자료형의 인스턴스 변수에 잘못된 값이 할당되지 않게 막고, 정상적으로 조작하는 메서드

멤버 컬렉션 List<Member>를 인스턴스 변수로 가지는 클래스로 설계해 봅시다. 일반적으로 게임의 멤버 집합은 '파티'라고 부르므로, 이 클래스의 이름은 Party라고 짓겠습니다.

코드 7.11 리스트 자료형의 인스턴스 변수를 갖는 클래스

```
class Party {
  private final List<Member> members;

  Party() {
    members = new ArrayList<Member>();
  }
```

인스턴스 변수를 조작하는 로직도 Party 클래스 내부로 옮깁니다. 멤버를 추가하는 addMember 메서드는 add라는 이름으로 구현합니다. 그런데 다음 코드는 members의 요소가 변화하는 부수 효과가 발생합니다.

코드 7.12 members 자체가 변화함

```
class Party {
  // 생략
  void add(final Member newMember) {
    members.add(newMember);
  }
```

부수 효과를 막기 위해, 새로운 리스트를 생성하고 해당 리스트에 요소를 추가하는 형태로 구현하겠습니다. 최종적으로 새로운 Party 클래스의 인스턴스를 리턴합니다.

코드 7.13 부수 효과가 발생하지 않는 메서드

```
class Party {
  // 생략
  Party add(final Member newMember) {
    List<Member> adding = new ArrayList<>(members);
    adding.add(newMember);
    return new Party(adding);
  }
```

이렇게 하면 원래 members를 변화시키지 않아, 부수 효과를 막을 수 있습니다.

이 외에도 멤버가 1명이라도 살아 있는지 판정하는 메서드를 isAlive라고 명명했습니다. 또한, 멤버를 추가할 수 있는지 확인하는 로직을 exists, isFull이라고 했습니다. 최종적으로 다음과 같은 코드입니다.

코드 7.14 리스트 조작에 필요한 로직을 모두 한곳에 모아 클래스 정의하기

```java
class Party {
  static final int MAX_MEMBER_COUNT = 4;
  private final List<Member> members;

  Party() {
    members = new ArrayList<Member>();
  }

  private Party(List<Member> members) {
    this.members = members;
  }

  /**
  * 멤버 추가하기
  * @param newMember 추가하고 싶은 멤버
  * @return 멤버를 추가한 파티
  */
  Party add(final Member newMember) {
    if (exists(newMember)) {
      throw new RuntimeException("이미 파티에 참가되어 있습니다.");
    }
    if (isFull()) {
      throw new RuntimeException("이 이상 멤버를 추가할 수 없습니다.");
    }

    final List<Member> adding = new ArrayList<>(members);
    adding.add(newMember);
    return new Party(adding);
  }

  /** @return 파티 멤버가 1명이라도 살아 있으면 true를 리턴 */
  boolean isAlive() {
    return members.stream().anyMatch(each -> each.isAlive());
  }

  /**
  * @param member 파티에 소속되어 있는지 확인하고 싶은 멤버
  * @return 이미 소속되어 있는 경우 true를 리턴
  */
```

```
  boolean exists(final Member member) {
    return members.stream().anyMatch(each -> each.id == member.id);
  }

  /** @return 파티 인원이 최대일 경우 true를 리턴 */
  boolean isFull() {
    return members.size() == MAX_MEMBER_COUNT;
  }
}
```

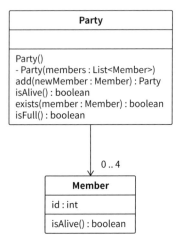

그림 7.1 일급 컬렉션으로 설계한 Party 클래스

컬렉션과 컬렉션을 조작하는 로직을 한 클래스에 응집한 구조로 만들었습니다.

7.3.2 외부로 전달할 때 컬렉션의 변경 막기

파티 멤버 전원의 상태 화면을 표시하는 기능을 추가한다면, List<Member>에 접근해서 전체 데이터를 참조할 수 있어야 합니다. 일급 컬렉션으로 설계한 Party 클래스에서 멤버 전원을 참조하려고 할 때 코드 7.15처럼 메서드를 정의해도 문제가 없을까요?

코드 7.15 리스트 자료형을 그대로 리턴하는 메서드

```
class Party {
  // 생략
```

```
List<Member> members() {
  return members;
}
```

인스턴스 변수를 그대로 외부에 전달하면, Party 클래스 외부에서 마음대로 멤버를 추가하고 제거해 버릴 수 있습니다. Party 클래스를 응집도 높게 설계했지만, 응집도가 낮을 때와 큰 차이가 없습니다.

코드 7.16 파티 외부에서 리스트를 마음대로 조작하는 상황

```
members = party.members();
members.add(newMember);
...
members.clear();
```

외부로 전달할 때는 컬렉션의 요소를 변경하지 못하게 막아 두는 것이 좋습니다. 이때는 unmodifiableList 메서드를 사용합니다.

코드 7.17 외부에서 변경하지 못하도록 불변 리스트로 만들어서 전달하기

```
class Party {
  // 생략

  /** @return 멤버 리스트(다만 요소를 외부에서 변경할 수 없습니다.) */
  List<Member> members() {
    return members.unmodifiableList();
  }
}
```

unmodifiableList로 리턴되는 컬렉션은 요소를 추가하거나 제거할 수 없습니다. 따라서 Party 클래스 외부에서 마음대로 컬렉션을 조작하는 상황 자체를 방지할 수 있습니다.

8장

강한 결합:
복잡하게 얽혀서
풀 수 없는 구조

이 장에서는 결합도에 대해 설명하겠습니다.

결합도란 '모듈 사이의 의존도를 나타내는 지표'라고 할 수 있습니다(15.5.4절 참고). 응집도와 마찬가지로 여기에서도 '모듈'은 클래스를 나타낸다고 생각해 봅시다. 그러면 '클래스 사이의 의존도를 나타내는 지표'를 결합도라고 할 수 있습니다.

어떤 클래스가 다른 클래스에 많이 의존하고 있는 구조를 **강한 결합**(tightly coupling)이라고 부릅니다. 강한 결합 코드는 이해하기도 힘들고, 변경하기도 굉장히 힘듭니다.

결합도가 낮은 구조를 **느슨한 결합**(loose coupling)이라고 부릅니다. 느슨한 결합 구조로 개선하면 코드 변경이 쉬워집니다. 이 장에서는 어떻게 느슨한 결합 구조를 만들 수 있는지 설명합니다.

그림 8.1 강한 결합은 사용하기도, 수정하기도 힘듭니다.

강한 결합 문제를 해결하려면, 책무에 대한 접근 방법을 빼놓을 수 없습니다. 책무를 제대로 생각하지 않으면, 결합도가 높아지기 쉽습니다. 이렇게 되면 디버깅과 변경이 어려워집니다.

사전적으로 '책무'는 '책임과 의무, 즉 의무를 다 해야 하는 책임'입니다. 소프트웨어 설계에서 '책무'란 '어떤 관심사를 정상적으로 작동하게 제어해야 하는 책임'으로 생각할 수 있습니다. 그럼 이와 관련된 내용부터 차근차근 살펴봅시다.[1]

---

1 (옮긴이) 이 책에서는 책임과 책무를 뚜렷하게 구분해서 사용하지는 않지만, 책무라는 표현을 더 많이 사용합니다. 이는 '어떤 클래스가 가져야 하는 책임'을 강조하기 위한 저자의 표현입니다.

8.1 결합도와 책무

책무를 생각하지 않으면 어떤 문제가 발생할까요? 예를 들어 온라인 쇼핑몰에 기능을 추가한다고 가정해 봅시다.

어떤 온라인 쇼핑몰에 할인 서비스가 추가되었습니다. 이를 '일반 할인'이라 고 하겠습니다. 일반 할인의 사양은 다음과 같습니다.

- 상품 하나당 3,000원 할인
- 최대 200,000원까지 상품 추가 가능

담당자는 이를 코드 8.1처럼 구현했습니다.

코드 8.1 상품 할인과 관련된 클래스

```
class DiscountManager {
  List<Product> discountProducts;
  int totalPrice;

  /**
  * 상품 추가하기
  *
  * @param product          상품
  * @param productDiscount 상품 할인 정보
  * @return 추가에 성공하면 true
  */
  boolean add(Product product, ProductDiscount productDiscount) {
    if (product.id < 0) {
      throw new IllegalArgumentException();
    }
    if (product.name.isEmpty()) {
      throw new IllegalArgumentException();
    }
    if (product.price < 0) {
      throw new IllegalArgumentException();
    }
    if (product.id != productDiscount.id) {
      throw new IllegalArgumentException();
    }
```

```
    int discountPrice = getDiscountPrice(product.price);

    int tmp;
    if (productDiscount.canDiscount) {
      tmp = totalPrice + discountPrice;
    } else {
      tmp = totalPrice + product.price;
    }
    if (tmp <= 200000) {
      totalPrice = tmp;
      discountProducts.add(product);
      return true;
    } else {
      return false;
    }
  }

  /**
   * 할인 가격 확인하기
   *
   * @param price 상품 가격
   * @return 할인 가격
   */
  static int getDiscountPrice(int price) {
    int discountPrice = price - 3000;
    if (discountPrice < 0) {
      discountPrice = 0;
    }
    return discountPrice;
  }
}

// 상품
class Product {
  int id;              // 상품 ID
  String name;         // 상품명
  int price;           // 가격
}

// 상품 할인 정보
class ProductDiscount {
  int id;              // 상품 ID
  boolean canDiscount; // 할인 가능한 경우 true
}
```

DiscountManager.add 메서드는 다음을 실행합니다.

- 올바른 상품인지 확인합니다.
- getDiscountPrice로 할인 가격을 계산합니다.
- productDiscount.canDiscount를 확인하여 할인 가능한 경우에는 할인 가격을 모두 더하고, 할인이 불가능한 경우에는 원래 상품 가격을 모두 더합니다.
- 가격 총합이 상한가인 200,000원 이내인 경우, 상품 리스트에 추가합니다.

그런데 이후, 일반 할인 이외에 여름 할인 사양이 추가되었습니다.

- 상품 하나당 3,000원 할인
- 최대 300,000원까지 상품 추가 가능

DiscountManager 클래스를 구현한 담당자가 아닌 다른 담당자가 다음과 같은 SummerDiscountManager 클래스를 구현했습니다.

코드 8.2 여름 할인을 관리하는 클래스

```
class SummerDiscountManager {
  DiscountManager discountManager;

  /**
  * 상품 추가하기
  *
  * @param product 상품
  * @return 추가에 성공하면 true
  */
  boolean add(Product product) {
    if (product.id < 0) {
      throw new IllegalArgumentException();
    }
    if (product.name.isEmpty()) {
      throw new IllegalArgumentException();
    }

    int tmp;
    if (product.canDiscount) {
      tmp = discountManager.totalPrice +
            DiscountManager.getDiscountPrice(product.price);
    } else {
      tmp = discountManager.totalPrice + product.price;
```

```
    }
    if (tmp < 300000) {
      discountManager.totalPrice = tmp;
      discountManager.discountProducts.add(product);
      return true;
    } else {
      return false;
    }
  }
}

// 상품
class Product {
  int id;                    // 상품 ID
  String name;               // 상품명
  int price;                 // 가격
  boolean canDiscount;       // ← 새로 추가했음(여름 할인이 가능한 경우 true).
}
```

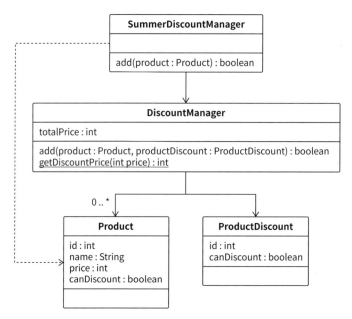

그림 8.2 문제없는 설계일까요?

SummerDiscountManager.add 메서드는 다음과 같이 실행됩니다. 조금 다른 부분도 있지만, 대부분 DiscountManager.add 메서드와 비슷합니다.

- 올바른 상품인지 확인합니다.
- 할인 금액이 일반 할인과 마찬가지로 3,000원까지이므로, getDiscountPrice 로 할인 가격을 계산합니다.
- productDiscount.canDiscount를 확인하여 할인 가능한 경우, 할인 가격을 모두 더합니다. 할인 불가능한 경우, 원래 상품 가격을 모두 더합니다.
- 가격 총합이 상한가인 300,000원 이내인 경우, 상품 리스트에 추가합니다.

8.1.1 다양한 버그

어느 날 다음과 같은 사양 변경이 발생했습니다.

- 일반 할인 가격을 3,000원에서 4,000원으로 변경

DiscountManager 구현 담당자는 할인가를 계산하는 DiscountManager.getDiscountPrice를 다음과 같이 변경했습니다.

코드 8.3 할인 금액 사양 변경

```
static int getDiscountPrice(int price) {
  int discountPrice = price - 4000;
  if (discountPrice < 0) {
    discountPrice = 0;
  }
  return discountPrice;
}
```

그런데 이렇게 하면, 여름 할인 서비스에서도 할인 가격이 4,000원이 되어 버립니다. 여름 할인 서비스를 담당하는 SummerDiscountManager에서 DiscountManager.getDiscountPrice를 사용하고 있기 때문입니다. 버그가 발생한 것입니다.

이 외에도 표 8.1과 같은 버그가 발생했습니다.

버그	원인
음수 가격의 상품을 여름 할인에 추가할 수 있게 됨.	SummerDiscountManager.add에 가격 확인 로직이 없음.
할인 대상 상품으로 설정했는데, 할인이 되지 않음.	ProductDiscount.canDiscount와 Product.canDiscount를 서로 헷갈려서 잘못 사용했음.

표 8.1 할인 서비스에서 발생한 버그

8.1.2 로직의 위치에 일관성이 없음

현재 할인 서비스 로직은 로직의 위치 자체에 문제가 있습니다.

- DiscountManager가 상품 정보 확인 말고도 할인 가격 계산, 할인 적용 여부 판단, 총액 상한 확인 등 너무 많은 일을 하고 있습니다. SummerDiscount Manager도 마찬가지입니다.
- Product가 직접 해야 하는 유효성 검사 로직이 DiscountManager와 SummerDiscountManager에 구현되어 있습니다.
- ProductDiscount.canDiscount와 Product.canDiscount의 이름이 유사해서, 어떤 것이 일반 할인이고 여름 할인인지 구분하기 힘듭니다.
- 여름 할인 가격 계산을 위해서 SummerDiscountManager가 DiscountManager의 일반 할인 로직을 활용하고 있습니다.

이처럼 로직의 위치에 일관성이 없습니다. 어떤 클래스는 처리해야 할 작업이 집중되어 있는 반면, 어떤 클래스는 특별히 하는 일이 없습니다. 그리고 어떤 클래스는 편의를 위해 다른 클래스의 메서드를 무리하게 활용하고 있습니다.

이런 클래스 설계가 바로 **책무를 고려하지 않은 설계**라고 할 수 있습니다.

8.1.3 단일 책임 원칙

지금부터는 소프트웨어의 '단일 책임 원칙'을 설명하기 위해 책무 대신 책임이라는 표현을 사용하겠습니다. 책임은 사전적으로 '자신이 해야 하는 일로서, 하지 않으면 안 되는 임무'라는 의미입니다. 사실 책임과 책무는 미묘하게 의미가 다릅니다. 하지만 일단 둘을 같은 것으로 취급하도록 합시다.

그럼 우리 일상 생활 속에서의 책임에 대해 생각해 봅시다. 돈을 많이 써서 빚을 지게 되었다면, 이는 돈을 너무 많이 쓴 자신의 책임이라 할 수 있습니다. 다른 누구의 책임도 아닙니다. 자산 관리는 자신의 책임입니다.

책임은 '누가 책임을 져야 하는가'라는 적용 범위와 밀접하다고 볼 수 있습니다. 소프트웨어도 마찬가지입니다.

소프트웨어는 출력, 금액 계산, 데이터베이스 등의 다양한 관심사를 갖습니다. 그런데 만약 출력에 버그가 있다면, 데이터베이스 로직을 수정해야 할까요? 그렇지는 않을 것입니다. 출력을 제대로 하는 것은 출력하는 로직의 책임입니다. 관심사가 아예 다릅니다.

즉, 소프트웨어의 책임이란 '자신의 관심사와 관련해서, 정상적으로 동작하도록 제어하는 것'이라고 생각해 볼 수 있습니다.

이때 중요한 것이 바로 단일 책임 원칙입니다. 단일 책임 원칙은 '클래스가 담당하는 책임은 하나로 제한해야 한다'는 설계 원칙입니다. 이 원칙의 관점에서 앞서 설명했던 할인 서비스의 소스 코드를 다시 살펴보면, 지금까지 보이지 않았던 수많은 악마가 보일 것입니다.

8.1.4 단일 책임 원칙 위반으로 발생하는 악마

DiscountManager.getDiscountPrice는 일반 할인 가격 계산을 책임지는 메서드입니다. 여름 할인 가격을 책임지기 위해 만들어진 메서드가 아닙니다. 따라서 둘 다 책임지는 것은 단일 책임 원칙을 위반하는 것입니다.

할인되는 가격이 같다는 이유만으로 메서드 하나만 만들어 사용하면, 한쪽 사양이 변경될 때, 다른 쪽 사양도 함께 변경되어 버그가 발생합니다.

상품명과 가격이 타당한지 판단하는 책임은 이 데이터를 갖고 있는 Product 클래스가 원래 가지고 있어야 합니다. 그런데 현재 코드에서 Product는 아무것도 하고 있지 않습니다. 미성숙한 클래스입니다.

그리고 DiscountManager 클래스가 Product 클래스 대신 값을 확인하고 있습니다. DiscountManager는 다른 클래스에게 책임을 지우지 않고 무엇이든 대신해 주는, 즉 과보호하는 부모라고 할 수 있습니다. 이처럼 책임을 대신 지는 클래스가 만들어지면, 다른 클래스가 제대로 성장할 수 없습니다(성숙해지지 않습니다). 결국 값 확인을 포함해 여러 코드가 중복될 것입니다.

8.1.5 책임이 하나가 되게 클래스 설계하기

단일 책임 원칙 위반으로 만들어진 악마를 퇴치하려면, 단일 책임 원칙을 지키도록 설계를 바꿔야 합니다. 지금까지 언급했던 할인 서비스의 소스 코드 일부를 단일 책임 원칙을 지키게 바꿔 봅시다.

상품의 가격을 나타내는 RegularPrice 클래스를 만듭니다(코드 8.4). 잘못된 값이 들어오지 않게 유효성 검사 과정을 추가합니다. 가격과 관련된 책임을 지는 클래스 구조라고 할 수 있습니다. 코드 3.18에서 살펴본 Money 클래스와 같은 값 객체입니다. 유효성 검사와 관련된 책임을 모두 RegularPrice 클래스에서 지므로, 다른 곳에 유효성 검사와 관련된 코드가 중복될 일이 없어집니다.

코드 8.4 정가 클래스

```
class RegularPrice {
  private static final int MIN_AMOUNT = 0;
  final int amount;

  RegularPrice(final int amount) {
    if (amount < MIN_AMOUNT) {
      throw new IllegalArgumentException("가격은 0 이상이어야 합니다.");
    }

    this.amount = amount;
  }
}
```

일반 할인 가격, 여름 할인 가격과 관련된 내용을 개별적으로 책임지는 클래스를 만들었습니다. RegularDiscountedPrice, SummerDiscountedPrice도 값 객체로 설계합니다.

코드 8.5 일반 할인 클래스

```
class RegularDiscountedPrice {
  private static final int MIN_AMOUNT = 0;
  private static final int DISCOUNT_AMOUNT = 4000;
  final int amount;

  RegularDiscountedPrice(final RegularPrice price) {
    int discountedAmount = price.amount - DISCOUNT_AMOUNT;
    if (discountedAmount < MIN_AMOUNT) {
      discountedAmount = MIN_AMOUNT;
    }

    amount = discountedAmount;
  }
}
```

코드 8.6 여름 할인 클래스

```
class SummerDiscountedPrice {
  private static final int MIN_AMOUNT = 0;
  private static final int DISCOUNT_AMOUNT = 3000;
  final int amount;

  SummerDiscountedPrice(final RegularPrice price) {
    int discountedAmount = price.amount - DISCOUNT_AMOUNT;
    if (discountedAmount < MIN_AMOUNT) {
      discountedAmount = MIN_AMOUNT;
    }

    amount = discountedAmount;
  }
}
```

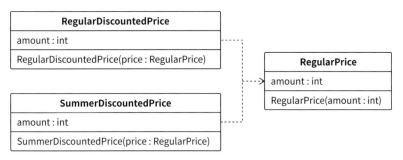

그림 8.3 개념이 다른 금액은 다른 클래스로 만들기

클래스가 일반 할인 가격, 여름 할인 가격으로 구분되어 있습니다(그림 8.3). 따라서 할인과 관련된 사양이 변경되어도 서로 영향을 주지 않습니다. 이와 같이 관심사에 따라 분리해서 독립되어 있는 구조를 **느슨한 결합**이라고 부릅니다. 참고로 느슨한 결합의 반대 용어는 강한 결합입니다. 느슨한 결합의 설계를 권합니다.

8.1.6 DRY 원칙의 잘못된 적용

눈치가 빠른 독자라면 이미 알아챘겠지만, RegularDiscountedPrice와 Summer DiscountedPrice의 로직은 대부분 같습니다. 할인 가격이 DISCOUNT_AMOUNT라는 것만 제외하면 차이가 없습니다.

이를 보고 '중복 코드가 작성된 것은 아닐까?'라고 생각할 수도 있을 것입니다. 그런데 예를 들어 '여름 할인 가격은 정가에서 5% 할인한다'라는 사양으로 변경되면 어떨까요? `SummerDiscountedPrice`의 로직이 `RegularDiscountedPrice`의 로직과 달라질 것입니다.

책무를 생각하지 않고 로직의 중복을 제거하면 안 됩니다. 그렇게 되면 하나로 모인 로직이 여러 책무를 담당해야 합니다.

`DiscountManager.getDiscountPrice`에서 발생했던 것처럼 어떤 할인 가격의 변경이 다른 할인 가격에 영향을 주게 될 수도 있습니다.

DRY 원칙(Don't Repeat Yourself)이라는 것이 있습니다. 직역하면 '반복을 피해라'라는 의미입니다. 일부 사람은 이를 '코드 중복을 절대 허용하지 말라'로 받아들입니다.[2] 하지만 이 원칙을 소개한 《실용주의 프로그래머 20주년 기념판》을 보면, 다음과 같이 설명합니다.[3]

> 모든 지식은 시스템 내에서 단 한 번만, 애매하지 않고, 권위 있게 표현되어야 한다.

여기서 '지식'이란 무엇일까요? 세분화된 정도, 기술 레이어 등 다양한 관점으로 생각할 수 있습니다. 그중 하나는 소프트웨어가 대상으로 하는 비즈니스 지식입니다.

비즈니스 지식이란 소프트웨어에서 다루는 비즈니스 개념입니다. 예를 들어 온라인 쇼핑몰에서는 '할인', '관심 상품', '크리스마스 캠페인' 등이 비즈니스 지식입니다. 게임이라면 '히트포인트', '공격력', '매직포인트' 등이 비즈니스 지식입니다.

일반 할인과 여름 할인은 서로 다른 개념입니다. DRY는 각각의 개념 단위 내에서 반복을 하지 말라는 의미입니다. **같은 로직, 비슷한 로직이라도 개념이 다르면 중복을 허용해야 합니다.** 개념적으로 다른 것까지도 무리하게 중복을 제거하려 하면, 강한 결합 상태가 됩니다. 단일 책임 원칙이 깨지는 것입니다.

---

2 참고로 코드 중복을 허용하지 말라는 것은 OAOO 원칙(Once and Only Once)이라고 합니다.
3 데이비드 토머스, 앤드류 헌트, 《실용주의 프로그래머 20주년 기념판》, 인사이트, 2022

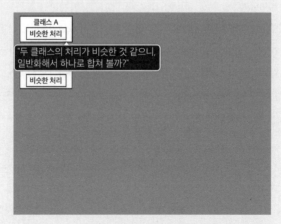

그림 8.4 악몽의 시작

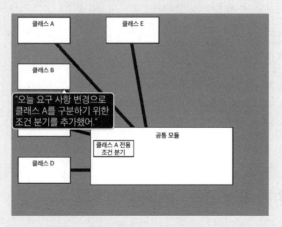

그림 8.5 납기를 핑계로 불안정한 구현을 묵인함

'일반화의 덫'[a]은 제가 처음으로 만든 나쁜 설계 영상입니다.[b] 코드 구현을 안이하게 일반화했을 때 발생할 수 있는 폐해를 그린 작품입니다.

동영상은 여러 클래스에 비슷한 작업을 처리하는 코드가 있어 이를 범용 처리 모듈로 만들면서 시작합니다. 그리고 이렇게 만든 범용 처리 모듈이 꽤 괜찮아서, 다른 클래스도 이 모듈에 의존하기 시작합니다. 그런데 이후 사양 변경이 이루어져, 범용 처리 모듈 내 의존 클래스마다 작업을 전담하는 로직이 별개로 구현됩니다. 각 클래스의 로직을 변경하고 싶어도,

이미 너무 많은 것을 범용 처리 모듈에 의존하고 있어 분해도 못하고, 이러지도 저러지도 못하는 상황이 됩니다.

중복 코드를 제거하려면, 일반화를 사용하면 됩니다. 하지만 일반화하면 안 되는 코드가 있습니다. DRY 원칙 정의에서도 언급했던 것처럼 개념이 다른 코드는 일반화하면 안 됩니다. 사양이 변경되어 특정 유스케이스인지 판정하는 조건 분기를 추가하게 된다면, 이러한 로직은 더 이상 일반 로직이 아닙니다. 일반 로직이 아님을 알게 된 시점에 일반화했던 코드를 분해하지 않으면, 동영상에 나온 것처럼 유스케이스를 판정하는 조건 분기를 계속해서 구현해야 합니다.

처리를 일반화해도 되는지는 이 장에서 살펴보았던 할인 예처럼, 같은 비즈니스 개념인지 확인하면 알 수 있습니다.

그런데 비즈니스에 대한 이해가 높아지면서, 같은 비즈니스 개념이라고 생각했던 것들이 사실 서로 다른 개념이었음을 뒤늦게 인지하게 될 수도 있습니다. 이는 정말 자주 발생하는 상황입니다. 저도 굉장히 자주 겪었던 일이고, 많은 사람이 공감했기에 이 동영상이 70만 회 이상 재생되었으리라 생각합니다. 서로 다른 개념임을 알게 되었다면, 곧바로 일반화했던 것을 다시 나누는 등 구조 변경을 검토하도록 합시다.

a https://twitter.com/MinoDriven/status/1127539251761909760
b 1.6만 리트윗, 2.6만 좋아요를 받았으며, 70만 회 이상 재생되었습니다.

8.2 다양한 강한 결합 사례와 대처 방법

강한 결합은 다양한 원인으로 발생합니다. 다양한 강한 결합 사례와 대처 방법을 소개하겠습니다.

8.2.1 상속과 관련된 강한 결합

상속은 주의해서 다루지 않으면, 곧바로 강한 결합 구조를 유발하는 위험한 문법입니다. 그래서 이 책에서는 상속 자체를 권장하지 않습니다.

상속은 여러 객체 지향 프로그래밍 입문서에서 소개하는 개념입니다. 입문서에서 다루는 내용은 특별한 고민 없이 사용하기 쉽습니다.

하지만 숙련된 엔지니어 커뮤니티에서는 상속과 관련해 의문을 많이 제기하고, 상속을 위험하게 여기는 경향이 있습니다. 왜 그럴까요?

슈퍼 클래스 의존

게임을 예로 설명하겠습니다. 단일 공격과 2회 연속 공격이 있는 사양입니다. 이 사양이 구현되어 있는 클래스는 다음 PhysicalAttack입니다.

코드 8.7 물리 공격 클래스

```
class PhysicalAttack {
  // 단일 공격 대미지 리턴
  int singleAttackDamage() { ... }

  // 2회 공격 대미지 리턴
  int doubleAttackDamage() { ... }
}
```

그리고 직업이 격투가라면, 단일 또는 2회 연속으로 공격할 때 대미지를 추가로 입힌다고 해 봅시다. 그리고 이를 다음과 같이 PhysicalAttack을 상속받아서 구현했다고 합시다.

코드 8.8 격투가의 물리 공격 클래스(상속 버전)

```
class FighterPhysicalAttack extends PhysicalAttack {
  @Override
  int singleAttackDamage() {
    return super.singleAttackDamage() + 20;
  }

  @Override
  int doubleAttackDamage() {
    return super.doubleAttackDamage() + 10;
  }
}
```

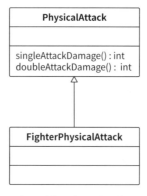

그림 8.6 괜찮은 상속처럼 보이지만?

singleAttackDamage, doubleAttackDamage 메서드를 각각 오버라이드해서 구현한 형태입니다.

처음에는 이러한 로직이 문제없이 동작했습니다. 하지만 어느 날을 기점으로 대미지가 요구 사항에 맞게 동작하지 않는 문제가 발생했습니다. 격투가의 2회 공격 대미지 값이 10만큼 증가해야 하는데, 50이나 증가하는 문제였습니다.

원인을 조사한 결과, 슈퍼 클래스인 PhysicalAttack에 변화가 있음을 발견했습니다. doubleAttackDamage 메서드가 singleAttackDamage 메서드를 2번 실행하도록 바뀐 것입니다.

원래 doubleAttackDamage는 singleAttackDamage를 실행하지 않고, 독자적으로 대미지 값을 계산하는 로직이었습니다. 하지만 singleAttackDamage를 2회 실행하도록 바뀌면서, FighterPhysicalAttack에서 오버라이드한 singleAttackDamage가 2회 호출되게 되었습니다. FighterPhysicalAttack.singleAttackDamage에서 20만큼 더한 로직이 2회 실행되었기 때문에 의도와 다르게 계산된 것입니다. 이처럼 상속 관계에서 서브 클래스는 슈퍼 클래스에 굉장히 크게 의존합니다(슈퍼 클래스 의존).

따라서 서브 클래스는 슈퍼 클래스의 구조를 하나하나 신경 써야 합니다. 슈퍼 클래스의 변화를 놓치는 순간, 이번 물리 공격 예처럼 버그가 만들어질 수 있습니다. 일반적으로 슈퍼 클래스는 서브 클래스를 딱히 신경 쓰지 않고 변경합니다. 그래서 서브 클래스에 문제가 발생하기 쉽습니다.

상속보다 컴포지션

슈퍼 클래스 의존으로 인한 강한 결합을 피하려면, **상속보다 컴포지션**을 사용하는 것이 좋습니다. 컴포지션이란 사용하고 싶은 클래스를 코드 8.9처럼 private 인스턴스 변수로 갖고 사용하는 것을 의미합니다.

코드 8.9 격투가 물리 공격 클래스(컴포지션 사용)

```
class FighterPhysicalAttack {
  private final PhysicalAttack physicalAttack;

  // 생략

  int singleAttackDamage() {
    return physicalAttack.singleAttackDamage() + 20;
  }

  int doubleAttackDamage() {
    return physicalAttack.doubleAttackDamage() + 10;
  }
}
```

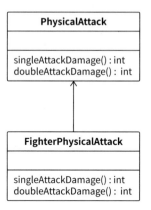

그림 8.7 변경으로 인한 영향이 적은 컴포지션 구조

컴포지션 구조를 사용하면, PhysicalAttack의 로직을 변경해도 FighterPhysical Attack이 영향을 적게 받습니다(그림 8.7).

상속을 사용하는 나쁜 일반화

상속을 사용하면 서브 클래스가 슈퍼 클래스의 로직을 그대로 사용하게 되므로, 슈퍼 클래스가 공통 로직을 두는 장소로 사용됩니다. 상속으로 무리하게 일반화하려고 하면 강한 결합이 발생하기 쉽습니다.

코드 8.5와 8.6의 일반 할인과 여름 할인은 상속을 사용하는 경우, 코드 8.10 ~8.12처럼 구현할 수 있습니다. 하지만 getDiscountedPrice 메서드는 일반 할인과 여름 할인이라는 두 가지 책임을 지게 되므로, 단일 책임 원칙을 위반합니다. 따라서 좋은 구현이라고 말할 수 없습니다.

코드 8.10 슈퍼 클래스를 사용해서 무리하게 일반화하는 경우

```
// 할인을 위한 슈퍼 클래스
abstract class DiscountBase {
  protected int price;    // 원래 가격

  // 할인 가격 리턴
  int getDiscountedPrice() {
    int discountedPrice = price - 3000;
    if (discountedPrice < 0) {
      discountedPrice = 0;
    }
    return discountedPrice;
  }
}
```

코드 8.11 일반 할인(상속 버전)

```
class RegularDiscount extends DiscountBase {
  ...
}
```

코드 8.12 여름 할인(상속 버전)

```
class SummerDiscount extends DiscountBase {
  ...
}
```

여기에서 일반 할인 사양이 '한 제품당 4,000원 할인'으로 변경되면, 로직을 어떻게 변경해야 할까요? 사람에 따라 다를 수 있겠지만, 코드 8.13처럼 Regular Discount에서 getDiscountedPrice를 오버라이드하는 형태로 구현할 것입니다.

코드 8.13 오버라이드 시 사양 변경

```
class RegularDiscount extends DiscountBase {
  @Override
  int getDiscountedPrice() {
    int discountedPrice = price - 4000;
    if (discountedPrice < 0) {
      discountedPrice = 0;
    }
    return discountedPrice;
  }
}
```

현재 DiscountBase.getDiscountedPrice와 RegularDiscount.getDiscounted
Price 로직은 할인 금액(3,000원과 4,000원)을 제외하고는 로직이 같습니다.
따라서 일반화를 목표로 해서, 코드 8.14와 코드 8.15처럼 코드를 (아마도) 개
선하려는 사람이 있을 수도 있습니다.

코드 8.14 금액 할인 이외의 부분을 슈퍼 클래스에서 일반화

```
abstract class DiscountBase {
  // 생략

  int getDiscountedPrice() {
    int discountedPrice = price - discountCharge();
    if (discountedPrice < 0) {
      discountedPrice = 0;
    }
    return discountedPrice;
  }

  // 할인 금액
  protected int discountCharge() {
    return 3000;
  }
}
```

코드 8.15 차이가 있는 금액만 서브 클래스에서 오버라이드

```
class RegularDiscount extends DiscountBase {
  @Override
  protected int discountCharge() {
    return 4000;
  }
}
```

할인 금액만 discountCharge 메서드로 분리하고, RegularDiscount에서 이를 오버라이드하는 형태입니다. 그런데 discountCharge 메서드를 오버라이드하려면 슈퍼 클래스의 getDiscountedPrice가 어떠한 형태의 로직인지 알아야 합니다. 하나의 로직으로 봐야 하는 흐름이 두 클래스에 분산되어 있는 설계는 좋은 설계라고 말할 수 없습니다.

여기에서 추가로 여름 할인의 사양이 '한 제품당 5% 할인'으로 변경된다면 어떻게 될까요? 사람에 따라서는 코드 8.16처럼 SummerDiscount 쪽에서 오버라이드할 수 있습니다.

코드 8.16 슈퍼 클래스의 메서드를 완전히 새로 오버라이드함

```
class SummerDiscount extends DiscountBase {
  @Override
  int getDiscountedPrice() {
    return (int)(price * (1.00 - 0.05));
  }
}
```

물론 이래도 동작은 합니다. 하지만 SummerDiscount와 DiscountBase.discountCharge는 서로 큰 관계가 없습니다. 서브 클래스 중 일부와만 관련된 메서드가 등장하면 여러 가지 문제가 발생할 수 있습니다. 어디부터 어디까지가 관련 있는지 로직을 추적하기가 매우 어려워져, 디버깅과 요구 사항 변경이 매우 힘들어집니다.

더 좋지 않은 코드는 코드 8.17입니다.

코드 8.17 슈퍼 클래스에 상속받는 측(서브 클래스)의 로직을 구현

```
abstract class DiscountBase {
  // 생략

  int getDiscountedPrice() {
    if (this instanceof RegularDiscount) {
      int discountedPrice = price - 4000;
      if (discountedPrice < 0) {
        discountedPrice = 0;
      }
      return discountedPrice;
```

```
  } else if (this instanceof SummerDiscount) {
    return (int)(price * (1.00 - 0.05));
  }
```

슈퍼 클래스에서 일반 할인인지, 여름 할인인지를 instanceof로 판정하고, 할인 금액을 계산하고 있습니다.

상속은 다른 동작을 구현하기 위해 사용하는 것입니다. 상속은 전략 패턴 등으로 조건 분기를 줄일 때 활용할 수 있습니다. 하지만 위의 코드는 instanceof로 서브 클래스의 자료형을 확인하고 분기하고 있어서, 조건 분기를 줄이지 못합니다. 또한 일반 할인과 여름 할인 로직은 RegularDiscount와 SummerDiscount에 캡슐화되어 있어야 합니다. 하지만 슈퍼 클래스에 구현되어 있으므로, 비즈니스 개념이 분산됩니다. 만약 코드를 모르는 다른 담당자가 할인 가격을 디버그하려 한다면, '여름 할인 가격은 어디서 계산하고 있는 거지?', '아니 왜 슈퍼 클래스에서 여름 할인 가격을 계산하고 있지?'라며 놀랄 것입니다.

상속받는 쪽에서 차이가 있는 로직만 구현하는 템플릿 메서드(template method)라는 디자인 패턴도 있습니다. 즉, 잘만 설계하면 상속도 아무 문제 없습니다. 하지만 예로 소개했던 것처럼 상속은 강한 결합과 로직 분산 등 여러 악마를 불러들입니다. 따라서 신중하게 사용해야 합니다.

상속은 반드시 단일 책임 원칙을 염두에 두고 구현하도록 합시다. 그리고 값 객체와 컴포지션 등 다른 설계를 사용할 수는 없는지 반드시 검토해 보기 바랍니다.

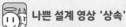

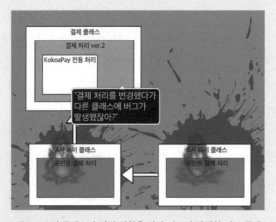

그림 8.8 서브 클래스의 사정 때문에 슈퍼 클래스를 변경하면 안 된다!

그림 8.9 슈퍼 클래스의 변경 영향을 받아 버그가 발생한 서브 클래스

나쁜 설계 영상 '상속'ª은 상속을 잘못 사용했을 때 생길 수 있는 폐해를 그린 작품입니다.

전자 결제 서비스 중에는 결제 시 포인트를 적립해 주는 사양이 있습니다. 이렇게 적립한 포인트는 물건을 구매하는 등 다양하게 활용할 수 있습니다. 동영상에서는 결제 클래스를 상속한 뒤, 결제 클래스의 메서드를 호출해서 포인트 결제를 구현하고 있습니다. 그리고 포인트 외에도 다양한 결제를 같은 식으로 구현합니다.

그런데 슈퍼 클래스의 로직이 변경되어, 의도하지 않게 상속받는 클래스에 버그가 발생합

니다. 또한 슈퍼 클래스에 서브 클래스를 위한 처리를 추가하다 보니, 이것들이 또 버그가 됩니다. 이를 해결하려고 버그를 회피하기 위한 코드를 작성했는데, 이것이 또 다른 버그가 되기도 합니다. 굉장히 혼란스러운 상태가 되어 버립니다.

상속은 강한 결합 구조를 유발하기 쉽습니다. 사용하는 방법에 따라 다를 수 있지만, 슈퍼 클래스와 서브 클래스는 서로의 멤버에 접근하거나 간섭하는 로직을 작성할 수 있습니다. 또한 메서드를 오버라이드해서 서브 클래스에서 슈퍼 클래스의 로직을 완전히 덮어 쓸 수도 있습니다.

복잡한 상속 관계 속에서는 슈퍼 클래스와 서브 클래스의 로직이 어떻게 구현되어 있는지 양쪽 모두에 주의를 기울여야 합니다. 주의를 기울이지 않고 변경하면, 곧바로 버그가 발생할 수 있습니다. 또한 상속을 여러 단계에 걸쳐 받는 경우, 어떤 슈피 클래스의 어떤 로직이 어떤 클래스에서 실행되는지 추적하는 것도 굉장히 힘들어집니다.

변경 시 서로의 내용을 알아야 하는 상속 구조는 피하는 것이 좋습니다. 컴포지션 구조를 활용하면, 서로의 구조를 몰라도 되므로 영향 범위가 적은 클래스 구조를 만들 수 있습니다.

a *https://twitter.com/MinoDriven/status/1353251239237095430*

8.2.2 인스턴스 변수별로 클래스 분할이 가능한 로직

코드 8.18은 온라인 쇼핑몰에서 사용되고 있는 가상의 코드입니다.

코드 8.18 책무가 다른 여러 메서드가 포함된 클래스

```
class Util {
  private int reservationId;        // 상품 예약 ID
  private ViewSettings viewSettings; // 화면 표시 설정
  private MailMagazine mailMagazine; // 메일 매거진

  void cancelReservation() {
    // reservationId를 사용한 예약 취소 처리
  }

  void darkMode() {
    // viewSettings를 사용한 다크 모드 표시 전환 처리
  }
```

```
  void beginSendMail() {
    // mailMagazine을 사용한 메일 전송 처리
  }
}
```

cancelReservation(예약 취소), darkMode(다크 모드로 전환), beginSendMail(메
일 보내기)은 모두 책임이 완전히 다른 메서드입니다. 그런데 이러한 메서드가
모두 Util이라는 클래스 하나에 정의되어 있습니다.

책임이 다른 메서드가 한 클래스 안에 정의되어 있으면, 여러 문제가 발생할
수 있습니다.

그럼 코드에서 '각 메서드가 어떤 인스턴스 변수를 활용하고 있는가'를 살
펴봅시다. cancelReservation 메서드는 인스턴스 변수 reservationId를, dark
Mode 메서드는 인스턴스 변수 viewSettings를, beginSendMail 메서드는 인스턴
스 변수 mailMagazine을 사용하고 있습니다. 메서드와 인스턴스 변수의 의존
관계가 일대일이므로, 메서드끼리는 아무런 관계가 없습니다.

쉽게 이해할 수 있게 Util 클래스의 구조를 그림으로 나타내면, 그림 8.10과
같습니다.

따라서 Util 클래스를 다음과 같은 3개의 클래스로 분리하면, 강한 결합 문
제가 사라집니다(그림 8.11).

코드 8.19 예약 클래스

```
class Reservation {
  private final int reservationId;  // 상품 예약 ID
  // 생략
  void cancel() {
    // reservationId를 사용한 예약 취소 처리
  }
```

코드 8.20 화면 모드 관련 클래스

```
class ViewCustomizing {
  private final ViewSettings viewSettings;  // 화면 모드 설정
  // 생략
  void darkMode() {
    // viewSettings를 사용한 다크 모드 변경 처리
  }
```

코드 8.21 메일 매거진 서비스 클래스

```
class MailMagazineService {
  private final MailMagazine mailMagazine;  // 메일 매거진
  // 생략
  void beginSend() {
    // mailMagazine을 사용한 메일 발송 처리
  }
}
```

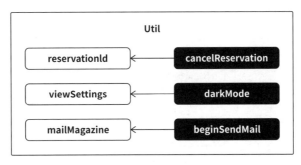

그림 8.10 관련 없는 기능이 한 클래스에 섞여 있는 상태

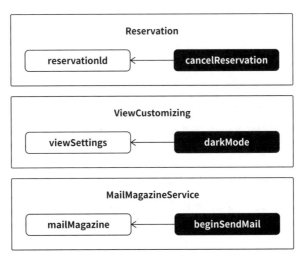

그림 8.11 관련된 것끼리 클래스로 분리하기

Util 클래스의 예에서는 의존 관계가 단순했기 때문에 분리가 어렵지 않았습니다. 하지만 실제 제품 코드에서는 클래스 간 의존 관계가 훨씬 복잡합니다. 클래스를 잘 분리하려면, 각각의 인스턴스 변수와 메서드가 무엇과 관련 있는

지 잘 파악해야 합니다. 관계를 파악할 때는 그림 8.12와 같은 그림을 활용해 보는 것이 좋습니다.

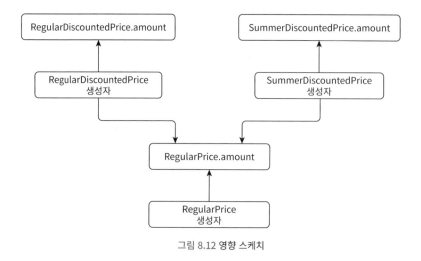

그림 8.12 영향 스케치

이러한 의존 관계 그림을 **영향 스케치**라고 부릅니다(17.1.5절 '레거시 코드 활용 전략' 참고). 영향 스케치는 종이 위에 연필로 그리거나, 도형을 그릴 수 있는 애플리케이션을 활용해도 됩니다. 하지만 복잡한 소스 코드는 이러한 방법만으로는 영향 스케치를 그리기 힘듭니다.

소스 코드를 자동으로 분석해서 영향 스케치를 그려 주는 도구도 있습니다. Jig⁴ 같은 도구가 대표적이니, 활용해 보기 바랍니다.

8.2.3 특별한 이유 없이 public 사용하지 않기

public과 private 같은 접근 수식자를 붙이면, 클래스와 메서드의 가시성을 제어할 수 있습니다. 그런데 특별한 이유 없이 public을 붙이면, 강한 결합 구조가 되어 버립니다.

그럼 패키지와 관련해 발생할 수 있는 문제를 설명하겠습니다. 게임 개발에서는 외부에 드러나지 않는 사양이 존재합니다. 이러한 사양을 '숨겨진 요소'라

---

4 *https://github.com/dddjava/jig*

고 합니다. 숨겨진 요소는 화면으로 표시되지 않지만, 게임 전개에 내부적으로 영향을 줍니다. 멤버 간의 호감도 등이 대표적인 예입니다.

코드 8.22의 HitPointRecovery는 '마법으로 히트포인트를 회복하는 기능'을 캡슐화하는 클래스입니다.

코드 8.22 히트포인트 회복 클래스

```
package rpg.objects;

/** 히트포인트 회복 */
public class HitPointRecovery {
  /**
   * @param chanter          회복 마법 시전자
   * @param targetMemberId    회복 마법을 받는 멤버의 ID
   * @param positiveFeelings  멤버 간의 호감도
   */
  public HitPointRecovery(final Member chanter, final int
      targetMemberId, final PositiveFeelings positiveFeelings) {
    final int basicRecoverAmount = (int)(chanter.magicPower * MAGIC_
        POWER_COEFFICIENT) + (int)(chanter.affection * AFFECTION_
        COEFFICIENT * positiveFeelings.value(chanter.id,
        targetMemberId));
    // 생략
```

생성자에서 회복량을 복잡하게 계산하고 있습니다. 그리고 계산에 코드 8.23 의 PositiveFeelings가 사용되고 있습니다. 이 부분이 멤버들의 호감도가 회복량에 영향을 주는 숨겨진 요소입니다.

참고로 HitPointRecovery와 PositiveFeelings는 rpg.objects 패키지의 클래스입니다.

코드 8.23 호감도를 제어하는 클래스

```
package rpg.objects;

/**
 * 멤버들의 호감도
 * subject가 target에게 가지는 호감도를 확인하거나, 증가/감소시킵니다.
 * subjectId와 targetId는 subject, target과 관련 있는 멤버의 ID를 나타냅니다.
 */
```

```java
public class PositiveFeelings {
  /**
   * @return 호감도
   * @param subjectId 호감도를 확인하고 싶은 멤버의 ID
   * @param targetId 호감 대상 멤버 ID
   */
  public int value(int subjectId, int targetId) { ... }

  /**
   * 호감도 증가시키기
   * @param subjectId 호감도를 증가시키고자 하는 멤버 ID
   * @param targetId 호감 대상 멤버 ID
   */
  public void increase(int subjectId, int targetId) { ... }

  /**
   * 호감도 감소시키기
   * @param subjectId 호감도를 감소시키고자 하는 멤버 ID
   * @param targetId 호감 대상 멤버 ID
   */
  public void decrease(int subjectId, int targetId) { ... }
```

그런데 전투 화면을 제어하는 BattleView 클래스에서 PositiveFeelings를 호출해서, 호감도를 변경하고 있습니다.

코드 8.24 내부에서만 다루고 싶은 클래스를 다른 패키지에서 호출함

```java
package rpg.view;
import rpg.objects;

/** 전투 화면 */
public class BattleView {
  // 생략

  /** 공격 애니메이션 시작 */
  public void startAttackAnimation() {
    // 생략
    positiveFeelings.increase(member1.id, member2.id);
```

PositiveFeelings는 숨겨진 요소로, 내부에서 제어할 목적으로만 사용하고 싶은 클래스입니다. 화면에 표시하고 싶지도 않고, 또한 외부에서 제어하고 싶지도 않습니다.

BattleView는 rpg.view 패키지에 있으므로, PositiveFeelings와는 패키지가 다릅니다. 그런데 PositiveFeelings에 접근할 수 있습니다. 왜 그럴까요? PositiveFeelings가 public으로 선언되어 있기 때문입니다. public으로 선언하면, 다른 패키지에서 접근할 수 있습니다.

이처럼 이유 없이 public으로 만들면, 관계를 맺지 않았으면 하는 클래스끼리도 결합되어, 영향 범위가 확대됩니다. 결과적으로 유지 보수가 어려운 강한 결합 구조가 되고 맙니다.

강한 결합을 피하려면, 접근 수식자로 가시성을 적절하게 제어해야 합니다 (표 8.2).

접근 수식자	설명
public	모든 클래스에서 접근 가능
protected	같은 클래스와 서브 클래스에서 접근 가능
없음	같은 패키지에서만 접근 가능, package private이라고 부름.
private	같은 클래스에서만 접근 가능

표 8.2 자바의 접근 수식자

PositiveFeelings 클래스는 어떤 접근 수식자가 적절할까요? 같은 rpg.objects 패키지의 HitPointRecovery 클래스에서는 접근할 수 있어야 합니다. 반면 다른 패키지에서는 사용하게 하고 싶지 않습니다. 따라서 접근 수식자 '없음'에 해당하는 package private을 적용하는 것이 좋겠습니다.

다양한 프로그래밍 언어와 프레임워크에서 접근 수식자를 생략하도록 허용하고 있습니다. 다른 접근 방식을 지정할 때만 접근 수식자를 명시하는 패턴입니다.[5] 그런데 왜 접근 수식자를 생략한 디폴트 상태(기본 값)가 package private일까요?

이는 패키지들의 불필요한 의존 관계를 피할 때 package private이 적절하기 때문입니다. 패키지는 밀접한 클래스끼리 응집하게 설계합니다. 반면 패키지 바깥의 클래스와는 느슨하게 결합하도록 설계합니다. 즉, 외부에서는 접근

---

5 '설정보다 관례'라고 부르는 패턴입니다.

할 수 없게 하는 것입니다. 그래서 package private이 적절합니다. 그리고 외부에 정말로 공개하고 싶은 클래스만 한정해서 public을 붙입니다. 느슨한 결합을 지향하고자 public을 디폴트로 하지 않았음을 이해할 수 있을 것입니다.

하지만 실제로 부적절하다고 여겨지는 상황에도 public이 많이 사용됩니다.[6] 어째서 public 사용이 당연하게 여겨지는 것일까요? 저는 대부분의 프로그래밍 입문서와 입문자 대상 강의에서 public을 표준으로 사용하기 때문이라고 생각합니다. 입문서는 기본적으로 초보자가 언어를 익히는 것을 우선시하므로, '설계 관점에서 바람직한가'를 고려하지 않는 경우가 있습니다. 관점이 다른 것입니다. 이러한 배경을 모르는 초보자는 public이 가득한 소스 코드를 보면서, 'public을 쓰는 것이 표준이구나'라고 생각하게 됩니다. 그래서 결과적으로 적절하지 않은 곳에서도 public 선언을 사용하게 되었다고 생각합니다.[7]

클래스는 기본적으로 package private으로 만듭니다. 패키지 외부에 공개할 필요가 있는 클래스에 한해서만 public으로 선언합시다.

코드 8.25 package private으로 선언한 PositiveFeelings 클래스

```java
package rpg.objects;

// 접근 수식자를 생략하면
// package private으로 설정됨.
// 패키지 내부에서만 접근 가능함.
class PositiveFeelings {
  int value(final int subjectId, final int targetId) { ... }

  void increase(final int subjectId, final int targetId) { ... }

  void decrease(final int subjectId, final int targetId) { ... }
}
```

---

6 참고로 C#에서 package private에 해당하는 접근 수식자는 internal입니다. C#도 접근 수식자를 생략하면, internal이 적용됩니다. 저는 C#을 오랫동안 사용했습니다. 그런데 제가 관찰한 바로는 internal을 적절하게 사용한 코드를 그렇게 많이 보지 못했습니다. 일반적으로 private 또는 public을 사용하는 경우가 많았습니다. 동료가 구현하는 모습을 보다 보면, 클래스를 만들 때 public을 당연하게 사용하는 경우가 많았습니다.

7 입문 콘텐츠가 나쁘다는 말이 아닙니다. 패키지 설계는 난이도가 높으므로, 문법을 중심으로 설명하면서 설계를 함께 설명하는 것은 몹시 어렵습니다.

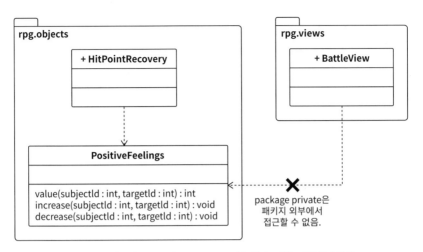

그림 8.13 기본적으로 package private, 이유 없이 public 사용하지 않기

8.2.4 private 메서드가 너무 많다는 것은 책임이 너무 많다는 것

소프트웨어의 기능이 많아질수록 클래스는 점점 커집니다. 규모가 커진 클래스에는 여러 개의 메서드가 정의됩니다.

코드 8.26 주문 서비스 클래스

```
class OrderService {
  // 생략
  private int calcDiscountPrice(int price) {
    // 할인 가격 계산 로직
  }

  private List<Product> getProductBrowsingHistory(int userId) {
    // 최근 본 상품 리스트를 확인하는 로직
  }
}
```

OrderService는 온라인 쇼핑몰에서 주문을 담당하는 클래스입니다.

주문 시 할인을 적용하고 싶은 상황, 최근 본 상품 리스트에서 곧바로 주문하고 싶은 상황 등이 있을 수 있습니다. 이처럼 여러 상황에 대응할 수 있게 코드를 구현하기 위해 calcDiscountPrice와 getProductBrowsingHistory 등을 기존 클래스에 작성하곤 합니다.

그런데 책임의 관점에서 생각해 봅시다. 가격 할인과 최근 본 상품 리스트 확인은 주문과 다른 책임입니다.

이러한 구조는 굉장히 이상해질 수 있습니다. 이를테면 예약을 담당하는 ReservationService 클래스에서 OrderService.calcDiscountPrice를 호출해 할인을 계산하는 것이죠. 이런 이상한 의존 관계를 배제하고자, 다른 클래스에서 호출조차 할 수 없게 private 메서드로 구현할 수도 있을 것입니다.

하지만 제 경험에 따르면 private 메서드가 너무 많이 쓰인 클래스는 하나가 아닌 너무 많은 책임을 갖고 있을 가능성이 높았습니다. 여러 책임 로직이 private 메서드로 구현되어 있는 것입니다.

책임이 다른 메서드는 다른 클래스로 분리하는 것이 좋습니다.[8] 예를 들어 할인 가격은 DiscountPrice 클래스, 최근 본 상품 리스트는 ProductBrowsing History 클래스로 분리합시다.

8.2.5 높은 응집도를 오해해서 생기는 강한 결합

기능이 늘면서 클래스의 규모가 커짐에 따라 발생하는 강한 결합의 예를 하나 더 들겠습니다. 관련이 깊은 데이터와 논리를 한곳에 모은 구조를 응집도가 높은 구조라고 합니다. 그런데 이런 높은 응집도를 잘못 이해해서 강한 결합이 발생하는 경우가 있습니다.

코드 8.27에 있는 판매 가격 클래스, SellingPrice를 봅시다.

코드 8.27 판매 가격 클래스

```
class SellingPrice {
  final int amount;

  SellingPrice(final int amount) {
    if (amount < 0) {
      throw new IllegalArgumentException("가격은 0 이상이어야 합니다.");
    }
    this.amount = amount;
  }
}
```

---

8 private뿐만 아니라, public 메서드도 책임이 다르면 분리해야 합니다.

개발이 진행되면서 코드 8.28처럼 다양한 계산 메서드가 추가되었습니다.

코드 8.28 판매 가격을 사용한 계산 메서드가 추가됨

```
class SellingPrice {
  // 생략

  // 판매 수수료 계산하기
  int calcSellingCommission() {
    return (int)(amount * SELLING_COMMISSION_RATE);
  }

  // 배송비 계산하기
  int calcDeliveryCharge() {
    return DELIVERY_FREE_MIN <= amount ? 0 : 5000;
  }

  // 추가할 쇼핑 포인트 계산하기
  int calcShoppingPoint() {
    return (int)(amount * SHOPPING_POINT_RATE);
  }
}
```

이 메서드는 판매 가격을 사용해서, 판매 수수료와 배송비를 계산하고 있습니다. 응집도에 대해 약간의 지식이 있는 일부 엔지니어는 '판매 수수료와 배송비는 판매 가격과 관련이 깊을 것이다'라고 생각해서, SellingPrice 클래스에 계산 메서드를 추가할 수도 있습니다. 하지만 판매 가격에 판매 가격과 다른 개념이 섞여 있으므로 강한 결합에 해당합니다.

calcShoppingPoint 메서드는 쇼핑 포인트를 다룹니다. 포인트는 분명히 판매 가격과 다른 개념입니다. 마찬가지로 calcDeliveryCharge 메서드는 배송비, calcSellingCommission 메서드는 판매 수수료를 다룹니다. 모두 판매 가격과 다른 개념입니다. 판매 가격 클래스에 쇼핑 포인트와 배송비 등 다른 개념과 관련된 로직이 섞이면, 어디에 어떤 로직이 구현되어 있는지 확인하기 힘듭니다.

응집도가 높다는 개념을 염두에 두고, 관련이 깊다고 생각되는 로직을 한곳에 모으려고 했지만, 결과적으로 강한 결합 구조를 만드는 상황은 매우 자주 일어납니다. 누구라도 빠질 수 있는 함정입니다. 각각의 개념을 분리해야, 느슨한 결합 구조로 만들 수 있습니다. 그렇기 때문에 '결합이 느슨하고 응집도가 높은 설계'라고 한 덩어리로 묶어 이야기하는 경우가 많습니다.

코드 8.29~8.31처럼 각각의 개념을 각각의 클래스에 잘 분할해서 값 객체로 설계하는 것이 좋습니다. 어떤 개념의 값을 사용해서 다른 개념의 값을 구하고 싶을 때는 SellingCommission 클래스의 생성자처럼 계산에 사용할 값(판매 가격 sellingPrice)을 생성자의 매개변수로 전달해서 사용합니다.

코드 8.29 판매 수수료 클래스

```
class SellingCommission {
  private static final float SELLING_COMMISSION_RATE = 0.05f;
  final int amount;

  SellingCommission(final SellingPrice sellingPrice) {
    amount = (int)(sellingPrice.amount * SELLING_COMMISSION_RATE);
  }
}
```

코드 8.30 배송비 클래스

```
class DeliveryCharge {
  private static final int DELIVERY_FREE_MIN = 20000;
  final int amount;

  DeliveryCharge(final SellingPrice sellingPrice) {
    amount = DELIVERY_FREE_MIN <= sellingPrice.amount ? 0 : 5000;
  }
}
```

코드 8.31 쇼핑 포인트 클래스

```
class ShoppingPoint {
  private static final float SHOPPING_POINT_RATE = 0.01f;
  final int value;

  ShoppingPoint(final SellingPrice sellingPrice) {
    value = (int)(sellingPrice.amount * SHOPPING_POINT_RATE);
  }
}
```

응집도를 높이는 설계를 할 때는 다른 개념이 섞여 들어와 강한 결합을 만드는 게 아닌지 항상 주의하기 바랍니다.

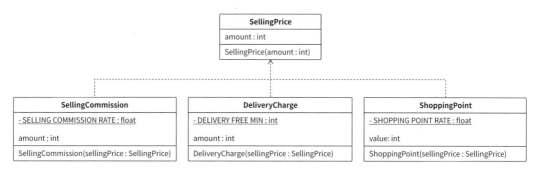

```
                        ┌─────────────────────────────┐
                        │        SellingPrice          │
                        ├─────────────────────────────┤
                        │ amount : int                 │
                        ├─────────────────────────────┤
                        │ SellingPrice(amount : int)   │
                        └─────────────────────────────┘
```

SellingCommission	DeliveryCharge	ShoppingPoint
- SELLING COMMISSION RATE : float	- DELIVERY FREE MIN : int	- SHOPPING POINT RATE : float
amount : int	amount : int	value: int
SellingCommission(sellingPrice : SellingPrice)	DeliveryCharge(sellingPrice : SellingPrice)	ShoppingPoint(sellingPrice : SellingPrice)

그림 8.14 클래스를 잘 분할해서 느슨한 결합 구조로 만든 상태

8.2.6 스마트 UI

화면 표시를 담당하는 클래스 중에서 화면 표시와 직접적인 관련이 없는 책무가 구현되어 있는 클래스를 스마트 UI라고 부릅니다.

예를 들어 개발 초기 단계에는 서비스를 서둘러 런칭하기 위해, 복잡한 금액 계산 로직 등을 프런트 쪽에 구현하기도 합니다. 문제가 되는 부분은 이후에 화면 디자인을 다시 만들고 싶을 때입니다. 기능은 같게 유지하면서, 디자인을 완전히 바꾸려고 한다면 무슨 일이 일어날까요? 복잡한 금액 계산 로직이 프런트 코드에 섞여 있으므로, 디자인을 변경하다 보면 기존의 것이 동작하지 않거나 버그가 발생하기 쉽습니다. 따라서 디자인을 변경할 때, 기존의 기능에 문제가 생기지 않도록 신중하게 변경해야 합니다. 스마트 UI는 화면 표시에 관한 책무와 그렇지 않은 책무가 강하게 결합되어 있기 때문에, 변경하기가 아주 힘듭니다.

이들은 서로 다른 클래스로 분할하는 것이 좋습니다.[9]

8.2.7 거대 데이터 클래스

1.3절에서 다루었던 데이터 클래스가 더욱 커지면, 거대 데이터 클래스가 됩니다. 거대 데이터 클래스는 수많은 인스턴스 변수를 갖습니다.

---

9 책무를 분리하는 편리한 아키텍처로 MVVM 패턴이 있습니다.

코드 8.32 거대 데이터 클래스

```
public class Order {
    public int orderId;                         // 주문 ID
    public int customerId;                      // 주문자 ID
    public List<Product> products;              // 주문 내역
    public ZonedDateTime orderTime;             // 주문 일자
    public OrderState orderState;               // 주문 상태
    public int reservationId;                   // 예약 ID
    public ZonedDateTime reservationDateTime;   // 예약 일자
    public String deliveryDestination;          // 발송지
    // ... 여타 수많은 인스턴스 변수는 생략
```

예를 들어서 온라인 쇼핑몰의 주문 클래스 Order는 발주부터 배송까지 여러 곳에서 참조될 것입니다. 따라서 설계를 고려하지 않고 구현하다 보면, 수많은 데이터가 모일 수 있습니다. 또한, 데이터가 많아지다 보면 클래스를 '데이터를 편리하게 운반하는 역할'로 인식하고 데이터를 계속 추가하기 쉽습니다. 이렇게 되면 데이터 클래스가 점점 더 거대해집니다.

거대 데이터 클래스는 작은 데이터 클래스보다 훨씬 더 많은 악마를 불러들이므로 주의해야 합니다.

온라인 쇼핑몰에는 발주, 예약, 배송 등 다양한 유스케이스가 있습니다. 각각의 유스케이스에서 필요한 데이터만 접근하고 사용할 수 있게 구성하는 것이 좋습니다. 하지만 코드 8.32의 클래스는 예약 유스케이스는 물론이고, 다른 유스케이스에서도 접근하고 사용할 수 있는 구조로 되어 있습니다. 특정 유스케이스와 관련 없는 데이터에 접근하고 그 데이터를 사용하게 되면, 부주의한 변경으로 인해서 버그가 발생할 가능성이 높아집니다.

거대 데이터 클래스는 다양한 데이터를 가지므로, 수많은 유스케이스에서 사용됩니다. 결국 전역 변수와 같은 성질을 띠게 됩니다. 동기화하느라 성능이 저하되는 등 전역 변수와 동일한 유형의 다양한 폐해가 발생합니다(전역 변수와 관련된 폐해는 9.5절 참고).

8.2.8 트랜잭션 스크립트 패턴

코드 8.1의 DiscountManager.add 메서드처럼 메서드 내부에 일련의 처리가 하나하나 길게 작성되어 있는 구조를 **트랜잭션 스크립트 패턴**(Transaction Script pattern)이라고 합니다.[10]

'데이터를 보유하고 있는 클래스(데이터 클래스)'와 '데이터를 처리하는 클래스'를 나누어 구현할 때 자주 발생하는 형태입니다. 이를 남용하면 메서드 하나가 길게는 수백 줄의 거대한 로직을 갖게 됩니다.

그러면 응집도는 낮아지고 결합은 강해지므로 변경하기 매우 어려워집니다.

8.2.9 갓 클래스

트랜잭션 스크립트 패턴에서 한 단계 더 나아가면, 갓 클래스가 됩니다.

갓 클래스(god class)는 하나의 클래스 내부에 수천에서 수만 줄의 로직을 담고 있으며, 수많은 책임을 담당하는 로직이 난잡하게 섞여 있는 클래스입니다.[11]

'신'이라는 이름이 붙었지만, 그 정체는 온갖 악마들의 소굴, 강한 결합의 화신입니다. 갓 클래스는 개발자의 시간을 빼앗고, 개발자를 피폐하게 만드는 무섭고 악마 같은 힘이 있습니다.

일단 어떤 로직과 관련 있는지, 책무를 파악하기가 굉장히 힘듭니다. 또한 기능을 수정하려면, 영향 범위를 파악하기 위해 수천 수만 줄의 로직을 읽어야 합니다.[12]

영향 범위 확인 시 놓치는 부분이 생기기 쉬우므로, 버그가 스며들기도 쉽습니다. 개발이라는 작업이 버그를 수정하고, 또 누락된 부분을 다시 수정하는 과정을 반복하는 단순 노동으로 변질되어 버립니다. 마치 두더지 잡기 게임과 같은 모습입니다. 운 좋게(?) 발견되지 않고 살아남은 버그가 있다면, 릴리스 후에 문제를 일으켜 실질적인 손실을 줍니다.

코드 3.18의 Money 클래스는 생성자에서 잘못된 값을 검출하고, 바로 예외를 발생시키는 구조입니다. 따라서 잘못된 값이 전달되면 바로 알아챌 수 있습니다.

하지만 갓 클래스는 일반적으로 잘못된 값을 검출하는 로직조차 난잡하게

---

10 절차적 프로그래밍이라고도 합니다.
11 갓 클래스를 큰 진흙 덩어리(Big ball of mud)라고 부르기도 합니다.
12 저도 이와 같은 갓 클래스를 여러 번 맞닥뜨린 적이 있습니다. 기능을 수정하기 위해서 관련된 로직을 찾아내는 데 3~4일은 기본이고, 1~2주까지 걸리는 경우도 있었습니다.

작성되어 있는 경우가 많으며, 최악의 상황에는 아예 작성되어 있지 않은 경우도 있습니다. 따라서 잘못된 값 때문에 문제가 생겨도 대체 무엇이 원인인지 추적하기 힘듭니다. 원인을 추적하는 작업만으로도 많은 시간이 걸립니다.

8.2.10 강한 결합 클래스 대처 방법

거대 데이터 클래스, 트랜잭션 스크립트 패턴, 갓 클래스처럼 강한 결합 클래스에 대처하는 방법은 모두 같습니다. 지금까지 설명했던 객체 지향 설계와 단일 책임 원칙에 따라 제대로 설계하는 것입니다.

거대한 강한 결합 클래스는 책임별로 클래스를 분할해야 합니다. 프로그래밍 언어마다 조금씩 차이가 있을 수 있지만, 단일 책임 원칙에 따라 설계된 클래스는 아무리 많아도 200줄 정도, 일반적으로는 100줄 정도입니다.

조기 리턴, 전략 패턴(6.2.7절), 일급 컬렉션(7.3.1절) 등 이 책에서 소개하는 다양한 방법을 활용해 볼 수 있으며, 목적 중심 이름 설계(10장) 방법도 큰 도움이 됩니다.[13]

---

13 《레거시 코드 활용 전략》에서는 갓 클래스에 대처하는 방법을 풍부하게 다루고 있습니다.

9장

설계의 건전성을
해치는 여러 악마

이 장에서는 지금까지 소개한 것 이외의 나쁜 코드를 살펴보고 그 대처 방법을 소개합니다.

9.1 데드 코드

코드 9.1의 addSpecialAbility는 실행되지 않습니다.

코드 9.1 데드 코드

```
if (level > 99) {
  level = 99;
}

// 생략

if (level == 1) {
  // 멤버의 히트포인트와 장비 등을 초기화
  initHitPoint();
  initMagicPoint();
  initEquipments();
}
else if (level == 100) {
  // 레벨 100 보너스로
  // 고유의 특별한 능력을 부여
  addSpecialAbility();
}
```

이처럼 절대로 실행되지 않는 조건 내부에 있는 코드를 **데드 코드**(dead code) 또는 **도달 불가능한 코드**(unreachable code)라고 부릅니다. 이 악마는 겉보기에는 큰 문제를 일으키지 않을 것처럼 보여도 여러 가지 폐해를 가져오기 쉽습니다.

일단 코드의 가독성을 떨어뜨립니다. 코드를 읽는 사람이 데드 코드 주변을 읽을 때마다, 해당 코드가 어떤 조건에서 실행되는지 생각하게 만듭니다. 실제로 실행되는 코드가 아닌데도 왜 실행되지 않는 코드를 남겨 두었는지, 어떤 의도가 있는 것은 아닌지, 읽는 사람을 혼란스럽게 만듭니다.

또한 언젠가 버그가 될 가능성도 있습니다. 지금까지는 실행되지 않던 죽은 코드가 사양 변경에 의해 도달 가능한 코드로 바뀔 수도 있습니다. 마치 좀비처럼 되살아나는 것입니다. 이렇게 되살아난 코드가 사양과 다르다면, 버그가 될 것입니다.

그림 9.1 실행되지 않던 죽은 코드가 살아나서 악영향을 줄 수 있음

데드 코드는 발견하는 즉시 제거하는 것이 좋습니다. 깃허브[1] 같은 서비스로 변경 이력을 관리하면, 코드를 제거했을 때 발생할 수 있는 문제들을 따로 걱정하지 않아도 됩니다.[2] IDE의 정적 분석 도구에는 데드 코드를 식별하는 기능이 있으니, 이를 활용하는 것도 좋습니다. 다양한 서비스와 도구를 적절하게 활용하기 바랍니다.

9.2 YAGNI 원칙

영화를 보다 보면, 과학자 또는 기술자가 자연 재해를 예견하고, 준비해 둔 계획을 실행해 위기를 극복하는 장면이 가끔 나옵니다.

---

1 *https://github.com/*
2 물론 깃허브(깃)가 소스 코드를 관리해 주더라도, 파괴적 명령어를 사용해서 이력을 따로 남기지 않은 코드는 사라질 수 있습니다.

실제 개발을 할 때도 미래를 예측하고, 미리 만들어 두는 경우가 있습니다. 하지만 이렇게 미리 구현한 로직은 실제로 거의 사용되지도 않고, 버그의 원인이 되기도 합니다.

YAGNI라는 소프트웨어 원칙이 있습니다. 'You Aren't Gonna Need It.'의 약자로, 번역하면 '지금 필요 없는 기능을 만들지 말라!'입니다. 실제로 지금 당장 필요한 것들만 만들라는 방침입니다. 그럼 YAGNI 원칙을 지키지 않고, 미리 구현하면 무슨 문제가 발생할까요?

소프트웨어에 대한 요구는 매일매일 변합니다. 사양으로 확정되지 않고 명확하게 언어화되지 않은 요구를 미리 예측하고 구현해도, 이러한 예측은 대부분 맞지 않습니다.

예측에 들어맞지 않는 로직은 데드 코드가 됩니다. 또, 이렇게 만들어진 로직은 일반적으로 복잡합니다. 결국 가독성을 낮추고, 읽는 사람을 혼란스럽게 만듭니다. 그리고 코드에 변경이 있어 데드 코드가 실행되면, 버그가 발생할 가능성이 굉장히 높습니다. 왜냐하면 이렇게 만들어진 로직은 사양에 없기 때문입니다.

예측해서 코드를 미리 작성해 두어도 결국 시간 낭비입니다. 지금 필요한 기능을 최대한 간단한 형태로 만드는 것이 가독성과 유지 보수성을 높입니다. 불필요한 작업을 하지 않을수록, 중요한 작업에 집중할 수 있습니다.

9.3 매직 넘버

설명이 없는 숫자는 개발자를 혼란스럽게 만듭니다. 코드 9.2는 웹툰 서비스에서 사용된다고 가정하고 작성된, 가상의 코드입니다.

코드 9.2 매직 넘버

```
class ComicManager {
  // 생략
  boolean isOk() {
    return 60 <= value;
  }
```

```
void tryConsume() {
  int tmp = value - 60;
  if (tmp < 0) {
    throw new RuntimeException();
  }
  value = tmp;
}
```

60이라는 숫자가 여러 곳에 등장하고 있습니다. 그런데 이 숫자는 무엇일까요? 이 60은 일주일 동안 웹툰을 체험 구독할 때 필요한 포인트입니다. 그리고 isOk 메서드는 체험 구독을 할 수 있는 포인트가 남아 있는지 확인하는 메서드, tryConsume 메서드는 체험 구독을 구매해서 포인트를 실제로 소비하는 메서드입니다. 하지만 이런 설명이 없다면, 60이라는 숫자의 의도를 알기 힘듭니다.

이처럼 로직 내부에 직접 작성되어 있어서, 의미를 알기 힘든 숫자를 **매직 넘버**라고 부릅니다. 매직 넘버는 구현자 본인만 의도를 이해할 수 있습니다. 또한 매직 넘버는 동일한 값이 여러 위치에 등장하여 중복 코드를 만들어 냅니다. 예를 들어 사양이 변경되어 이제 60포인트가 아니라, 50포인트가 필요하다면, 매직 넘버를 쓴 부분을 하나하나 확인하면서 수정해야 합니다. 수정하면서 실수라도 한다면, 곧바로 버그가 될 것입니다.

매직 넘버를 사용하지 않으려면, 상수를 활용하면 됩니다. 코드 9.3은 구독 포인트를 값 객체로 설계한 것입니다. ReadingPoint 클래스 내부를 살펴보면, 체험 구독할 때 소비되는 포인트가 TRIAL_READING_POINT라는 상수로 정의되어 있습니다.

코드 9.3 static final 상수로 숫자의 의미 표현하기

```
/** 만화 구독 포인트 */
class ReadingPoint {
  /** 포인트 최솟값 */
  private static final int MIN = 0;

  /** 체험 구독 소비 포인트 */
  private static final int TRIAL_READING_POINT = 60;

  /** 구독 포인트 값 */
  final int value;
```

```
/*
 * 만화 구독 포인트 ReadingPoint의 생성자
 * @param value 구독 포인트
 */
ReadingPoint(final int value) {
  if (value < MIN) {
    throw new IllegalArgumentException();
  }

  this.value = value;
}

/*
 * 체험 구독할 수 있는지 확인
 * @return 체험 구독 가능한 경우 true
 */
boolean canTryRead() {
  return TRIAL_READING_POINT <= value;
}

/*
 * 체험 구독
 * @return 체험 구독 후의 포인트
 */
ReadingPoint consumeTrial() {
  return new ReadingPoint(value - TRIAL_READING_POINT);
}

/*
 * 구독 포인트 추가하기
 * @param point 추가 포인트
 * @return 추가 후 포인트
 */
ReadingPoint add(final ReadingPoint point) {
  return new ReadingPoint(value + point.value);
}
```

TRIAL_READING_POINT라는 상수를 만들면, 이 값이 구독 포인트로 사용된다는 것을 훨씬 쉽게 이해할 수 있습니다. 이후에 포인트 소비량이 변경되어도, TRIAL_READING_POINT의 값만 수정하면 되므로 실수도 방지할 수 있습니다.

서비스를 바로 동작시켜 보고 싶을 때, 매직 넘버를 사용하기 쉽습니다. 그래도 리포지터리에 커밋할 때는 값을 상수로 변경하고 커밋하기 바랍니다.

9.4 문자열 자료형에 대한 집착

다음 코드는 하나의 String 변수에 여러 값을 쉼표로 구분해서 저장하고 있습니다. 이러한 변수에서 값을 꺼내려면 split 메서드[3] 등을 사용해서, 문자열을 분할한 다음에 꺼내야 합니다.

코드 9.4 하나의 String 변수에 여러 값 저장하기

```
// 레이블 문자열, 표시 색(RGB), 최대 문자 수
String title = "타이틀,255,250,240,64";
```

읽어 들인 CSV 파일에서 데이터를 추출할 때 split 메서드를 사용하는 경우가 있습니다. 하지만 그런 용도가 아닌데, 의미가 다른 여러 개의 값을 하나의 String 변수에 무리하게 넣으면, 의미를 알기 어렵습니다. 또한 split 메서드 등을 활용하므로 로직이 쓸데없이 복잡해집니다. 결국 가독성이 크게 저하됩니다.

이는 5.5.1절에서 설명했던 기본 자료형에 대한 집착처럼 클래스뿐만 아니라 변수마저 추가하지 않으려는 경향 때문에 이런 코드가 생겨납니다.

의미가 다른 값은 각각 다른 변수에 저장하는 것이 좋습니다.

9.5 전역 변수

모든 곳에서 접근할 수 있는 변수를 **전역 변수**라고 부릅니다.

코드 9.5 전역 변수

```
public OrderManager {
  public static int currentOrderId;
}
```

---

3 정규 표현식을 사용해서 특정 문자열로 분할하는 메서드입니다.

자바 언어 사양에는 전역 변수가 없습니다. 하지만 코드 9.5처럼 변수를 pub
lic static으로 선언하면, 모든 곳에서 접근할 수 있습니다. 모든 곳에서 참조
할 수 있고 조작도 할 수 있는 변수이므로, 어떻게 보면 편리한 기능이라고 생
각할 수도 있습니다. 하지만 실제로는 반대입니다.

여러 로직에서 전역 변수를 참조하고 값을 변경하면, 어디에서 어떤 시점에
값을 변경했는지 파악하기 대단히 힘듭니다. 또한 전역 변수를 참조하고 있는
로직을 변경해야 할 때, 해당 변수를 참조하는 다른 로직에서 버그가 발생하는
지도 검토해야 합니다.

또한 동기화가 필요한 경우에도 문제가 발생합니다. 동기화는 제대로 설계
하지 않으면 락을 얻기 위해 대기하는 시간이 길어져서 퍼포먼스를 크게 떨어
뜨립니다. 또한 동기화에 문제가 생기면, 데드락 상태에 빠질 수 있습니다.

참고로 전역으로 선언된 변수만이 전역 변수의 '성질'을 갖는 것은 아닙니다.
8.2.7절에서 설명했던 거대 데이터 클래스도 전역 변수와 같은 '성질'을 띠는
경우가 많습니다. 너무 많은 데이터를 가지고 있으므로, 여러 곳에서 참조하기
때문입니다. 또한, 동기화와 관련해서도 거대 데이터 클래스는 전역 변수보다
훨씬 악질적입니다. 동기화를 하고 싶은 인스턴스 변수가 하나뿐이라고 해도,
해당 인스턴스의 다른 인스턴스 변수까지 모두 잠그므로(lock), 성능상 문제가
큽니다.

설계가 제대로 이루어지지 않은 시스템에서는 거대 데이터 클래스가 아주
쉽게 만들어집니다. **전역 변수를 직접적으로 사용하지 않더라도, 전역 변수와
같은 개념을 알게 모르게 사용하고 있는 것입니다.** 꽤 자주 발생하는 문제이므
로 주의하세요.

9.5.1 영향 범위가 최소화되도록 설계하기

전역 변수(또는 거대한 데이터 클래스)는 영향 범위가 너무 넓습니다. 여러 곳
에서 호출할 수 있는 구조이고, 호출되기 쉬운 구조입니다.

영향 범위가 가능한 한 되도록 좁게 설계해야 합니다. 관계없는 로직에서는
접근할 수 없게 설계하세요. 호출할 수 있는 위치가 적고 국소적일수록 로직을
이해하고 구현하기 쉽습니다.

그래도 전역 변수를 사용하고 싶다면, 정말로 필요한지 꼭 검토해 보기 바랍니다. 전역 변수를 참조하려는 곳이 그렇게까지 많을까요? 전역 변수로 만들기보다는 최대한 한정된 클래스에서만 접근할 수 있는 형태로 설계하기 바랍니다.

9.6 null 문제

코드 9.6은 '캐릭터의 방어력'과 '캐릭터가 장비하고 있는 방어구의 방어력'을 모두 더해, 방어력 합계를 리턴하는 메서드입니다. 방어구는 head, body, arm으로 세 가지이며, 각각 장비를 나타내는 Equipment 클래스의 인스턴스입니다.

코드 9.6 방어구와 방어력을 표현하는 로직 일부

```java
class Member {
  private Equipment head;
  private Equipment body;
  private Equipment arm;
  private int defence;

  // 생략

  // 방어구의 방어력과 캐릭터의 방어력을 합산해서 리턴
  int totalDefence() {
    int total = defence;
    total += head.defence;
    total += body.defence;
    total += arm.defence;
    return total;
  }
}
```

그런데 이 코드를 실행하면, NullPointerException이 발생하는 경우가 있습니다. 코드 9.7에서 확인할 수 있는 것처럼 방어구를 장착하지 않은 상태를 null로 표현하고 있기 때문입니다.

```
class Member {
  // 생략

  // 모든 방어구 장비 해제
  void takeOffAllEquipments() {
    head = null;
    body = null;
    arm = null;
  }
}
```

이와 같은 상태에서 예외가 발생하지 않게 하려면, null인지 반드시 확인해야
합니다.

코드 9.8 null로 만들었으므로, null인지 체크해야 함

```
class Member {
  // 생략
  int totalDefence() {
    int total = defence;

    if (head != null) {
      total += head.defence;
    }
    if (body != null) {
      total += body.defence;
    }
    if (arm != null) {
      total += arm.defence;
    }

    return total;
  }
```

이렇게 하면, `totalDefence` 메서드에서 예외가 발생하지 않습니다. 하지만 다
른 메서드에서 예외가 발생했습니다. 예를 들어서 인스턴스 변수 body가 null
이라면, 코드 9.9에서 예외가 발생합니다.

코드 9.9 다른 위치에서도 null 예외가 발생함

```
// 방어구 출력하기
void showBodyEquipment() {
```

```
  showParam(body.name);
  showParam(body.defence);
  showParam(body.magicDefence);
}
```

예외를 피하려면, 여기에서도 null 체크를 해야 합니다.

코드 9.10 null 체크 관련 로직을 반드시 작성해야 함

```
// 방어구 출력하기
void showBodyEquipment() {
  if (body != null) {
    showParam(body.name);
    showParam(body.defence);
    showParam(body.magicDefence);
  }
}
```

그런데 이렇게만 하면 충분할까요? 이렇게 null이 들어갈 수 있다고 전제하고
로직을 만들면, 모든 곳에서 null 체크를 해야 할 것입니다. 결국 null 체크 코
드가 너무 많아져서 가독성이 떨어질 것이고, 실수로 null 체크를 안 하는 곳이
생기면 곧바로 버그가 될 것입니다.

애초에 null이 대체 뭘까요? 초기화하지 않은 메모리 영역에서 값을 읽으면
문제가 됩니다. 이를 피하기 위해 null이 발명된 것입니다. null은 메모리 접근
과 관련된 문제를 방지하기 위한 최소한의 구조로서, null 자체가 '잘못된 처리'
를 의미합니다.

그런데 방어구를 장비하지 않은 상태를 null로 표현한다든지, 상품명이 설정
되지 않은 상태나 배송지가 입력되지 않은 상태를 null로 표현하는 코드가 많습
니다. '무언가를 갖고 있지 않은 상태'와 '무언가 설정되지 않은 상태'는 그 자체
로 의미가 있는 훌륭한 상태입니다. null은 이러한 상태조차 존재하지 않음을
뜻합니다. null을 이런 형태로 활용하면 큰 손실을 불러일으킬 수 있습니다.[4]

---

4 이처럼 null로 인한 취약성과 시스템 크래시(충돌) 때문에, 10억 달러에 가까운 손해를 야기했다고,
   null을 발명한 토니 호어(Tony Hoare)가 사과한 적이 있습니다.

9.6.1 null을 리턴/전달하지 말기

null 체크를 하지 않으려면, 애초에 null을 다루지 않게 만들어야 합니다. 구체적으로는 다음을 만족하는 설계입니다.

- null을 리턴하지 않는 설계
- null을 전달하지 않는 설계

null을 리턴하지 않는 설계란 메서드에서 null을 리턴하지 않게 작성하는 것을 말합니다. 그리고 null을 전달하지 않는 설계란 메서드에서 null을 변수에 할당하지 않는 것입니다.

방어구의 예에서는 '방어구를 장비하지 않은 상태'를 null로 표현했습니다. null이 아니라, Equipment 자료형의 static final 인스턴스 변수 EMPTY로 만들어 봅시다.

코드 9.11 '장비하지 않음'을 null이 아닌 방법으로 표현하기

```java
class Equipment {
  static final Equipment EMPTY = new Equipment("장비 없음", 0, 0, 0);

  final String name;
  final int price;
  final int defence;
  final int magicDefence;

  Equipment(final String name, final int price, final int defence,
            final int magicDefence) {
    if(name.isEmpty()) {
      throw new IllegalArgumentException("잘못된 이름입니다.");
    }

    this.name = name;
    this.price = price;
    this.defence = defence;
    this.magicDefence = magicDefence;
  }
}
```

방어구를 해제하는 경우도 EMPTY를 할당하게 합니다.

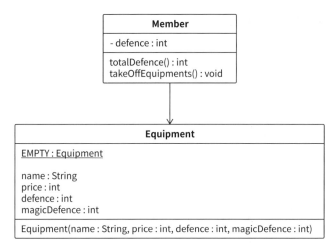

코드 9.12 EMPTY를 활용한 '장비하지 않음' 상태

```
// 모든 장비 해제
void takeOffAllEquipments() {
  head = Equipment.EMPTY;
  body = Equipment.EMPTY;
  arm = Equipment.EMPTY;
}
```

```
             Member
─────────────────────────────
- defence : int
─────────────────────────────
totalDefence() : int
takeOffEquipments() : void
```

```
                     Equipment
────────────────────────────────────────────────────────
EMPTY : Equipment
────────────────────────────────────────────────────────
name : String
price : int
defence : int
magicDefence : int
────────────────────────────────────────────────────────
Equipment(name : String, price : int, defence : int, magicDefence : int)
```

그림 9.2 null을 사용하지 않는 상태 설계

이처럼 '장비하지 않은 상태'를 포함해서 head, body, arm에 항상 인스턴스가 존재하게 만들면, null 예외가 발생할 걱정을 하지 않아도 됩니다. 따라서 null 체크 자체가 필요하지 않습니다.

9.6.2 null 안전

null 안전이란 null에 의한 오류가 아예 발생하지 않게 만드는 구조입니다. 일부 프로그래밍 언어는 프로그래밍 언어 자체가 null 안전 사양을 지원하기도 합니다.

　null 안전을 구현하기 위한 기능으로 **null 안전 자료형**이 있습니다. null 안전 자료형은 null을 아예 저장할 수 없게 만드는 자료형입니다. 코틀린은 기본적으로 모든 자료형에 null 안전 자료형을 사용합니다. null을 할당하는 코드는 컴파일조차 되지 않습니다(코드 9.13).

코드 9.13 코틀린에서는 null을 허용하지 않는 것이 디폴트

```
val name: String = null    // 컴파일 오류
```

null 안전을 지원한다면 적극적으로 사용하는 것이 좋습니다.

9.7 예외를 catch하고서 무시하는 코드

코드 9.14는 온라인 쇼핑몰에서 상품을 예약하는 코드입니다.

코드 9.14 예외를 catch했지만 아무것도 하지 않음

```
try {
  reservations.add(product);
}
catch (Exception e) {
}
```

예약 리스트에 상품을 추가하는 add 메서드는 어떤 원인으로든 문제가 생기면 예외를 던지도록 구현되었습니다. 하지만 코드에서 try-catch로 예외를 catch해 놓고도, 별다른 처리를 하고 있지 않습니다. 이처럼 예외를 무시하는 코드는 굉장히 사악한 로직입니다.

9.7.1 원인 분석을 어렵게 만듦

이러한 코드의 문제는 오류가 나도, 오류를 탐지할 방법이 없어진다는 것입니다.

데이터에 문제가 생기는 등 잘못된 상태에 빠져도, 외부에서는 아무런 문제가 없는 것처럼 보이게 만듭니다. 잘못된 데이터를 이용하다가 또 다른 잘못된 데이터가 만들어질 가능성도 생깁니다.

예외를 무시하면, 잘못된 상태를 곧바로 확인할 수 없고 이후 서비스 사용자에 의해 보고될 가능성이 높아집니다. 현재 예에서는 '예약 리스트에 추가가 안 된다', '예약 리스트에 알 수 없는 상품이 추가된다' 등의 문제가 보고될 것입니다.

이러한 문제가 보고되면, 개발자들이 원인 분석을 시작할 것입니다. 하지만 예외를 catch하고서도 무시하고 있으므로, 어느 시점에 어떤 코드에서 문제가 발생했는지 찾기 힘듭니다. 결국 데이터베이스 레코드, 로그, 관련 코드를 하나하나 확인하면서 원인을 찾아야 할 것입니다. 이는 개발자의 시간과 체력을 상당히 많이 고갈시킵니다.

9.7.2 문제가 발생했다면 소리치기

이러한 상황을 피하려면, 잘못된 상태에 어떠한 관용도 베풀어서는 안 됩니다. 잘못된 상태에서 계속해서 처리를 진행하는 것은 도화선에 불이 붙은 폭탄을 들고 돌아다니는 것과 같습니다. 도화신에 불이 붙었다면 절대 무시해서는 안 되며, 즉시 알아차리고 꺼야 합니다.

예외를 확인했다면 곧바로 통지, 기록하는 것이 좋습니다. 상황에 따라서는 바로 복구합니다.

오류와 관련된 설계는 유스케이스와 리스크에 따라 굉장히 많은 내용을 포함하므로, 이 책에서 자세하게 다루지는 않습니다.

상품 예약 예시에서 catch 구문에서는 최소한 로그로 기록하고, 상위 레이어의 클래스로 오류를 통지하는 것이 좋습니다.

코드 9.15 오류를 확실하게 확인할 수 있음

```java
try {
  reservations.add(product);
}
catch (IllegalArgumentException e) {
  // 오류를 보고하고, 로그에 기록
  reportError(e);
  // 상위 레이어에 오류와 관련된 통지 요구
  requestNotifyError("예약할 수 없는 상품입니다.");
}
```

3.2.1절에서 설명한 가드가 있는 생성자도 잘못된 상태를 막아 주는 설계입니다. 생성자에 잘못된 데이터가 전달되는 즉시 예외를 던지므로 잘못된 인스턴스가 만들어지는 일 자체를 막을 수 있습니다. 문제가 발생하는 즉시 소리쳐서 잘못된 상태를 막는 좋은 구조라고 할 수 있습니다.

9.8 설계 질서를 파괴하는 메타 프로그래밍

프로그램 실행 중에 해당 프로그램 구조 자체를 제어하는 프로그래밍을 메타 프로그래밍이라고 부릅니다. 자바에서 메타 프로그래밍을 활용해 클래스 구조를 읽고 쓸 때는 리플렉션 API[5]를 사용합니다. 이를 통해 일반적인 프로그래밍에서는 접근할 수 없는 부분까지 접근할 수 있습니다. 그래서 프로그래머들은 메타 프로그래밍을 '흑마법'이라고 표현하기도 합니다. 따라서 메타 프로그래밍은 용법과 의도를 제대로 이해하지 못하고 사용했을 때, 전체적인 설계를 무너뜨릴 수도 있는 매우 위험한 기술입니다.

9.8.1 리플렉션으로 인한 클래스 구조와 값 변경 문제

코드 9.16은 게임에서 멤버의 레벨을 나타내는 값 객체입니다.

코드 9.16 멤버 레벨을 나타내는 클래스

```java
class Level {
  private static final int MIN = 1;
  private static final int MAX = 99;
  final int value;

  private Level(final int value) {
    if (value < MIN || MAX < value) {
      throw new IllegalArgumentException();
    }
    this.value = value;
  }

  // 초기 레벨 리턴
  static Level initialize() {
    return new Level(MIN);
  }

  // 레벨 업
  Level increase() {
    if (value < MAX) return new Level(value + 1);
```

---

5 (옮긴이) 프로그램에서 임의의 클래스에 접근할 수 있는 기능입니다. 구체적인 클래스의 타입을 몰라도 클래스의 멤버 이름, 필드 타입, 메서드 시그니처 등을 가져올 수 있습니다.

```
    return this;
  }
  // 생략
```

이 클래스의 인스턴스 변수 value에는 final 수식자가 붙어 있으므로, 이후에 변경할 수 없을 것입니다. 또한 상수 MIN/MAX와 가드를 활용해서, 레벨은 1~99 범위 내에서만 지정할 수 있게 했습니다. 그리고 increase 메서드는 레벨을 1 씩만 증가시킵니다. 전체적으로 어떠한 잘못된 값도 끼어들 곳이 없는 구조입니다.

그런데 코드 9.17과 같은 코드를 실행하면, 이러한 모든 기대가 무너져 버립니다.

코드 9.17 리플렉션을 사용한 값 변경

```
Level level = Level.initialize();
System.out.println("Level : " + level.value);

Field field = Level.class.getDeclaredField("value");
field.setAccessible(true);
field.setInt(level, 999);

System.out.println("Level : " + level.value);
```

코드 9.18 잘못된 값으로 바뀌어 버린 상태

```
Level : 1
Level : 999
```

불변 변수인 value의 값이 바뀌어 버립니다. 게다가 MIN/MAX의 범위를 넘어 999가 되었습니다.

리플렉션을 사용하면 이처럼 final로 지정한 변수의 값도 바꿀 수 있고, private으로 외부에서 접근하지 못하게 만든 변수에도 접근할 수 있습니다. 게다가 MIN/MAX의 값도 바꾸어, 이상 동작을 유발할 수 있습니다.

따라서 리플렉션을 남용하면, 이 책에서 소개하고 있는 '잘못된 상태로부터 클래스를 보호하는 설계'와 '영향 범위를 최대한 좁게 만드는 설계'가 아무런 의미도 갖지 못하게 됩니다. 집을 외부 침입으로부터 안전하게 보호하려 시도는 했지만, 뒷문을 열어 놓은 것과 같습니다.

9.8.2 자료형의 장점을 살리지 못하는 하드 코딩

자바로 대표되는 정적 자료형 언어는 정적 분석으로 정확한 코드 분석이 가능하다는 장점이 있습니다. 하지만 메타 프로그래밍은 이러한 장점조차 무너뜨립니다.

예를 들어서 코드 9.19와 같은 User 클래스가 있다고 해 봅시다.

코드 9.19 User 클래스

```
package customer;

class User {
  // 생략
}
```

클래스의 인스턴스를 만들 때는 일반적으로 new 키워드를 사용합니다. 하지만 리플렉션을 사용하면, 메타 정보를 기반으로 인스턴스를 생성할 수 있습니다.

코드 9.20의 generateInstance 메서드는 패키지 이름과 클래스 이름을 문자열로 전달하면, 해당 클래스의 인스턴스를 생성해서 리턴합니다.

코드 9.20 메타 정보로 인스턴스를 생성하는 메서드

```
/**
 * 클래스 이름을 지정해서 인스턴스 생성하기
 * @param packageName 패키지 이름
 * @param className 인스턴스를 생성할 클래스 이름
 * @return 지정한 클래스의 인스턴스
 */
static Object generateInstance(String packageName, String className)
throws Exception {
  String fillName = packageName + "." + className;
  Class klass = Class.forName(fillName);
  Constructor constructor = klass.getDeclaredConstructor();
  return constructor.newInstance();
}
```

이를 활용하면 코드 9.21처럼 패키지 이름과 클래스 이름을 문자열로 전달해서, User 클래스를 생성할 수 있습니다.

코드 9.21 메타 정보로 User 클래스 인스턴스 생성

```
User user = (User)generateInstance("customer", "User");
```

만약 이렇게 코드를 작성했다고 합시다. 그런데 IntelliJ IDEA와 같은 IDE에는 클래스와 메서드 등의 이름을 한꺼번에 변경해 주는 기능이 있습니다(14.4.1절 참고). 이를 활용해서 User 클래스의 이름을 Employer로 변경했다고 합시다. IDE의 이름 변경 기능은 User를 참조하는 모든 코드를 확인해서, 빠짐 없이 정확하게 변경해 줄 것입니다.

그런데 코드 9.21는 해당하지 않습니다. generateInstance 메서드의 매개변수로 전달된 것이 단순한 문자열이기 때문입니다.

코드 9.22 문자열로 'User'라고 적은 부분은 변경되지 않음

```
Employer user = (Employer)generateInstance("customer", "User");
```

이 코드는 컴파일은 잘 되지만, 실행 시 해당하는 클래스가 존재하지 않으므로 오류가 발생합니다.

IDE의 정적 분석을 사용하면, 어떤 클래스가 어디에서 참조되고 있는지 정확하게 분석할 수 있습니다. 따라서 이름 변경 기능은 이름을 참조하는 모든 곳을 쉽게 일괄 변경할 수 있는 것입니다. 하지만 단순하게 문자열로 하드코딩되어 있는 "User"는 User 자료형이라고 인식하지 않습니다. 따라서 이름 변경 대상에서 제외됩니다.[6]

IDE의 정적 분석 기능은 이름 변경 이외에도 정의한 위치로 점프, 참조하고 있는 위치 전체 검색 등 개발의 효율성과 정확성 향상에 도움을 줍니다. 메타 프로그래밍을 남용하면, 이와 같은 개발 도구의 지원을 받을 수 없게 됩니다.

---

6 참고로 저는 과거에 어떤 프로젝트에서 클래스 이름을 개선하기 위해, IDE의 이름 변경 기능을 활용했던 적이 있었는데 제대로 되지 않았습니다. 본문처럼 리플렉션을 사용해서 인스턴스를 생성하는 코드가 수백 줄 있었기 때문입니다. 어딘가에서 계속 누락이 생겨 오류가 발생했고, 결국 이름 변경을 포기할 수밖에 없었습니다.

9.8.3 단점을 이해하고 용도를 한정해서 사용하기

메타 프로그래밍을 사용하면, 뭔가 특별한 능력을 배운 것만 같아 기분이 좋을 수도 있습니다. 하지만 단점을 이해하지 못하고 사용하면, 유지 보수와 변경이 정말 힘들어집니다. 마치 '흑마법'처럼 사용할 때는 큰 힘을 얻은 것 같지만, 결국 거대한 악을 불러들여 스스로를 파멸하는 것과 같습니다.

메타 프로그래밍을 사용하고 싶다면 시스템 분석 용도로 한정하거나, 아주 작은 범위에서만 활용하는 등 리스크를 최소화해야 합니다.

9.9 기술 중심 패키징

패키지를 구분할 때도 폴더를 적절하게 나누지 않으면, 악마를 불러들일 수 있습니다.

그림 9.3은 온라인 쇼핑몰의 폴더 구성입니다. 이해하기 쉽게 파일 이름을 한국어로 적어 보았습니다. 각 파일은 클래스와 일대일 대응되며, 파일 이름과 클래스 이름이 같다고 생각하세요.

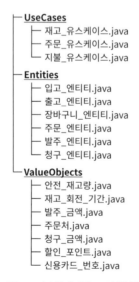

```
┌UseCases
│   ├ 재고_유스케이스.java
│   ├ 주문_유스케이스.java
│   └ 지불_유스케이스.java
├Entities
│   ├ 입고_엔티티.java
│   ├ 출고_엔티티.java
│   ├ 장바구니_엔티티.java
│   ├ 주문_엔티티.java
│   ├ 발주_엔티티.java
│   └ 청구_엔티티.java
└ValueObjects
    ├ 안전_재고량.java
    ├ 재고_회전_기간.java
    ├ 발주_금액.java
    ├ 주문처.java
    ├ 청구_금액.java
    ├ 할인_포인트.java
    └ 신용카드_번호.java
```

그림 9.3 디자인 패턴별로 구분한 폴더

디자인 패턴에는 이전에 다루었던 값 객체 이외에도 유스케이스를 표현한 유스케이스 패턴, 고유성을 책무로 하는 엔티티 패턴 등이 있습니다. 이 폴더 구성은 디자인 패턴에 따라서 분류한 것입니다.

그런데 각각의 파일은 무엇과 밀접한 관계를 갖고 있을까요?

예를 들어서 주문처는 주문 유스케이스와 관련 있을 것입니다. 그럼 발주 금액은 어떨까요? 얼핏 보면 주문과 관련 있어 보이지만, 사실 재고 유스케이스에 사용되고 있다고 해 봅시다. 이름만으로는 이를 구분하기 어려우므로 어느 순간부터 갑자기 발주 금액이 주문 유스케이스에서 사용될 가능성이 있습니다. 이렇게 되면 버그가 발생할 것입니다.

추가로, 안전 재고량과 재고 회전 기간은 재고와 관련해서 사용해야 할 것입니다. 하지만 어떤 사양을 만족시키기 위해, 재고 이외의 용도로 무리하게 안전 재고량을 사용하려 하는 상황이 있을 수 있습니다. 이렇게 되면 원래 용도와 다른 로직들이 섞이면서, 로직이 복잡하고 혼란스러워질 것입니다.

따라서 이와 같은 폴더 구성으로는 여러 문제가 생길 수밖에 없습니다. 그럼 어떠한 관점으로 폴더를 나누는 것이 좋을까요?

현재 파일들을 구분해 보면, 크게 재고, 주문, 결제 용도로 나눌 수 있습니다. 하지만 이를 디자인 패턴에 따라 구분했기 때문에, 어떤 것이 어떤 종류와 관련됐는지 구분하기 힘든 것입니다. 이처럼 구조에 따라 폴더와 패키지를 나누는 것을 **기술 중심 패키징**이라고 부릅니다.

레일스나 장고(Django), 스프링(Spring) 같은 여러 웹 프레임워크에서 MVC 아키텍처를 채택하고 있습니다. MVC는 Model, View, Controller라는 3개의 계층으로 나누어 설계하는 아키텍처 구조입니다.[7] 기본적으로 이와 같은 웹 프레임워크는 폴더 구성을 models, views, controllers로 구분합니다. 이와 같은 형태가 기술 중심 패키징이라고 할 수 있습니다. 프레임워크의 표준적인 구조가 기술 중심 패키징이다 보니, 이에 따라서 폴더 구조를 기술 중심 패키징에 맞게 구성하기 쉽습니다.

---

7 MVC처럼 역할별로 계층(레이어)을 구분하는 아키텍처를 레이어 아키텍처라고 부릅니다. 레이어 아키텍처에는 MVC 이외에도 MVVM 등이 있습니다.

현재 파일들 중에서 장바구니 엔티티, 안전 재고량 등 비즈니스 개념을 나타내는 클래스를 비즈니스 클래스라고 부릅니다. 이러한 비즈니스 클래스를 기술 중심 패키징에 따라 폴더를 구분하면, 관련성을 알기 매우 힘들어집니다. 파일 단위로 묶여 응집도가 낮아집니다.

비즈니스 클래스는 그림 9.4처럼 관련된 비즈니스 개념을 기준으로 폴더를 구분하는 것이 좋습니다.

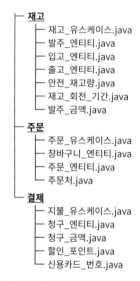

```
┌ 재고
│   ├ 재고_유스케이스.java
│   ├ 발주_엔티티.java
│   ├ 입고_엔티티.java
│   ├ 출고_엔티티.java
│   ├ 안전_재고량.java
│   ├ 재고_회전_기간.java
│   └ 발주_금액.java
├ 주문
│   ├ 주문_유스케이스.java
│   ├ 장바구니_엔티티.java
│   ├ 주문_엔티티.java
│   └ 주문처.java
└ 결제
    ├ 지불_유스케이스.java
    ├ 청구_엔티티.java
    ├ 청구_금액.java
    ├ 할인_포인트.java
    └ 신용카드_번호.java
```

그림 9.4 비즈니스 개념 종류별로 구분한 폴더

이렇게 구성하면 재고 유스케이스에서만 사용되는 안전 재고량 클래스를 package private으로 만들 수 있으며, 주문과 결제 등 관계없는 유스케이스에서 참조할 위험(8.2.3절 참고)을 방지할 수 있습니다.

또한 관련된 개념끼리 모여 있으므로, 예를 들어 결제와 관련된 사양이 달라졌을 때, 결제 폴더 내부의 파일만 읽으면 됩니다. 관련 파일을 이리저리 찾아다니지 않아도 됩니다.

9.10 샘플 코드 복사해서 붙여넣기

프로그래밍 언어와 프레임워크에는 저마다 공식 사이트가 있습니다. 각 사이트에는 언어 사양과 라이브러리 문서가 있으며, 사양과 문서에는 대부분 샘플 코드가 함께 적혀 있습니다. 추가로 기술 커뮤니티 사이트, Q&A 사이트, 엔지니어 개인 블로그 등에서도 설명과 함께 샘플 코드를 제공합니다.

그런데 이때 주의할 것이 있습니다. 샘플 코드를 그대로 복사하고 붙여 넣어 구현하면, 설계 측면에서 좋지 않은 구조가 되기 쉽다는 점입니다.

샘플 코드는 어디까지나 언어의 사양과 라이브러리의 기능을 설명하기 위해 작성된 것입니다. 유지 보수성과 변경 용이성(15.1절)까지 생각해서 작성된 코드가 아닙니다. '샘플 코드가 이렇게 작성되어 있다'라는 이유로 그대로 구현하면, 순식간에 조악한 로직이 만들어져서 악마를 불러들입니다.

샘플 코드는 어디까지나 참고만 하고, 클래스 구조를 잘 설계해서 사용하기 바랍니다.

9.11 은 탄환

새로운 기술과 방법을 익히면, 곧바로 써 보고 싶어집니다. 새로운 기술은 개발 현장의 모든 문제를 해결해 줄 것처럼 매력적으로 보이기도 합니다.

하지만 현실에서 발생하는 여러 문제는 특정 기술 하나로 해결할 수 있을 정도로 단순하지 않습니다. 대부분 매우 복잡하게 얽혀 있는 문제들입니다. 이러한 문제를 해결하기 위해서, 상황을 고려하지 않고 '자신이 알고 있는 편리한 기술'을 활용해 버리면 어떻게 될까요? 문제가 해결되기는커녕 반대로 더 심각해질 수도 있습니다.

소프트웨어 설계에는 《GoF의 디자인 패턴(프로텍미디어, 2015)》이라는 유명한 디자인 패턴 책이 있습니다. 저자는 과거에 GoF 디자인 패턴의 일부가 무리하게 적용되어, 더 이상 기능 확장이 어렵게 된 소스 코드를 본 적이 있습니다. 전임자가 새로 배운 디자인 패턴을 적용해 보고 싶어서 그랬던 것인지 의도는 정확히 모르겠지만, 유지 보수를 담당하게 된 저는 기능 확장을 위해 고군분투하며 재설계했습니다.

서양에서 늑대 인간과 악마는 은으로 만들어진 총알(Silver bullet)로 죽일 수 있다고 알려져 있습니다. 그래서 어떤 문제를 해결하는 비장의 무기, 묘책을 '은 탄환'이라고 부릅니다. 하지만 소프트웨어 개발에는 은 탄환이 없습니다.[8]

이 책에서 설명하는 방법들은 사양 변경이 있을 때, 이를 조금이라도 쉽게 하기 위한 설계를 설명합니다. 따라서 '실험적인 목적으로 개발한 프로토타입' 또는 '사양 변경을 할 필요가 없는 소프트웨어'에 대해서는 큰 효과가 없습니다. 이러한 상황에서 이 책의 설계를 적용한다면, 쓸데없이 설계 비용만 커질 뿐입니다.

중요한 것은 어떤 문제가 있을 때, 어떤 방법이 해당 문제에 효과적인지, 비용이 더 들지는 않는지 평가하고 판단하는 자세입니다. 문제와 목적을 머릿속에 새겨 두고, 적절한 기술을 선택할 수 있도록 노력합시다.

설계에 Best라는 것은 없습니다. 항상 Better를 목표로 할 뿐입니다.

---

8 비슷한 표현으로 '매슬로의 망치(Maslow's hammer)'라는 용어가 있습니다. 가진 것이 망치밖에 없다면, 다른 모든 것을 못으로 취급하게 된다는 확증 편향입니다.
(옮긴이) 1986년 튜링상을 받은 프레더릭 브룩스가 〈은 탄환은 없다(No Silver Bullet - Essence and Accident in Software Engineering)〉라는 논문에 사용한 표현입니다. '한 가지 절대적인 방법으로 모든 것을 해결할 수는 없다'라는 뜻입니다. 이 논문은 《맨먼스 미신(인사이트, 2015)》에도 실려 있습니다.

10장

이름 설계:
구조를 파악할 수
있는 이름

적절한 책무를 생각하고 강한 결합을 방지하려면, 클래스와 메서드에 적절한 이름을 붙여야 합니다. 이름을 대충 붙이다 보면, 책무가 엉켜 강한 결합이 되고, 클래스가 거대해져 갓클래스가 되기도 합니다.

이 장에서는 이름을 대충 붙였을 때 어떤 악마가 태어나는지, 그리고 이러한 악마를 퇴치하려면 이름을 어떻게 붙여야 하는지 등 '이름 설계 방법'에 대해서 살펴보겠습니다.

그림 10.1 '이름을 어떻게 붙이는가'가 중요함

이 장에서 이름을 짓는 기본적인 방법은 **목적 중심 이름 설계**[1]입니다. 이는 소프트웨어가 달성해야 하는 목적을 기반으로 이름을 설계하는 방법입니다.

소프트웨어	목적의 예
온라인 쇼핑몰	캠페인 등으로 고객의 구매 의욕을 환기하고 싶다. 묶음 구매를 장려해서 배송비를 절감하고 싶다.
게임	캐릭터 설정이나 무기 강화 시 사용자 맞춤 콘텐츠를 제공하고 싶다. 여러 전략을 활용해서 대전 콘텐츠를 즐기게 하고 싶다.
사내 라이브러리	특정 부서의 개발 생산성을 높이고 싶다. 여러 제품 라인업을 동일한 방식으로 제어할 수 있게 해서, 개발을 편하게 진행하고 싶다.

표 10.1 소프트웨어로 달성하고 싶은 목적의 예

목적 중심 이름 설계는 이름에서 목적과 의도를 읽고 이해할 수 있게 설계하는 것입니다. 그리고 '설계'라는 단어가 붙어 있으므로, 지금까지 소개했던 객체 지향 설계와 단일 책임 원칙을 지키는 설계처럼 어떤 문제를 해결하기 위한 것입니다.

---

1 목적 중심 이름 설계는 제가 직접 생각해 낸 표현입니다.

참고로 고객 대상 제품 개발에서는 '회사에서 사업적으로 어떤 목적을 달성하고 싶은가'라는 비즈니스 목적이 중요한 역할을 하므로, 이 책에서는 비즈니스 목적을 중심으로 이야기하겠습니다.

10.1 악마를 불러들이는 이름

일단은 이름 설계가 부적절해 악마를 불러들이는 경우를 살펴봅시다. 온라인 쇼핑몰을 예로 들어 보겠습니다. 흔히 볼 수 있는 좋지 않은 이름 설계는 상품을 그대로 '상품 클래스'라고 이름 붙이는 것입니다.

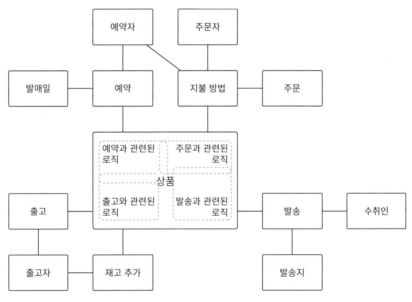

그림 10.2 거대한 상품 클래스

온라인 쇼핑몰은 상품을 중심으로 이루어집니다. 출고, 예약, 주문, 발송 등 상품을 다루는 유스케이스가 많습니다. 따라서 이름을 단순하게 상품 클래스라고 붙이면, 여러 유스케이스와 관계를 맺게 됩니다. 그러면 상품 클래스가 여러 클래스와 관련 있는 로직을 갖게 되고, 점점 거대하고 복잡해질 것입니다. 강한 결합 구조가 되어 버리는 것입니다.

이렇게 거대해진 상품 클래스에 사양 변경이 발생하면 어떻게 될까요? 변경된 부분의 영향을 받아 동작에 버그가 생기지는 않는지, 상품 클래스와 관련된 클래스를 모두 확인해 봐야 합니다. 그런데 영향 범위가 너무 넓어 개발 생산성이 저하될 것입니다.

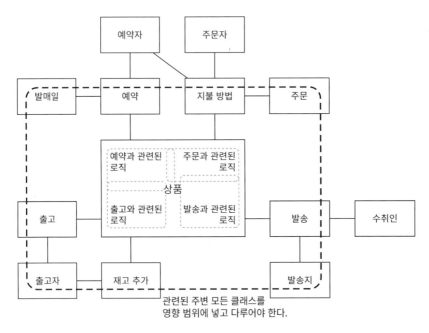

관련된 주변 모든 클래스를
영향 범위에 넣고 다루어야 한다.

그림 10.3 너무 넓은 영향 범위

10.1.1 관심사 분리

상품 클래스가 왜 이렇게 된 것일까요?

그림 10.3을 자세히 살펴보면 상품이 예약, 주문, 발송 등 다양한 관심사에 관한 로직을 갖고 있습니다. 상품 클래스가 다양한 관심사와 결합되어, 온갖 것과 관련된 로직을 품게 되었습니다. 즉, 강한 결합 구조라는 것입니다.

그림 10.4 관심사별로 분리하고 격리하기

강한 결합을 해소하고, 결합이 느슨하고 응집도가 높은 구조로 만들려면 **관심사 분리**(separation of concerns)를 할 수 있어야 합니다. 관심사 분리는 '관심사(유스케이스, 목적, 역할)에 따라서 분리한다'라는 소프트웨어 공학의 개념입니다.

따라서 상품 클래스는 **관심사에 따라서 각각 클래스로 분할**해야 합니다. 다음과 같이 관심사에 따라 클래스를 분할해 봅시다(그림 10.5).

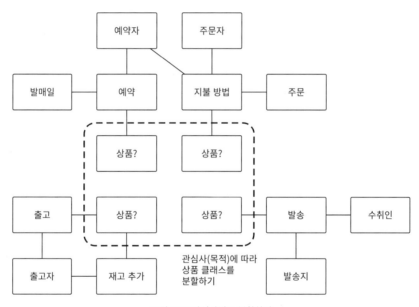

그림 10.5 관심사별로 분할하기

10.1.2 관심사에 맞는 이름 붙이기

그런데 분할 후 모든 클래스에 '상품'이라는 이름을 붙일 수는 없습니다. 이름이 중복되기 때문입니다. 그럼 어떻게 해야 할까요? 다른 이름으로 변경할 수 없는지 검토해 봅시다.

예를 들어 주문 목적의 상품은 어떻게 부를 수 있을까요? '주문 상품'이라고 부르는 것은 어떨까요? 마찬가지로 예약에서는 예약 상품, 발송에서는 발송 상품으로 변경해 봅시다.

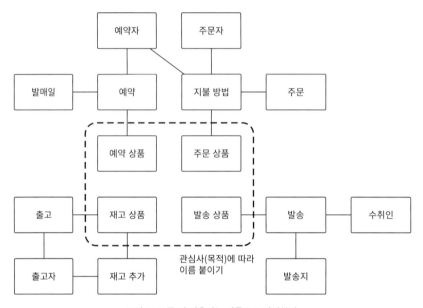

그림 10.6 좀 더 어울리는 이름으로 변경하기

이렇게 관심사에 맞는 이름을 붙일 수 있습니다.

분할 후에는 분할한 클래스 각각에 관심사에 맞는 로직을 캡슐화하면 됩니다. 예를 들어 주문품 클래스라면 상품 주문과 관련된 로직을 내부에 캡슐화하면 됩니다.[2]

이렇게 관심사에 따라 분리하면, 결합도를 낮추고 응집도를 높일 수 있습니다. 관심사별로 클래스의 결합도를 낮추고 응집도를 높이면, 예를 들어 주문과 관련된 사양 변경이 발생했을 때, 주문과 관련된 클래스만 확인하면 될 것입니다. 영향 범위가 줄었으므로, 개발 생산성이 향상될 것입니다.

---

2   재고 상품, 예약 상품, 주문 상품, 발송 상품이 같은 상품인지 확인할 때는 대상의 유일성을 보장할 수 있는 유니크 ID 등을 활용하면 됩니다.

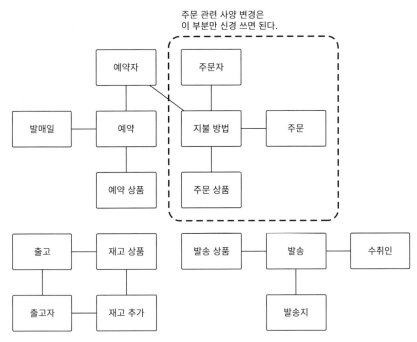

그림 10.7 사양 변경 시 영향 범위가 작아짐

10.1.3 포괄적이고 의미가 불분명한 이름

개발 초기에는 포괄적인 이름을 붙이는 경우가 많습니다. 이름을 이렇게 포괄적으로 붙이면 어떤 문제가 생길까요? 실제 개발에서 다음과 같은 상황을 흔히 마주할 수 있습니다.

> **직원A** "이번 사양 변경으로 (개발하고 있는 온라인 쇼핑몰에) 예약 기능을 추가해야 합니다. 상품 예약 로직을 구현해야 하는데, 어디에 구현해야 할까요?"
>
> **직원B** "상품 클래스가 이미 있잖아요? 상품 클래스에 구현하세요."

'상품'이라는 이름이 너무 포괄적이라, 상품과 관련된 모든 로직을 구현하면 될 것처럼 보입니다. 이렇게 의미가 너무 포괄적인 이름은 내부에 온갖 로직을 구현하게 만듭니다.

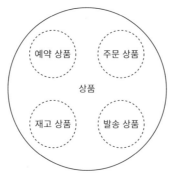

그림 10.8 '상품'은 의미가 너무 포괄적임

'상품'은 판매를 목적으로 하는 굉장히 구체적인 이름처럼 보일 수 있지만 예약, 주문, 발송 등 다양한 목적으로 사용될 수 있는 포괄적인 이름입니다.

저는 이렇게 이름이 너무 포괄적이라서 목적이 불분명한 클래스를 **목적 불명 객체**라고 부릅니다. 목적 불명 객체는 규모가 커지기 쉽습니다.

이러한 상황에 빠지지 않으려면, 관심사 분리를 고려한 이름을 설계해야 합니다. 관심사 분리를 쉽게 하려면, 비즈니스 목적에 따라 이름을 붙여 보면 됩니다.

10.2 이름 설계하기 – 목적 중심 이름 설계

저는 클래스와 메서드에 이름을 붙이는 것을 '명명'이라고 부르지 않고, **이름 설계**라고 부릅니다. 여기에서 설계는 '어떤 문제를 해결하기 위한 구조를 생각하거나 만들어 내는 것'을 의미합니다.

프로그래밍에서 이름은 가독성을 높이는 역할만 하는 게 아닙니다.[3]

관심사 분리를 생각하고, 비즈니스 목적에 맞게 '이름을 붙이는 것'은 결합이 느슨하고 응집도가 높은 구조를 만드는 데 굉장히 중요한 역할을 합니다. 설계에 중요한 역할을 하므로 '이름을 설계한다'라고 할 수 있는 것입니다.

---

3 《읽기 좋은 코드가 좋은 코드다》(17.1.2절)' 책에서는 가독성에 중점을 두고 설명합니다.

목적 중심 이름 설계는 목적에 맞게 이름을 설계하는 것입니다. 소프트웨어로 달성하고 싶은 목적과 의도를 이름만으로도 알 수 있게 하는 것입니다.

중요한 포인트를 정리하겠습니다.

- 최대한 구체적이고, 의미 범위가 좁고, 특화된 이름 선택하기
- 존재가 아니라 목적을 기반으로 하는 이름 생각하기
- 어떤 관심사가 있는지 분석하기
- 소리 내어 이야기해 보기
- 이용 약관 읽어 보기
- 다른 이름으로 대체할 수 없는지 검토하기
- 결합이 느슨하고 응집도가 높은 구조인지 검토하기

순서대로 설명하겠습니다.

10.2.1 최대한 구체적이고, 의미 범위가 좁고, 특화된 이름 선택하기
목적 중심 이름 설계에서 가장 중요한 포인트입니다.

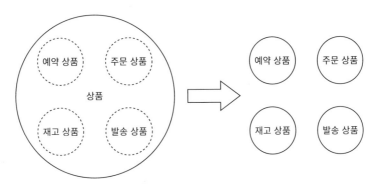

그림 10.9 목적에 특화되고, 의미 범위가 좁은 이름 선택하기

특정한 목적[4]을 달성하는 데 특화된 의미 범위가 좁은 이름을 클래스에 붙입니다. 그리고 고객 대상 제품 개발에서의 목적은 '회사가 사업적으로 어떤 목적을

---

4 여기에서 목적이란 소프트웨어로 달성하고 싶은 목적을 의미합니다(표 10.1).

달성하고 싶은가' 하는 비즈니스 목적이어야 합니다. 비즈니스 목적에 특화하면, 다음과 같은 효과가 생깁니다.

- 이름과 관계없는 로직을 배제하기 쉬워짐
- 클래스가 작아짐
- 관계된 클래스 개수가 적으므로, 결합도(15.5.4절 참고)가 낮아짐
- 관계된 클래스 개수가 적으므로, 사양 변경 시 생각해야 하는 영향 범위가 좁음
- 목적에 특화된 이름을 갖고 있으므로, 어떤 부분을 변경해야 할 때 쉽게 찾을 수 있음
- 개발 생산성이 향상됨

10.2.2 존재가 아니라 목적을 기반으로 하는 이름 생각하기

비즈니스 목적에 특화된 이름이란 어떤 이름일까요? 구체적으로 설명하겠습니다.

일단은 목적에 특화되지 않은 경우를 생각해 봅시다. 예를 들어 '사람'과 '사용자'처럼 단순하게 인물이 존재하기 때문에 붙인 이름은 존재 기반 이름이라고 할 수 있습니다. 이러한 이름을 온라인 쇼핑몰의 로직에 사용하면 어떨까요? 온라인 쇼핑몰의 사용자는 단순한 개인이 아니라 법인일 수도 있습니다. '사용자'가 개인과 법인을 모두 나타낸다면, 로직이 쓸데없이 복잡해질 수 있습니다(이와 관련된 문제는 13장의 모델링 부분을 참고하세요).

단순하게 존재를 나타내는 이름은 의미가 여러 곳에서 사용되기 쉬우며, 목적이 불분명해지기 쉽습니다. 결국 로직 레벨에서 혼란을 줍니다.

따라서 구체적인 목적을 알 수 있게, 목적을 기반으로 이름을 짓는 것이 좋습니다. 예를 들어서 표 10.2처럼 말입니다.

온라인 쇼핑몰에서 주소를 사용하는 목적은 배송 때문일 것입니다. 따라서 단순하게 '주소'라는, 존재 기반의 무미건조한 이름이 아니라, '발송지'와 '배송지'처럼 목적에 특화된 이름을 사용하는 것이 좋습니다.

또한 '금액'도 단순히 존재 기반의 이름이므로, 너무 많은 의미로 사용될 수

존재 기반	목적 기반
주소	발송지, 배송지, 업무지
금액	청구 금액, 소비세액, 연체 보증료, 캠페인 할인 금액
사용자	계정, 개인 프로필, 직무
사용자 이름	계정 이름, 닉네임(별칭), 본명, 법인명
상품	입고 상품, 예약 상품, 주문 상품, 발송 상품

표 10.2 목적 기반으로 생각한 이름의 예

있습니다. '청구 금액', '소비세액', '연체 보증료', '캠페인 할인 금액' 등 목적에
맞는 이름을 사용하는 것이 좋습니다.

'사용자 이름'도 마찬가지입니다. '계정 이름', '닉네임', '본명'처럼 목적에 따
라 사용하는 것이 좋습니다.

10.2.3 어떤 비즈니스 목적이 있는지 분석하기

비즈니스 목적에 특화된 이름을 만들려면, 어떤 비즈니스를 하는지 모두 파악
해야 합니다. 이를 위해서는 소프트웨어가 추구하는 목적과 내용을 분석해야
합니다.

예를 들어 온라인 쇼핑몰에는 판매 제품, 주문, 발송, 캠페인 등이 있습니다.
게임에는 무기, 몬스터, 아이템, 기간 이벤트 등이 있습니다. SNS에는 메시지,
팔로워, 타임라인 등이 있습니다. 소프트웨어에 따라 목적과 내용이 다릅니다.

등장 인물과 관련 내용을 나열해 보고, 관계를 정리하고 분석해 보세요.

팀이 모두 모여서 화이트보드나 종이에 그려가며 진행하면 좋습니다. 포스
트잇을 사용해 관련된 것끼리 묶어 보면, 생각이 정리될 것입니다.

10.2.4 소리 내어 이야기해 보기

사람이 머릿속에서만 생각하는 것은 의외로 굉장히 애매모호합니다.

앞에서 언급한 분석 활동을 기반으로 이름을 많이 작성해 봐도, 익숙해지지
않으면 이름 뒤에 숨어 있는 비즈니스 목적까지 서술하지 못하는 경우가 많습
니다.

이름도 매우 중요하지만, 어떤 목적을 달성하고 싶은지, 어떤 형태로 사용하고 싶은지, 서로 어떤 관련이 있는지 등 배경과 의도도 함께 정리하고, 이를 팀과 소통해서 일치시키는 것이 중요합니다.

목적과 의도를 다르게 인식하면, 이름이 제대로 된 방향성을 갖지 못할 수도 있습니다. 이러한 문제를 해결하려면, 소리를 내서 이야기해 보는 것이 중요합니다.

비즈니스 측면을 잘 이해하고 있는 사람과 이야기해 보세요. 목적과 의도를 잘못 인식하고 있는 부분이 있으면 곧바로 피드백 받을 수 있습니다. 그리고 이야기를 통해서 좀 더 정확하고 구체적인 비즈니스 목적, 목적에 맞는 이름들을 이끌어 낼 수 있을 것입니다. 이야기 자체가 분석 행위가 되는 것입니다.

고무 오리 디버깅[5]이라는 방법이 있습니다. 프로그래밍에서 어떤 문제가 발생했을 때, 문제를 누군가에게 설명하다 보면 스스로 원인을 깨닫고 해결할 수 있다는 방법입니다.

고무 오리 디버깅의 관점에서 보았을 때, 소리를 내서 말하는 행위 자체가 일종의 분석 행위가 되는 것입니다.

적극적으로 이야기하면서, 대화 속에서 사용되는 이름에 주의를 기울여 보세요. 이름과 관심사를 더 수집하고, 자세히 알 수 있게 될 것입니다.

이처럼 이야기하면서 분석하는 활동을 《도메인 주도 설계》(17.1.11절)라는 책에서는 **유비쿼터스 언어**라고 설명합니다. 유비쿼터스 언어란 팀 전체에서 의도를 공유하기 위한 언어입니다. 같은 의도를 갖고 이름을 대화, 문서, 클래스 이름, 메서드 이름에서 활용하면, 설계에서 발생하는 여러 문제를 해결하는 데 도움이 됩니다. 팀에서 유비쿼터스 언어를 사용할 때는 계속해서 대화하고, 계속해서 이름을 다듬어 나가는 것이 중요합니다. 이와 관련된 자세한 내용은 《도메인 주도 설계》를 참고하세요.

---

5 (옮긴이) 어떤 문제가 발생했을 때, 책상 위의 오리 인형에게 문제를 처음부터 차근차근 설명해 보면서 해결하는 방법을 뜻합니다. 《실용주의 프로그래머 20주년 기념판》 'Topic 20 디버깅'에서 자세한 내용을 찾아볼 수 있습니다.

10.2.5 이용 약관 읽어 보기

이용 약관에는 서비스와 관련된 규칙이 굉장히 엄격한 표현으로 작성되어 있습니다. 그래서 이를 활용하면 비즈니스와 관련된 이름을 알 수 있습니다.

다음은 플리마켓 서비스의 이용 약관 일부입니다.

> 구매자가 구매를 완료한 시점에 **매매 계약**이 체결된 것으로 한다.
>
> 매매 계약이 체결되면, **판매자**는 당사에 **서비스 사용료**를 지불해야 한다.
>
> 서비스 사용료는 매매 계약이 체결된 시점의 **상품 판매 가격**에 **판매 수수료율**을 곱한 금액이다.

'구매자', '판매자', '매매 계약' 등 비즈니스 측면에서 명확한 이름들이 여러 가지 나옵니다. 이를 참고하면 사용자를 나타내던 단순한 '사용자' 클래스를 '구매자' 클래스와 '판매자' 클래스 등으로 구분할 수 있을 것입니다.

상품 구매는 '매매 계약' 클래스 또는 '체결' 메서드 등으로 나타낼 수 있을 것 같습니다.

금액을 다루는 경우 단순하게 '요금' 같은 식으로 이름을 붙이기 쉽지만, 이용 약관을 참고해 보면 '서비스 사용료' 클래스와 '판매 수수료율' 클래스 등으로 나타낼 수 있을 것입니다. 예를 들어 '서비스 사용료' 클래스는 코드 10.1처럼 값 객체로 설계해 볼 수 있습니다.

코드 10.1 서비스 사용료 클래스

```java
/** 서비스 사용료 */
class ServiceUsageFee {
  final int amount;

  /**
  * @param amount 요금 금액
  */
  private ServiceUsageFee(final int amount) {
    if (amount < 0) {
      throw new IllegalArgumentException("금액은 0 이상의 값을 지정하세요.");
    }
    this.amount = amount;
  }
```

```
/**
 * 서비스 사용료 확정하기
 *
 * @param salesPrice          판매 가격
 * @param salesCommissionRate 판매 수수료율
 * @return                    서비스 사용료
 */
static ServiceUsageFee determine(final SalesPrice salesPrice,
                                 final SalesCommissionRate
                                 salesCommissionRate) {
  int amount = (int)(salesPrice.amount * salesCommissionRate.value);
  return new ServiceUsageFee(amount);
}
}
```

determine 메서드는 이용 약관에 있던 서비스 사용료 정의와 일치합니다. 이 ServiceUsageFee.determine 메서드를 매매 계약 클래스의 체결 메서드에서 호출하게 구현하면, '매매 계약이 체결되면, 판매자는 당사에 서비스 사용료를 지불해야 한다'라는 규약과 일치하게 됩니다. 이용 약관과 실제 로직에 일관성이 생깁니다.

이외에도 판매 수수료율이 변경되는 경우라면, 판매 수수료율을 나타내는 SalesCommissionRate 클래스에 변경과 관련된 로직을 구현하면 좋을 것입니다.

서비스 사용료가 변경되면, ServiceUsageFee 클래스를 수정하면 되고, 판매 수수료율이 변경되면 SalesCommissionRate 클래스를 수정하면 됩니다.

비즈니스 규칙과 클래스를 일치하게 만들면, 정확하고 빠르게 변경할 수 있습니다.

10.2.6 다른 이름으로 대체할 수 없는지 검토하기

열심히 이름을 정했어도 이름의 의미 범위가 생각보다 넓을 수 있고, 여러 의미가 내포된 이름일 수도 있습니다. 그러니 일단 다른 이름으로 바꿔 보고, 의미를 더 좁게 만들 수는 없는지, 이상한 점은 없는지 검토하는 것이 좋습니다.

예를 들어 호텔 숙박 예약 시스템을 생각해 봅시다.

시스템 사용자 중에는 시스템 관리자도 있으므로, 단순하게 '사용자'라고 부르면 의미 범위가 너무 넓습니다. 따라서 '고객'이라고 이름을 붙여 봅시다. 하지만 이걸로 충분할까요?

그런데 숙박하는 사람과 숙박 요금을 결제하는 사람이 다를 수 있습니다. 예를 들어 출장 때 요금을 회사에서 낼 수도 있고, 부모님을 여행 보내드리면서 자식이 요금을 낼 수도 있습니다.

따라서 단순하게 이름을 '고객'이라고 붙이면, 실제 숙박하는 사람과 요금을 결제하는 사람이 다른 경우 대응하기 힘들 수 있습니다. '고객'에 '숙박하는 사람'과 '결제하는 사람'이라는 의미가 섞여 있기 때문입니다.

이번 예에서는 '투숙객'과 '결제자'로 이름을 변경하면 좋을 것 같습니다.

참고로 다른 이름을 생각할 때는 사전에서 유의어를 확인해 보는 것도 도움이 됩니다.

10.2.7 결합이 느슨하고 응집도가 높은 구조인지 검토하기

목적에 특화된 이름을 선택하면, 목적 이외의 로직을 배제하기 쉬워집니다. 결과적으로 목적과 관련된 로직이 모이므로, 응집도가 높아집니다. 목적 이외의 로직이 섞인다면, 이름을 잘못 붙인 것은 아닌지 검토해 보세요.

또한 다른 클래스 몇 개와 관련되어 있는지 개수를 확인해 보세요. 앞에서 언급했던 상품 클래스처럼 여러 개와 관련되어 있다면, 좋지 않은 징조입니다. 강한 결합 상태일 수 있습니다. 의미가 더 좁은 특화된 이름을 찾아보세요. 여러 의미를 갖고 있다면 분해하세요.[6] 관련된 클래스의 개수가 적으면 적을수록 영향 범위가 줄어듭니다.

---

6 이름을 특화해서 좁게 붙이면, 현실 세계의 물리적 존재와 정보 시스템 안의 모델이 일대일로 대응하지 않고 일대다로 대응하게 됩니다(그림 13.9 참고).

10.3 이름 설계 시 주의 사항

이름 설계 시 주의해야 하는 부분이 여러 가지 있습니다.

10.3.1 이름에 관심 갖기

목적 중심 이름 설계는 '이름에 주의를 기울이고, 이름과 로직을 대응시킨다'라는 접근 방법을 전제로 합니다. 따라서 이름에 관심을 갖지 않으면, 모든 것이 무너집니다.

팀 개발에서는 이름이 중요합니다. 이름과 로직이 대응된다는 전제, 이름이 프로그램 구조를 크게 좌우한다는 사실을 팀원들과 이야기해야 합니다.

10.3.2 사양 변경 시 '의미 범위 변경' 경계하기

개발 중에 계속해서 반복되는 사양 변경에 의해, 개발 맥락에서 말이 의미하는 바가 점점 변화하는 경우가 있습니다. 따라서 이름 설계는 중간중간 다시 검토해 봐야 합니다.

예를 들어 개발 초기에 고객 클래스가 있었고, 이 클래스는 '개인 고객'을 나타내는 것이었다고 합시다. 그런데 이후에 사양이 변경되어 '법인 고객'도 포함하게 되었고, 법인의 등기 번호와 조직 이름 등이 고객 클래스에 추가되게 되었습니다. 고객 클래스 내부에 '개인 고객과 관련된 로직'과 '법인 고객과 관련된 로직'이 섞이게 되면, 클래스가 복잡해질 것입니다.

이처럼 여러 의미가 섞이면, 이름이 의미하는 바를 다시 검토해 봐야 합니다. 그리고 이름을 변경하거나, 클래스를 나누어야 합니다. 예를 들어 개인 고객 클래스와 법인 고객 클래스를 따로 만들도록 설계하는 것입니다.

10.3.3 대화에는 등장하지만 코드에 등장하지 않는 이름 주의하기

대화에는 등장하지만, 코드에 등장하지 않는 이름이 있다면 주의해야 합니다. 예컨대 도서관 책 대여 서비스를 생각해 봅시다. 다음과 같은 대화가 서비스 개발 중에 계속 오고갑니다.

사원A	이전에 이야기했던 '문제가 있는 회원'은 구현했나요?
사원B	네, 이미 구현했습니다.
사원A	어라? 어떤 클래스인가요?
사원B	User 클래스 안에 구현했습니다.
사원A	User 클래스가 '문제가 있는 회원'을 나타내는 건가요?
사원B	아뇨, 인스턴스 변수 '대여 연체 횟수'와 '도서 파손 횟수'가 일정 횟수 이상이면 User 클래스를 '문제가 있는 회원'으로 구분하도록 만들었습니다.
사원A	하지만 소스 코드 어디에도 '문제가 있는 회원'과 관련된 이름이 등장하지 않는 걸요?
사원B	…… 뭐 그건 그렇기는 하지만…….

대화에 자주 등장하는 중요한 개념이 소스 코드에서는 이름조차 붙어 있지 않고, 잡다한 로직에 묻혀 있는 경우가 꽤 많습니다.

위의 대화처럼 이를 구현한 사람에게 직접 묻지 않으면 존재조차 알 수 없고, 존재를 확인해도 로직을 이해하기 힘듭니다. 만약 구현한 사람이 팀을 떠난다면, 문제가 더 커질 것입니다.

또한 이와 같은 '이름 없는 로직'은 소스 코드 이곳저곳에 무분별하게 작성되는 경향이 있습니다. 이름이 없다는 것은 메서드 또는 클래스로 설계되어 있지 않다는 의미입니다. 따라서 단순히 소스 코드 내부에 사양대로 동작하게만 마구잡이로 작성될 것입니다.

이렇게 되면 '문제 있는 회원'과 관련된 사양이 변경됐을 때, 어디서부터 어디까지가 '문제 있는 회원'과 관련된 로직인지 힘을 들여 찾아야 합니다. 소스 코드에 어떠한 이름도 붙어 있지 않으므로, 로직을 찾는 일이 굉장히 힘들 것입니다.

이러한 지옥과도 같은 고통을 피하려면, 대화에서 등장하는 이름을 신경 써야 합니다. 그리고 그 이름을 기반으로 메서드와 클래스를 설계해야 합니다.

10.3.4 수식어를 붙여서 구별해야 하는 경우는 클래스로 만들어 보기

차이를 구분하기 어려운 코드를 '단순하게 수식어를 붙여서 동료에게 설명하는 상황'은 시스템 개발에서 매우 흔하게 볼 수 있습니다.

게임 개발을 예로 설명하겠습니다. 대부분의 RPG 캐릭터는 '최대 히트포인트'라는 속성을 갖습니다. 그리고 '최대 히트포인트'를 높여 주는 장비들이 있습니다. 이번 예에서는 액세서리에 최대 히트포인트 증가 효과가 있다고 가정해 봅시다. 그리고 이를 기반으로 코드 10.2를 구현했습니다.

코드 10.2 액세서리의 최대 히트포인트 증가 효과 적용

```
int maxHitPoint = member.maxHitPoint + accessory.
maxHitPointIncrements();
```

이후 사양이 변경되어, 방어구에도 같은 효과가 추가되었습니다. 그리고 이 구현을 신입 사원이 담당하게 되었습니다. 신입 사원은 이전의 구현을 전혀 모르고, 다른 위치에 코드 10.3처럼 구현했습니다.

코드 10.3 최대 히트포인트 증가 효과 적용

```
maxHitPoint = member.maxHitPoint + armor.maxHitPointIncrements();
```

그런데 코드가 의도대로 동작하지 않습니다. 신입 사원은 회사 선배들과 상담을 했습니다.

신입	Member 클래스의 maxHitPoint가 최대 히트포인트인 거죠?
선배	그렇지.
신입	member.maxHitPoint에 방어구의 최대 히트포인트 증가량을 더하도록 코드를 작성하면, 버그가 발생하는 것 같아요. 액세서리의 최대 히트포인트 증가 효과가 사라집니다.
선배	아⋯⋯ member.maxHitPoint는 아이템(액세서리, 방어구, 회복 아이템 등을 포함)에 의한 증가 효과가 전혀 반영되지 않은 '캐릭터의 원래 최대 히트포인트'야. '장비 착용으로 높아진 최대 히트포인트'는 다른 곳에서 계산하고 있어. 자, 이쪽 로직을 보면 이렇게 계산하고 있지?
신입	아하, 그러니까 제 구현은 이 처리 후에 다시 '캐릭터의 원래 최대 히트포인트'를 기준으로 방어구의 효과를 적용하다 보니 문제가 생긴 것이군요?

원인을 찾은 신입 사원은 코드를 수정해서, 의도대로 동작하는 것을 확인했습니다(코드 10.4).

코드 10.4 최대 히트포인트 증가 관련 코드 수정

```
int maxHitPoint = member.maxHitPoint + accessory.
maxHitPointIncrements() + armor.maxHitPointIncrements();
```

신입 사원은 왜 이런 문제를 겪은 것일까요?

member.maxHitPoint가 최대 히트포인트를 나타내고 있다는 것은 파악했으나 정확히 '어떤' 최대 히트포인트인지 파악하지 못했기 때문입니다. 여기에 대해 선배는 '캐릭터의 원래 최대 히트포인트'와 '장비 착용으로 높아진 최대 히트포인트'처럼 '최대 히트포인트' 앞에 추가 수식어를 붙여서 둘의 차이를 설명하고 있습니다.

그런데 maxHitPoint가 최대 히트포인트를 나타낸다는 것은 이름을 보고 알 수 있지만, 그것이 '캐릭터의 원래 최대 히트포인트'인지 '장비 착용으로 높아진 최대 히트포인트'인지는 이름만 보고 절대 알 수 없습니다.

이처럼 의미가 다르거나 조건에 따라 달라지는 대상을 같은 이름(또는 비슷한 이름)으로 표현하면, 차이를 구별하기 어렵습니다.

결국 동료가 '캐릭터의 원래' 또는 '장비 착용으로 높아진' 같은 수식어를 붙여 설명하는 상황이 계속될 것입니다.

이 예에서는 자세히 알고 있는 사람(선배)이 있어 차이를 곧바로 구분할 수 있었습니다. 하지만 이 사람이 팀에서 빠진다면, 무슨 문제가 있는지 로직을 읽어 나가며 유추해야 합니다. 로직이 복잡하면 복잡할수록 유추가 더 어려워질 것입니다.

이런 상황을 막으려면 의미 차이를 확실하게 알 수 있는 이름을 붙여야 합니다. 이 게임의 예에서는 다음과 같은 이름이 좋을 것입니다.

- 캐릭터의 원래 최대 히트포인트: originalMaxHitPoint
- 장비 착용으로 높아진 최대 히트포인트: correctedMaxHitPoint

단순하게 이름만 바꾼 것 같지만 그렇지 않습니다. 이름을 이렇게 바꾸는 것만으로 '캐릭터의 원래 최대 히트포인트'와 '장비 착용으로 높아진 최대 히트포인트'를 다양한 상황에서 구분해서 사용할 수 있습니다.

그런데 최대 히트포인트를 단순하게 int 자료형으로 구현하면, 의미 차이를 이름으로만 확인해야 할 것입니다. 또한 여러 관련된 구현이 이곳저곳에 퍼져 응집도가 낮은 구조가 될 것입니다.

따라서 수식어를 붙이면서까지 차이를 나타내고 싶은 대상은 각각 클래스로 설계하는 것이 좋습니다. '장비 착용으로 높아진 최대 히트포인트'는 '캐릭터의 원래 최대 히트포인트'와 '장비' 착용으로 결정된다는 관계가 성립됩니다. 이러한 관계를 클래스로 구조화하는 것입니다(그림 10.10).

'캐릭터의 원래 최대 히트포인트'를 값 객체로 다음과 같이 설계합니다.

코드 10.5 '캐릭터의 원래 최대 히트포인트'를 나타내는 클래스

```java
class OriginalMaxHitPoint {
  private static final int MIN = 10;
  private static final int MAX = 999;
  final int value;

  OriginalMaxHitPoint(final int value) {
    if (value < MIN || MAX < value) {
      throw new IllegalArgumentException();
    }
    this.value = value;
  }
}
```

이어서 '장비 착용으로 높아진 최대 히트포인트'도 값 객체로 설계합니다. 생성자의 매개변수로 알 수 있는 것처럼, '캐릭터의 원래 최대 히트포인트'와 '장비'를 기반으로 값을 결정하는 구조입니다.

코드 10.6 '장비 착용으로 높아진 최대 히트포인트'를 나타내는 클래스

```java
class CorrectedMaxHitPoint {
  final int value;

  CorrectedMaxHitPoint(final OriginalMaxHitPoint originalMaxHitPoint,
                       final Accessory accessory,
                       final Armor armor) {
    value = originalMaxHitPoint.value +
            accessory.maxHitPointIncrements() +
```

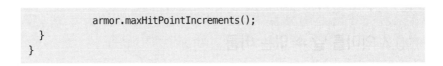

```
        armor.maxHitPointIncrements();
    }
}
```

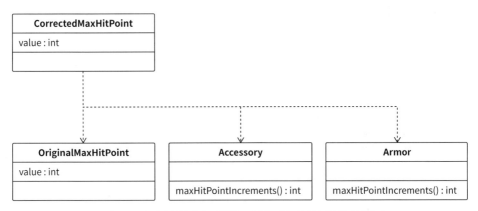

그림 10.10 수식어를 붙여서 구분하는 이름을 서로 다른 클래스로 설계하기

이렇게 의미가 다른 개념들을 서로 다른 클래스로 설계해서 구조화하면, 개념 사이의 관계를 이해하기 쉽습니다. 최대 히트포인트 증가와 관련된 사양이 변경되면, CorrectedMaxHitPoint 클래스를 중심으로 살펴보면 될 것입니다.

헷갈리는 로직을 동료에게 물어볼 때는 동료가 사용하는 수식어에 주의를 기울이기 바랍니다.

- '이 플래그가 true인 User는 문제 있는 회원입니다.'
- '이 줄에 있는 price는 새 제품 가격이고, 다음 줄에 있는 price는 중고 제품 가격입니다.'
- 'Ticket 클래스는 나이가 60세 이상이면 노인 요금이 되고, 추가로 평일일 때는 평일 노인 요금이 됩니다.'

그리고 수식어를 붙여서 차이를 나타낸다면, 각각을 클래스로 설계할 수 없는지 검토해 보기 바랍니다.

10.4 의미를 알 수 없는 이름

지금부터는 이름을 지을 때 자주 부딪히는 나쁜 상황을 소개하고, 해결 방법도 함께 살펴보겠습니다.

일단 의도와 목적을 알 수 없는 이름입니다. 예를 들어서 다음과 같습니다.

코드 10.7 의미를 알 수 없는 tmp 변수들

```
int tmp3 = tmp1 - tmp2;
if (tmp3 < tmp4) {
  tmp3 = tmp4;
}
int tmp5 = tmp3 * tmp6;
return tmp5;
```

이처럼 계산 결과를 임시로 저장하기 위한 지역 변수를 tmp로 만드는 경우가 있습니다.

이름만 보고는 목적이 무엇인지, 의미를 알기 굉장히 힘듭니다. 목적 중심 이름 설계의 관점에서 보았을 때, 관심사 분리에 아무런 도움도 되지 않습니다. 책무를 알 수 없으며, 강한 결합 구조가 되기 쉽습니다.

이해하기 어려우므로 관련된 부분을 수정할 때마다 코드를 해석해야 합니다. 예를 들어 사양 변경 의뢰가 있을 때, 관련된 메서드와 변수가 무엇인지 하나하나 이해해야 합니다. 게다가 새로 들어온 팀원에게 설명하는 비용이 커집니다. 해석 문제를 해결하기 위해, 스프레드시트로 용어집과 일람표를 만들어 둘 수도 있습니다. 하지만 이러한 자료들은 유지 보수가 거의 되지 않습니다. 사양이 변경되어도 자료에 반영되지 않아, 의미가 달라지거나 설명이 누락됩니다. 그리고 해석하는 데 시간이 오래 걸린다는 것은 곧 개발 속도가 느려진다는 의미입니다.

인간의 주의력에는 한계가 있습니다. 사양과 로직을 항상 정확하게 해석할 수는 없습니다. 부주의로 인해 잘못 해석하는 경우가 생길 수 있습니다. 그리고 의미가 분명하지 않은 이름은 이러한 해석 오류를 더 크게 만듭니다. 잘못 이해하고 구현한 로직은 버그를 유발할 수밖에 없습니다.

이번 절에서는 의미가 분명하지 않은 이름이 되기 쉬운 경우들을 정리했습니다.

10.4.1 기술 중심 명명

프로그래머의 머릿속은 항상 프로그래밍과 관련된 생각으로 가득합니다. 그래서 이름도 프로그래밍과 관련된 용어, 컴퓨터와 관련된 용어에서 유래되는 경우가 많습니다. 이와 같은 기술을 기반으로 이름 짓는 방법을 기술 중심 명명이라고 부릅니다.

이 책의 코드 1.1에서는 자료형을 나타내는 Int, 메모리 제어를 나타내는 Memory와 Flag 등 프로그래밍 용어와 컴퓨터 용어에서 따온 이름을 사용했습니다. 예를 들어 MemoryStateManager와 changeIntValue01과 같은 이름이었습니다. 이는 전형적인 기술을 중심으로 이름 짓는 예입니다. 이렇게 이름을 지으면 이름의 의도를 알기 어렵습니다.

표 10.3은 대표적인 컴퓨터 기술 용어, 프로그래밍 기술 용어의 예입니다. 이는 소프트웨어를 구현하는 방법일 뿐, 비즈니스 목적을 나타내는 이름에는 적합하지 않으므로 주의해야 합니다.

종류	예
컴퓨터 기술 유래	memory, cache, thread, register 등
프로그래밍 기술 유래	function, method, class, module 등
자료형 이름 유래	int, str(string), flag(boolean) 등

표 10.3 기술 중심 명명의 예

 기술 중심 명명을 사용해야 하는 분야

임베디드처럼 하드웨어와 가까운 레이어의 미들웨어에서는 메모리와 프로세서 등 하드웨어에 직접 접근하는 로직이 많이 사용됩니다. 이때는 어쩔 수 없이 기술을 중심으로 이름을 짓습니다. 물론 그래도 최대한 목적과 의도를 전달할 수 있게 지어야 합니다.

10.4.2 로직 구조를 나타내는 이름

코드 10.8은 어떤 메서드일까요?

코드 10.8 로직 구조를 나타내는 이름

```
class Magic {
  boolean isMemberHpMoreThanZeroAndIsMemberCanActAndIsMemberMpMoreThan
        MagicCostMp(Member member) {
    if (0 < member.hitPoint) {
      if (member.canAct()) {
        if (costMagicPoint <= member.magicPoint) {
          return true;
        }
      }
    }

    return false;
  }
}
```

이는 게임에서 멤버가 마법을 사용할 수 있는 상태인지 판정하는 로직입니다.

- 히트포인트가 0보다 큰가(생존해 있나)?
- 행동 가능한 상태(canAct)인가?
- 매직포인트가 남아 있는가?

이 세 가지 조건을 만족하는 경우, 마법을 사용할 수 있다고 판정하고 true를 리턴합니다.

그런데 메서드의 이름은 isMemberHpMoreThanZeroAndIsMemberCanAct…로, 로직 구조를 그대로 드러내고 있습니다. 무엇을 의도하는지 메서드 이름만 보고는 알기 힘듭니다. 구현하려는 대상이 무엇을 하려는지 제대로 이해하고 있지 못할 때, 이와 같은 이름을 짓기 쉽습니다.

의도와 목적을 이해하기 쉽게 이름을 붙입시다.

코드 10.9 의도와 목적을 알기 쉽게 이름 개선하기

```
class Magic {
  boolean canEnchant(final Member member) {
    if (member.hitPoint <= 0) return false;
```

```
    if (!member.canAct()) return false;
    if (member.magicPoint < costMagicPoint) return false;

    return true;
  }
```

10.4.3 놀람 최소화 원칙

다음 코드를 실행하면 어떤 일이 일어날까요?

코드 10.10 처음엔 주문 상품 수를 리턴하는 것처럼 보이지만…

```
int count = order.itemCount();
```

주문 상품 수를 리턴하는 것처럼 보입니다. 그럼 itemCount 메서드의 내용을 살펴봅시다.

코드 10.11 메서드 이름으로 유추할 수 없는 동작을 하고 있음

```
class Order {
  private final OrderId id;
  private final Items items;
  private GiftPoint giftPoint;

  int itemCount() {
    int count = items.count();

    // 주문 상품 수가 10 이상일 때, 기프트 포인트를 100만큼 추가
    if (10 <= count) {
      giftPoint = giftPoint.add(new GiftPoint(100));
    }

    return count;
  }
```

놀랍게도 주문 상품 수를 리턴할 뿐만 아니라, 기프트 포인트까지 추가하고 있습니다. 아마 itemCount 메서드를 사용했던 사람은 이런 동작까지 예측하지 못했을 터라, 실제로 하고 있는 일을 깨달으면 놀랄 것입니다.

놀람 최소화 원칙(Principle of least astonishment 또는 Rule of least surprise)이라는 원칙이 있습니다. 사용자가 예상하지 못한 놀라움을 최소화하도록 설계해야 한다는 접근 방법입니다. 이를 위해서는 로직과 이름을 잘 대응시켜야 합니다.

놀람 최소화 원칙에 따르면, itemCount 메서드는 반드시 주문 상품 수만 리턴해야 합니다. 기프트 포인트를 추가해야 하는지 판단하는 메서드는 should AddGiftPoint라는 이름이 붙어야 합니다. 그리고 기프트 포인트 추가를 시도하는 로직은 tryAddGiftPoint라는 이름이 붙어야 합니다. 이렇게 설계해야 사용자가 예상할 수 있을 것입니다.

코드 10.12 로직의 의도와 이름 일치시키기

```java
class Order {
  private final OrderId id;
  private final Items items;
  private GiftPoint giftPoint;

  int itemCount() {
    return items.count();
  }

  boolean shouldAddGiftPoint() {
    return 10 <= itemCount();
  }

  void tryAddGiftPoint() {
    if (shouldAddGiftPoint()) {
      giftPoint = giftPoint.add(new GiftPoint(100));
    }
  }
}
```

처음에는 로직과 의도가 일치하게끔 구현했다고 해도, 사양을 변경하면서 별 생각 없이 기존 메서드에 로직을 추가하는 경우가 있습니다. 이렇게 되면 이름과 로직 사이에 점차 괴리가 생기면서, 놀람 최소화 원칙을 위반할 것입니다. 이는 메서드 레벨에서뿐만 아니라, 클래스 레벨에서도 발생할 수 있는 문제입니다. 굉장히 흔한 일이므로 주의해야 합니다.

로직을 변경할 때는 항상 놀람 최소화 원칙을 신경 써야 합니다. 로직과 이

름 사이에 괴리가 있다면 이름을 수정하거나, 메서드와 클래스를 의도에 맞게
따로 만드세요.

10.5 구조에 악영향을 미치는 이름

이름이 클래스 구조에 큰 악영향을 미칠 수도 있습니다.

10.5.1 데이터 클래스처럼 보이는 이름

ProductInfo는 상품 정보를 저장하는 클래스입니다. 구조를 보면 알 수 있듯이
데이터 클래스입니다.

코드 10.13 상품 정보 클래스

```
class ProductInfo {
  int id;
  String name;
  int price;
  String productCode;
}
```

~Info와 ~Data 같은 이름의 클래스는 읽는 사람에게 '데이터만 갖는 클래스니
까, 로직을 구현하면 안 되는구나'라는 이미지를 심어 줄 수 있습니다. 이렇게
되면 1.3절에서 설명한 것처럼 응집도가 낮은 구조가 되기 쉽습니다.

~Info와 ~Data처럼 데이터만 갖는다는 인상을 주는 이름은 피하는 것이 좋습
니다. ProductInfo는 Product로 개선하는 것이 좋습니다. 그리고 객체 지향 설
계에 따라서 인스턴스 변수와 관련이 깊은 로직들을 Product에 캡슐화해야 합
니다.

DTO(Data Transfer Object)

예외적으로 데이터 클래스를 사용하는 경우가 있습니다.

변경 책무와 참조 책무를 모듈로 분리하는 명령 쿼리 역할 분리(명령 쿼리 책무

분리, Command and Query Responsibility Segregation, 이하 CQRS)라고 불리는 아키텍처 패턴이 있습니다. CQRS에서 참조 책무란 데이터베이스에서 값을 추출하는 처리로서, 오직 화면 출력만 하면 됩니다. 단순히 값을 추출해서 출력하면 되므로, 계산과 데이터 변경을 동반하지 않습니다. 그래서 데이터베이스의 값을 저장하고, 출력하는 쪽에 전송하기만 하는 클래스를 설계하게 됩니다.

코드 10.14 DTO의 예

```java
class ProductDto {
  final String name;
  final int price;
  final String productCode;

  ProductDto(final String name, final int price,
             final String productCode) {
    this.name = name;
    this.price = price;
    this.productCode = productCode;
  }
}
```

이는 DTO(Data Transfer Object)라고 해서, 데이터 전송 용도로 사용되는 디자인 패턴입니다. 값 변경이 필요 없으므로, 인스턴스 변수는 final로 선언하고 생성자에서는 값만 지정합니다. 참조 용도로만 사용되어야 하므로, 값을 변경하는 용도로 사용하면 안 됩니다. 만약 변경 용도로 사용하면 응집도가 낮은 구조가 됩니다.

'데이터 클래스를 절대 사용해서는 안 된다'는 것이 아닙니다. 의도를 이해하고, 상황에 맞게 사용해야 한다는 것입니다.

10.5.2 클래스를 거대하게 만드는 이름

클래스를 점점 더 거대하고 복잡하게 만드는 이름이 있습니다.

대표적인 이름으로는 Manager가 있습니다. 게임을 개발하는 상황을 가정하겠습니다.

개발 초기에 파티 멤버를 일괄 관리하는 MemberManager 클래스를 만들었습니다(코드 10.15). MemberManager의 메서드를 사용하면, 멤버의 속성을 추출하거나 변경할 수 있었습니다. '관리'라는 이름에 맞게, 멤버와 관련된 모든 데이터는 MemberManager가 갖도록 구현했습니다.

코드 10.15 멤버를 관리하는 클래스

```
class MemberManager {
  // 멤버의 히트포인트 추출하기
  int getHitPoint(int memberId) { ... }

  // 멤버의 매직포인트 추출하기
  int getMagicPoint(int memberId) { ... }
```

개발이 진행되면서, 보행 애니메이션을 구현하는 단계가 되었습니다. Member Manager는 멤버와 관련된 모든 데이터를 갖고 있습니다. 당연히 애니메이션에 필요한 이미지 파일 이름과 패턴 데이터도 포함해야 한다고 생각했습니다. 그래서 보행 애니메이션과 관련된 메서드도 MemberManager에 구현했습니다.

코드 10.16 보행 애니메이션 처리 추가

```
class MemberManager {
  // 생략

  // 멤버 보행 애니메이션 시작하기
  void startWalkAnimation(int memberId) { ... }
```

스프레드시트로 멤버의 속성을 확인할 수 있게, 모든 속성을 CSV 형식으로 내보내는 메서드도 추가했습니다.

코드 10.17 CSV 형식으로 내보내는 처리 추가

```
class MemberManager {
  // 생략

  // 멤버의 능력치를 CSV 형식으로 내보내기
  void exportParamsToCsv() { ... }
```

추가로 다음과 같은 기능도 구현했습니다.

- 특정한 적의 생존 여부에 따라, 멤버가 더 강해지거나 약해지는 기능
- 멤버가 특정 공격을 수행하면 BGM이 변하는 기능

빠르게 대응할 수 있게, MemberManager에 적의 생존을 확인하는 enemyIsAlive 메서드와 BGM을 재생하는 playBgm 메서드도 추가했습니다.

이렇게 다양한 기능을 추가하니 MemberManager 클래스는 코드 10.18처럼 되었습니다.

코드 10.18 거대해진 MemberManager 클래스

```
// 멤버를 관리하는 클래스
class MemberManager {
  // 멤버의 히트포인트 추출하기
  int getHitPoint(int memberId) { ... }

  // 멤버의 매직포인트 추출하기
  int getMagicPoint(int memberId) { ... }

  // 멤버 보행 애니메이션 시작하기
  void startWalkAnimation(int memberId) { ... }

  // 멤버의 능력치를 CSV 형식으로 내보내기
  void exportParamsToCsv() { ... }

  // 적이 생존해 있는지 확인하기
  boolean enemyIsAlive(int enemyId) { ... }

  // BGM 재생하기
  void playBgm(String bgmName) { ... }
```

단일 책임 원칙의 관점에서 이 클래스의 메서드가 가진 책무를 살펴봅시다. getHitPoint는 히트포인트와 관련된 책무, startWalkAnimation은 애니메이션 출력과 관련된 책무입니다. exportMemberParamsToCsv는 멤버와 관련된 책무처럼 보입니다. 하지만 관심사가 파일 출력이므로, 이것도 다른 책무라고 할 수 있습니다. enemyIsAlive와 playBgm은 멤버와 전혀 관련 없는 책무입니다. 즉 MemberManager는 너무 많은 책무를 떠안아서 단일 책임 원칙을 위반하고 있습니다.

실제 개발에서도 Manager라는 이름의 클래스는 여러 책무를 떠안기 쉽습니다. 이러한 이름의 클래스는 규모가 순식간에 수천 줄까지 늘어납니다. 갓 클래스가 되는 것입니다.

이러한 모든 문제의 원인은 Manager, 즉 '관리'라는 단어가 가진 의미가 너무 넓고 애매하기 때문입니다. '관리'란 대체 무엇을 하는 것일까요? 히트포인트 제어? 아니면 애니메이션 제어? 관리라는 이름이 붙으면 모든 일을 할 수 있을 것처럼 보입니다.

멤버의 사양이 변경되었을 때, 무의식적으로 '일단 MemberManager에 로직을 추가하면 된다'고 생각하기 쉽습니다. 단순하게 '관련이 있으니까 거기에 두었다'는 것입니다. 결국 여러 책무를 가진 로직이 모이고, 질서 없는 상태에 빠집니다.[7]

Manager는 의미가 너무 넓습니다. 따라서 의미가 좁은 개념을 찾아보는 것이 좋습니다. Manager 안에 어떤 의미가 포함되어 있는지 차근차근 뜯어보기 바랍니다.

현재 MemberManager 클래스에는 히트포인트, 매직포인트, 애니메이션, CSV, 적(또는 생존 상태), BGM 등의 개념이 포함되어 있습니다. 개념을 하나하나 분석해서, 한 가지만 책임지는 클래스가 되도록 설계합니다. 예를 들어 히트포인트와 관련된 책임은 HitPoint 클래스, 보행 애니메이션과 관련된 책임은 WalkAnimation 클래스가 지도록 설계합니다.

Manager와 마찬가지로 Processor와 Controller 같은 이름도 주의해야 합니다. 이러한 이름은 의미가 넓게 해석되어 클래스를 거대하게 만들 수 있습니다. Controller는 웹 프레임워크의 MVC 구조에 등장하는 패턴이기도 합니다. MVC에서 Controller는 전달받은 요청 매개변수를 다른 클래스에 전달하는 책무만 가져야 합니다. 여기에 금액을 계산하거나, 예약 여부를 판단하는 등의 분기 로직을 구현한다면 단일 책임 원칙을 위반하는 것입니다. 책무가 다른 로직은 다른 클래스로 정의하세요.

---

7 이 책의 소스 코드에는 DiscountManager와 OrderManager처럼 Manager가 붙은 클래스가 꽤 많이 등장합니다. 하지만 이는 사실 좋지 않은 이름입니다. .

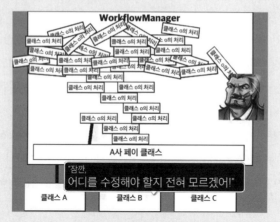

그림 10.11 어디를 수정해야 하는지 알 수 없는 상황

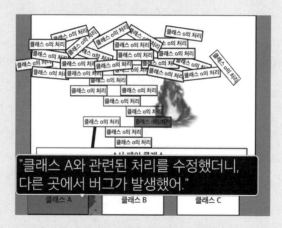

그림 10.12 수정 영향이 퍼져서 버그가 만들어짐

나쁜 설계 영상 'Manager 클래스ª'는 Manager라는 이름의 클래스 때문에 생기는 문제를 다루는 작품입니다.

영상에서는 WorkflowManager라는 이름의 클래스에 온갖 처리가 구현되어 있습니다.

그런데 이후 사양 변경 요청이 와서 수정하려는데, WorkflowManager가 너무 복잡하고 커서 어디를 수정해야 하는지 알 수 없는 상황이 옵니다. 어떻게든 수정을 했지만, 수정한 것이 다른 곳에 영향을 미쳐 버그가 발생하고…… 어느 곳을 수정해도 또 다른 어딘가에서 버그가 계속해서 발생하는 비극을 그리고 있습니다.

WorkflowManager라는 이름을 그대로 해석하면 '작업 흐름 관리자'입니다. 프로그램 자체가 작업 흐름의 덩어리인데, '관리자'라는 이름까지 붙었습니다. 따라서 '여기에 모든 것을 구현해도 괜찮지 않을까?'라는 생각이 들게 만듭니다.[b]

이러한 문제의 원인은 단순하게도 Manager라는 이름의 의미 범위가 너무 넓기 때문입니다. Manager라는 이름은 모든 처리를 구현해도 될 것 같은 착각을 일으킵니다.

클래스의 멤버는 클래스의 인스턴스 변수든 메서드든 모두에 접근할 수 있습니다. 그래서 하나의 클래스에 온갖 처리가 구현되어 버리면, 어떤 멤버가 어떤 멤버와 관련되어 있는지 읽고 이해하기 어렵습니다. 클래스 내부의 모든 것이 전역 변수 같은 성질을 갖게 되는 것입니다. 그래서 '어디를 수정해야 할지' 알 수 없게 만들고, 영향 범위를 분석하기 어려워서 클래스를 이해하는 데만도 많은 시간을 소비하게 합니다.

해결책은 역시 목적 단위로 클래스를 나누고, 구체적이면서 의미 범위가 좁고 목적이 분명한 이름을 붙이는 것입니다. 참고로 15.5.5절의 매지컬 넘버 4의 내용을 활용해서 서로 관련된 개념의 수를 확인해 보면, 영향 범위가 충분히 좁은 수준인지 검토해 볼 수 있습니다.

처음부터 꼼꼼히 설계했다면, 영상에 있는 비극적인 상황은 벌어지지 않았을지도 모릅니다.

a https://twitter.com/MinoDriven/status/1157554468201746432
b 참고로 WorkflowManager는 제가 과거에 목격한 수천 줄 규모의 클래스를 모델로 했습니다. 실제로 존재하는 것입니다. 꽤 무섭죠.

10.5.3 상황에 따라 의미가 달라질 수 있는 이름

용어는 상황에 따라 의미가 달라집니다.

예를 들어서 'Account'는 금융 업계에서는 '계좌'를 의미합니다. 반면 컴퓨터 보안에서는 '로그인 권한'을 의미합니다. 상황에 따라 의미가 달라지는 것입니다.

그래도 'Account'는 이해하기 쉬운 편입니다. 목적과 상황에 따라서 개념이 아예 달라질 수도 있습니다. 예를 들어, 자동차를 다루는 서비스를 생각해 봅시다. 상황(컨텍스트)이 달라지면, 자동차와 관련된 개념이 서로 반대가 될 수도 있습니다.

- 배송 컨텍스트: 자동차가 화물로 배송되는 컨텍스트라고 해 봅시다. 자동차는 발송지, 배송지, 배송 경로 등과 관련 있습니다.
- 판매 컨텍스트: 딜러에 의해서 고객에게 판매되는 컨텍스트라고 해 봅시다. 자동차는 판매 가격, 판매 옵션 등과 관련 있습니다.

컨텍스트의 차이를 생각하지 않고 클래스를 설계하면, 그림 10.13처럼 됩니다.

그림 10.13 컨텍스트의 차이를 생각하지 않고 구현한 Car 클래스

컨텍스트가 다른데도 하나의 Car 클래스에 모든 것을 구현하면, Car 클래스가 여러 컨텍스트의 로직을 갖게 됩니다. 클래스가 거대해지고 개발자가 이해하기 어렵게 됩니다. 예를 들어 배송과 관련된 기능을 변경했을 때, 배송과 전혀 관련이 없는 판매 관련 로직을 실수로 변경하지는 않았는지 확인해야 합니다. 또한 배송 관련 로직 변경이 판매 관련 로직에 영향을 주지 않았는지 신경 써야 합니다. 서로 다른 컨텍스트들이 강하게 결합되어 있는 것입니다.

컨텍스트가 다르다면, 분리해서 느슨한 결합으로 설계하는 것이 좋습니다 (그림 10-14).

각 컨텍스트는 서로 다른 패키지로 선언합니다. 그리고 각 패키지에 Car 클래스를 만듭니다. 이어서 배송과 구매 각각에 등장하는 개념을 클래스로 만들고, Car 클래스와 연결합니다.

이처럼 느슨하게 결합하면, 한쪽을 변경해도 다른 쪽에는 영향을 주지 않습니다. 따라서 배송과 판매가 서로 관여하지 않게 됩니다.

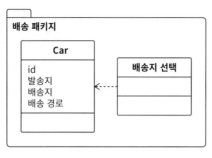

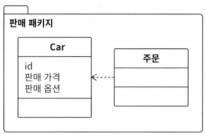

그림 10.14 컨텍스트마다 따로 설계한 Car 클래스

어떤 컨텍스트가 둘러싸고 있는지 분석하세요. 그리고 컨텍스트별로 경계 지어 보세요. 이를 기반으로 각 컨텍스트별로 클래스를 설계하면 됩니다.[8]

10.5.4 일련번호 명명

코드 1.2에서와 마찬가지로 Class001, method001, method002, method003, ……
처럼 클래스와 메서드의 이름에 번호를 붙여 만드는 것을 **일련번호 명명**이라
고 부릅니다.

목적과 의도를 알기 힘들다는 점에서 기술 중심 명명과 비슷하지만, 구조를
개선하기가 훨씬 힘들다는 점에서 훨씬 더 악질적인 방법입니다.

예를 들어 기술 중심으로 이름을 붙였다면, 목적 중심 이름 설계에 따라 이름
을 변경하면 됩니다. 목적에 따라 이름을 더 세분화해서, 클래스를 분할할 수
도 있습니다.

---

8 컨텍스트와 관련된 개념은 《도메인 주도 설계》(17.1.11절 참고)라는 책에서 자세하게 설명하므로,
  관심 있다면 읽어 보기 바랍니다.

하지만 일련번호로 이름 붙이면 이렇게 바꾸는 것조차 힘듭니다. 여러 클래스와 메서드가 일련번호로 관리되고 있으므로, 일련번호가 아닌 방식으로 이름을 지으면 질서가 무너져 버립니다. 따라서 이름을 수정하려 하면, 번호를 붙여 관리하고 있는 쪽에서 반발할 수 있습니다. 그래서 이름을 수정하는 것이 힘듭니다.

결국 일련번호라는 질서를 유지하기 위해, 기능을 추가할 때 기존의 메서드에 로직을 추가하기 쉽습니다. 따라서 트랜잭션 스크립트 패턴이 되기 쉽습니다.

일반적으로 일련번호로 이름 짓는 방식은 대규모 개발에 사용됩니다. 그래서 이를 개선하려면 조직 차원에서 논의하고 대처해야 합니다.

10.6 이름을 봤을 때, 위치가 부자연스러운 클래스

다른 클래스로 이동시켜야 자연스러운 메서드가 있습니다. 이처럼 '있어야 할 곳'에 있지 않은 부자연스러움은 이름을 통해 판단할 수 있습니다.

10.6.1 '동사 + 목적어' 형태의 메서드 이름 주의하기

코드 10.19는 게임에서 적을 나타내는 Enemy 클래스입니다. 3개의 메서드를 갖고 있는데, 이름을 주의 깊게 살펴봅시다.

코드 10.19 적을 나타내는 클래스

```java
class Enemy {
  boolean isAppeared;
  int magicPoint;
  Item dropItem;

  // 도망치기
  void escape() {
    isAppeared = false;
  }

  // 매직포인트 소비
```

```
void consumeMagicPoint(int costMagicPoint) {
  magicPoint -= costMagicPoint;
  if (magicPoint < 0) {
    magicPoint = 0;
  }
}

// 주인공 파티에 아이템 추가하기
// 추가할 수 있다면 true를 리턴
boolean addItemToParty(List<Item> items) {
  if (items.size() < 99) {
    items.add(dropItem);
    return true;
  }
  return false;
}
```

무엇이 문제일까요? 관심사의 측면에서 생각해 봅시다.

Enemy 클래스의 관심사는 적입니다. 매직포인트를 다루는 consumeMagic
Point는 적의 관심사라고 생각할 수 있습니다. 하지만 addItemToParty 메서드
는 주인공의 소지품을 다룹니다. 적의 관심사와는 전혀 상관 없습니다.

아이템은 적을 쓰러뜨렸을 때만 얻는 것이 아닙니다. 던전에서 보물 상자를
열거나, 중요한 이벤트를 통해 얻을 수도 있습니다. 보물 상자에서 아이템을
얻을 때도, Enemy.addItemToParty 메서드를 호출하는 것은 부자연스럽습니다.
또한 던전과 관련된 클래스에서 Enemy.addItemToParty와 똑같은 로직을 별도
로 구현한다면, 중복 코드가 발생해 버립니다.

게임뿐만 아니라, 다양한 애플리케이션에서 관심사와 전혀 관계없는 메서
드가 클래스에 추가되는 경우는 많습니다. 서둘러서 구현하려고 할 때, 기존
클래스만 가지고 어떻게든 끝내고자 무리하게 구현했을 때 이렇게 되기 쉽습
니다.

그리고 관심사가 다른 메서드는 addItemToParty처럼 '동사 + 목적어' 형태가
되는 경향이 있습니다.

'동사 + 목적어'로 이루어진 이름은 관계없는 책무를 가진 메서드일 가능성
이 있습니다. 예를 들어서 Enemy 클래스에 주인공에게 돈을 건네는 addMoney

ToParty, 전투를 종료하는 endBattleScene 등 관계없는 메서드가 추가될 수도 있습니다. 클래스를 잘 설계하려는 습관이 들어 있지 않다면, 이러한 경향이 더 짙어집니다. 그리고 메서드 이름과 관련된 규율이 없다면, 책무가 다른 메서드가 계속 추가될 수 있습니다.

10.6.2 가능하면 메서드의 이름은 동사 하나로 구성되게 하기

관심사가 다른 메서드가 섞이지 못하게 막으려면 되도록 메서드의 이름이 동사 하나로 구성되도록 설계하는 것이 좋습니다. 구체적으로 정리하면 다음과 같습니다.

> '동사 + 목적어' 형태의 메서드
> ↓
> 목적어의 개념을 나타내는 클래스를 따로 만듭니다.
> 그리고 그 클래스에 '동사 하나' 형태의 메서드를 추가합니다.

addItemToParty를 가지고 생각해 봅시다. 파티의 인벤토리에 아이템을 추가하는 메서드입니다. 따라서 '파티의 인벤토리'라는 개념을 별도의 클래스로 만듭니다. 그리고 인벤토리에 아이템을 추가하는 add 메서드를 정의합니다. 이렇게 하면 코드 10.20에서처럼 일급 컬렉션 패턴을 적용한 클래스가 만들어집니다.

코드 10.20 파티의 인벤토리를 나타내는 클래스

```java
class PartyItems {
  static final int MAX_ITEM_COUNT = 99;
  final List<Item> items;

  PartyItems() {
    items = new ArrayList<>();
  }

  private PartyItems(List<Item> items) {
    this.items = items;
  }
```

```
  PartyItems add(final Item newItem) {
    if (items.size() == MAX_ITEM_COUNT) {
      throw new RuntimeException("이 이상으로 아이템을 소지할 수 없습니다.");
    }

    final List<Item> adding = new ArrayList<>(items);
    adding.add(newItem);
    return new PartyItems(adding);
  }
}
```

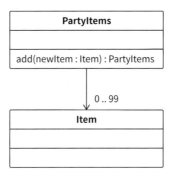

그림 10.15 메서드 이름이 동사 하나가 되도록 클래스 설계하기

동사 하나로 표현된 add 메서드를 가진 PartyItems 클래스가 되었습니다(그림 10.15). 따라서 '적을 쓰러뜨리고 아이템을 얻는 경우'와 '보물 상자에서 아이템을 얻는 경우'에 모두 PartyItems 클래스를 사용하면 됩니다. 추가로 PartyItems 클래스에 아이템을 제거하는 remove 메서드 등을 추가해도 괜찮습니다.

10.6.3 부적절한 위치에 있는 boolean 메서드

'동사 + 목적어' 메서드처럼 boolean 자료형을 리턴하는 메서드도 적절하지 않은 클래스에 정의되어 있는 경우가 많습니다.

코드 10.21 혼란 상태를 확인하는 메서드

```
class Common {
  // 멤버가 혼란(Confusion) 상태라면 true를 리턴
  static boolean isMemberInConfusion(Member member) {
```

```
    return member.states.contains(StateType.confused);
  }
}
```

멤버가 혼란 상태인지 확인하는 isMemberInConfusion 메서드가 Common 클래스에 정의되어 있습니다. 메서드가 정의된 위치가 적절한지 관심사 단위로 생각해 봅시다. 멤버의 상태는 멤버와 관련된 관심사입니다. 따라서 Member 클래스에 정의하는 것이 자연스럽습니다. 따라서 Common에 정의되어 있는 것은 자연스럽지 않습니다. 이처럼 관심사에 주의를 기울이지 않으면, boolean 자료형을 리턴하는 판정 메서드는 관계없는 클래스(해당 책무를 갖지 않는 클래스)에 구현되기 쉽습니다.

사실 메서드가 정의되어 있는 클래스 위치가 적절한지 쉽게 확인할 수 있는 방법이 있습니다. boolean 자료형의 메서드는 is~, has~, can~ 형태의 이름이 붙는 경우가 많습니다. 간단한 영어로 생각해 봅시다. 예를 들어 '이 멤버가 배가 고프다'를 영어로 표현하면, 다음과 같습니다.

`This member is hungry.`

따라서 다음 형태로 바꾸었을 때 위화감이 없으면 좋은 것입니다.

`클래스 is 상태.`

Common 클래스를 이와 같은 형식으로 변경해서 읽어 봅시다.

`Common is member in confusion.`

'공통은~'은 영어로도 조금 이상하게 보입니다. 그럼 Member 클래스가 주어가 되도록 문장을 변경해 봅시다.

`Member is in confusion.`

'멤버가 혼란스럽다'라고 읽힙니다. 이는 위화감이 크게 없습니다. 따라서 멤버가 혼란 상태인지 확인하는 메서드는 Member 클래스에 정의하는 것이 좋습니다.

코드 10.22 영어로 읽어도 위화감 없는 클래스로 메서드 옮기기

```
class Member {
  private final States states;

  boolean isInConfusion() {
    return states.contains(StateType.confused);
  }
}
```

이처럼 boolean 자료형의 메서드를 추가할 때는 '클래스 is 상태' 형태로 읽어 봤을 때 자연스러운 영어 문장이 되는지 확인해 보기 바랍니다.

10.7 이름 축약

이름을 생략할 때는 주의해야 합니다.

10.7.1 의도를 알 수 없는 축약

긴 이름이 싫어서 이름을 축약하는 경우가 있습니다. 코드 10.23을 살펴봅시다. 무엇을 계산하는지 이해할 수 있나요? fee라는 단어가 등장하는 것을 보니 어떤 요금을 계산하는 것 같습니다. 하지만 이름이 축약되어서 의도를 이해하기 힘듭니다.

코드 10.23 생략한 이름

```
int trFee = brFee + LRF * dod;
```

사실 이는 렌탈 요금 총액을 계산하는 계산식입니다. '기본_요금 + 연체료 * 연체_일'을 계산하고 있습니다.

　물론 주석과 문서가 따로 있었다면 의도를 알 수 있었을 것입니다. 하지만 주석과 문서가 없다면, 주변의 로직을 읽어서 무엇을 하는 계산식인지 유추해야 합니다. 따라서 그만큼 시간이 낭비됩니다. 주석이 있었다고 해도, 주석은 유지 보수가 잘되지 않는 내용이 낡은 주석(11.1절)이 되기 쉬워 코드를 이해하기 더 어렵게 할 수도 있습니다.

10.7.2 기본적으로 이름은 축약하지 말기

이름이 길면 타이핑을 많이 해야 해서 과거에는 싫어하는 분위기였습니다. 하지만 최근에는 보통 자동 완성 기능을 제공하는 에디터를 사용하므로, 이름을 입력하는 게 그렇게 힘들지 않습니다.

조금 귀찮더라도 이름을 축약하지 말고 모두 쓰기 바랍니다.

코드 10.24 다른 사람이 읽어도 쉽게 이해할 수 있는 이름

```
int totalRentalFee = basicRentalFee + LATE_RENTAL_FEE_PER_DAY *
                     daysOverdue;
```

이는 변수명뿐만 아니라, 모든 이름에 적용됩니다. 메서드 이름, 클래스 이름, 패키지 이름도 축약하지 않고 모두 작성하는 것이 좋습니다. 가독성이 높아지면, 옆자리 동료는 물론이고 미래의 자신에게도 도움이 됩니다.

다만 이름 생략을 완전히 금지해야 한다는 말은 아닙니다. 일반적으로도 축약한 이름이 통용된다면 축약해도 괜찮다고 생각합니다. 예를 들어서 SNS, VIP 등은 관습적으로 축약한 형태로 사용하므로, 의미를 전달하는 데 아무 문제 없습니다.

10.7.3 이름을 축약할 수 있는 경우

for 반복문의 카운터 변수는 관습적으로 i와 j처럼 짧은 한 글자의 문자로 표현하는 경우가 많습니다. 또한 Go 언어 등의 일부 프로그래밍 언어에서는 짧은 변수 이름을 선호하기도 합니다.

'축약을 어느 정도까지 허용할 것인가?'에 관해서는 굉장히 다양한 관점이 있습니다. 하지만 저는 최대한 축약하지 않고, 의도를 명확하게 전달하는 것이 중요하다고 생각합니다.

이름을 축약할 때는 의미가 사라지지 않는지, 추가적인 다른 문제가 발생하지는 않는지 등을 꼭 확인해 보세요. 예를 들어 카운터 변수 i와 j처럼 범위가 작고, 의미가 헷갈릴 여지가 적다면 이름을 축약해도 괜찮습니다.

프로그래밍 언어에 따라서 관례가 다를 수 있으므로, 이러한 점을 고려해 명명 방법을 팀이나 회사 차원에서 결정해 두는 것이 좋습니다.

11장

주석:
유지 보수와 변경의
정확성을 높이는
주석 작성 방법

주석을 적어 두면 코드를 더 쉽게 이해하는 데 도움이 됩니다. 다만 대충 작성하면, 악마로 변해서 버그의 원인이 되기도 합니다.

이 장에서는 읽는 사람을 혼란스럽게 만드는 주석은 어떤 주석인지 살펴보겠습니다. 나아가, 읽는 사람에게 도움을 주어 유지 보수와 변경의 정확성을 높이는 주석 작성 방법에 대해서 알아보겠습니다.

11.1 내용이 낡은 주석

게임에서는 적의 공격을 받아 중독 상태가 되거나 할 때, 멤버의 얼굴이 힘든 표정으로 변하는 상황을 자주 볼 수 있습니다. 코드 11.1은 멤버의 표정을 바꾸는 가상의 로직입니다.

코드 11.1 어떤 상태에서 표정을 변화시키는지 설명하는 주석

```
// 중독, 마비 상태에서 멤버의 표정을 변화시킴.
if (member.isPainful()) {
  face.changeToPainful();
}
```

member.isPainful 메서드는 중독 또는 마비 상태인지 판정하는 메서드일 것입니다. 어떤 상태일 때 표정을 변화시키는지 친절하게 설명해 주는 주석 같아 보입니다. 하지만 개발이 진행되면서 코드가 계속 바뀌면 주석의 설명이 맞지 않게 될 수도 있습니다.

코드 11.2는 isPainful 메서드의 내용입니다.

코드 11.2 흔히 볼 수 있는, 주석과 코드가 일치하지 않는 사례

```
class Member {
  private final States states;

  // 힘든 상태일 때 true를 리턴
  // 중독, 마비 상태일 때 true를 리턴
  boolean isPainful() {
```

```
  if (states.contains(StateType.poison) ||
      states.contains(StateType.paralyzed) ||
      states.contains(StateType.fear)) {
    return true;
  }
  return false;
}
```

여기에도 '중독, 마비 상태일 때 true를 리턴'한다는 주석이 있습니다. 그런데 실제로 로직을 살펴보면, 세 가지 상태를 판정하고 있습니다. poison은 중독, paralyzed는 마비, fear는 공포입니다. 공포 상태에 대한 설명이 빠져 있습니다. 이렇게 주석의 설명과 실제 코드가 일치하지 않는 사례는 많이 찾아볼 수 있습니다. 왜 그럴까요?

이는 코드에 비해 주석을 유지 보수하는 것이 어렵기 때문입니다.

처음 사양에서 isPainful은 중독과 마비 상태만 판정 대상이었을 것입니다. 이때 친절하게도(?), 어떤 상태를 판정하는지 알려 주기 위해 주석을 붙였을 것입니다. 하지만 이후에 사양이 변경되면서, 공포 상태가 추가되어 문제가 발생한 것입니다. 코드를 변경할 때 주석도 함께 변경하면 좋겠지만, 업무가 바쁘고 충분히 주의하지 않으면 주석까지 유지 보수하기는 힘듭니다.

주석이 구현 시점과 멀어질수록, 주석은 거짓말을 할 가능성이 높습니다. 이처럼 정보가 오래되어 구현 상태를 제대로 설명하지 못하는 주석은 내용이 낡은 주석이므로 주의해야 합니다.

이런 주석은 가짜 정보를 담고 있어 읽는 사람에게 혼란을 주고, 이로 인해 버그를 발생시킬 가능성이 있습니다.

주석이 낡아 버리지 않게, 구현을 변경할 때 주석도 함께 변경하는 것이 좋습니다. 이때 주의할 점은 다음과 같습니다.

11.1.1 주석은 실제 코드가 아님을 이해하기

일반적인 커뮤니케이션에서도 말(또는 문장)이 화자(또는 글쓴이)의 실제 의도를 100% 전달하지는 못합니다. 마찬가지로 프로그래밍에서 클래스와 메서드의 이름이나 주석의 설명도 실제 코드가 아니므로, 실제 내용을 100% 전달할 수는 없습니다. 그래도 최대한 의도가 제대로 전달될 수 있게 클래스와 메서드의 이름을 짓고, 주석을 달아야 합니다.

11.1.2 로직의 동작을 설명하는 주석은 낡기 쉽다

코드 11.2를 보면, 코드의 동작을 그대로 주석으로 설명하고 있습니다. 하지만 결국 실제 코드가 아니므로, 동작을 그대로 설명하는 주석은 낡은 주석이 되기 쉽습니다.

코드의 동작을 그대로 설명하는 주석은 코드를 변경할 때마다 주석도 변경해야 할 것입니다. isPainful의 예처럼 공포 상태 로직을 추가했다면, 추가된 부분까지 설명할 수 있게 주석을 변경해야 합니다. 만약 실수로 변경하지 않으면, 로직과 주석 사이에 괴리가 생깁니다.

또한 이러한 주석은 말 전하기 게임과 같습니다. 말이 전해지면서 조금씩 과장되거나 누락되어, 실제 내용과 다르게 바뀔 가능성이 있습니다.

이처럼 로직을 그대로 설명하는 주석은 코드를 이해하는 데 별다른 도움이 되지 않습니다. 오히려 가짜 정보가 섞여서 이해하기 어렵게 만들 수도 있습니다.

추가로, 주석 때문에 클래스와 메서드의 이름을 대충 짓게 되는 문제도 있습니다.

11.2 주석 때문에 이름을 대충 짓는 예

무심코 작성하기 쉬운 좋지 않은 주석의 예를 하나 더 살펴봅시다.

코드 11.3은 RPG에서 쓰이는 판정 메서드입니다. 무엇을 판정하는 메서드일까요? 이해하기 쉽지 않습니다.

코드 11.3 의도를 이해하기 힘든 메서드

```
class Member {
  private final States states;

  boolean isNotSleepingAndIsNotParalyzedAndIsNotConfusedAndIsNotStone
        AndIsNotDead() {
```

```
    if (states.contains(StateType.sleeping) ||
        states.contains(StateType.paralyzed) ||
        states.contains(StateType.confused) ||
        states.contains(StateType.stone) ||
        states.contains(StateType.dead)) {
      return false;
    }

    return true;
  }
}
```

사실 이는 플레이어의 지시대로 멤버가 행동할 수 있는지 판정하는 메서드입니다. RPG에서는 수면, 마비, 혼란 등의 상태일 때 플레이어의 지시대로 행동할 수 없게 됩니다. 메서드 내부에서는 이와 같은 상태를 확인해서, 행동할 수 있는지 판정하고 있습니다. 하지만 이 메서드의 이름만으로는 이러한 의도를 전달하기 힘듭니다. 이와 같이 의도를 전달하기 힘든 메서드에는 의미를 다시 설명하는 주석을 달기 쉽습니다.

코드 11.4 로직의 동작을 설명하는 주석

```
// 수면, 마비, 혼란, 석화, 사망 이외의 상황에서 행동 가능
boolean isNotSleepingAndIsNotParalyzedAndIsNotConfusedAndIsNotStone
        AndIsNotDead() {
```

이처럼 주석을 달면 무슨 일이 일어날까요? 그렇습니다. 방금 언급했던 것처럼 갱신하기 어려워 낡은 주석이 되기 쉽습니다. 이와 같은 주석은 이후에 행동 불능 상태로 '공포' 등이 추가되었을 때, 주석을 함께 변경해야 합니다. 또한 주석을 변경한다고 해도, 메서드 이름에 '공포'를 나타내는 단어가 들어 있지 않으므로 구현과 이름에 괴리가 생깁니다.

이와 같은 메서드는 주석으로 설명을 추가하기보다, 메서드의 이름 자체를 수정하는 것이 좋습니다.

코드 11.5 메서드 이름 자체를 변경

```
class Member {
  private final States states;
```

```java
boolean canAct() {
    // 행동 불능 사양이 변경되는 경우
    // 다음 로직을 변경합니다.
    if (states.contains(StateType.sleeping) ||
        states.contains(StateType.paralyzed) ||
        states.contains(StateType.confused) ||
        states.contains(StateType.stone) ||
        states.contains(StateType.dead)) {
      return false;
    }

    return true;
  }
}
```

메서드의 가독성을 높이면, 주석으로 설명을 추가하지 않아도 됩니다. 그러면 내용이 낡은 주석이 생길 가능성도 줄어듭니다.

11.3 의도와 사양 변경 시 주의 사항을 읽는 이에게 전달하기

코드는 언제 어떠한 목적으로 읽힐까요? 기본적으로 유지 보수할 때와 사양을 변경할 때 읽힙니다.

코드 유지 보수 시 읽는 사람이 주의를 기울여야 하는 부분은 '이 로직은 어떤 의도를 갖고 움직이는가'입니다. 그리고 사양을 변경할 때 읽는 사람이 주의를 기울여야 하는 부분은 '안전하게 변경하려면 무엇을 주의해야 하는가'입니다. 따라서 주석은 이러한 내용을 담는 것이 좋습니다.

코드 11.6 의도와 사양 변경 시 주의 사항을 주석으로 달기

```java
class Member {
  private final States states;

  // 고통받는 상태일 때 true를 리턴
  boolean isPainful() {
    // 이후 사양 변경으로 표정 변화를
    // 일으키는 상태를 추가할 경우
```

```
  // 이 메서드에 로직을 추가합니다.
  if (states.contains(StateType.poison) ||
      states.contains(StateType.paralyzed) ||
      states.contains(StateType.fear)) {
    return true;
  }

  return false;
  }
}
```

11.4 주석 규칙 정리

지금까지 설명했던 주석 관련 규칙을 정리하면, 표 11.1과 같습니다.

규칙	이유
로직을 변경할 때는 반드시 주석도 함께 변경해야 함.	주석을 제대로 변경하지 않으면, 실제 로직과 달라져 주석을 읽는 사람에게 혼란을 줌.
로직의 내용을 단순하게 설명하기만 하는 주석은 달지 않음.	실질적으로 가독성을 높이지 않고, 주석 유지 보수가 힘듦. 결과적으로 내용이 낡은 주석이 될 가능성이 높음.
가독성이 나쁜 로직에 설명을 추가하는 주석은 달지 않음. 대신 로직의 가독성을 높여야 함.	주석 유지 보수가 힘들고, 갱신되지 않아 낡은 주석이 될 가능성이 높음.
로직의 의도와 사양을 변경할 때 주의할 점을 주석으로 달아야 함.	유지 보수와 사양 변경에 도움이 됨.

표 11.1 주석 규칙

11.5 문서 주석

어떤 프로그래밍 언어는 문서 주석 기능을 제공합니다. 문서 주석이란 특정 형식에 맞춰 주석을 작성하면, API 문서를 생성해 주거나 코드 에디터에서 주석의 내용을 팝업으로 표시해 주는 기능입니다. 예를 들어서 자바의 Javadoc, C#의 Documentation comments, 루비의 YARD가 문서 주석입니다.

그럼 자바의 Javadoc을 예로 설명하겠습니다. 코드 11.7에서 /**와 */로 감싸진 부분이 Javadoc 형식의 주석입니다. 주석에는 add 메서드의 설명이 적혀 있습니다.

코드 11.7 Javadoc 형식으로 작성된 주석

```java
class Money {
  // 생략

  /**
   * 금액을 추가합니다.
   *
   * @param other 추가 금액
   * @return 추가 후의 금액
   * @throws IllegalArgumentException 통화 단위가 다르면 예외 발생
   */
  Money add(final Money other) {
    if (!currency.equals(other.currency)) {
      throw new IllegalArgumentException("통화 단위가 다릅니다.");
    }

    int added = amount + other.amount;
    return new Money(added, currency);
  }
}
```

@param과 @return처럼 앞에 @가 붙어 있는 요소는 Javadoc 태그입니다. Javadoc 태그를 사용하면, 매개변수나 리턴 값 등과 대응하는 설명을 주석으로 달 수 있습니다. 표 11.2는 Javadoc 태그의 예입니다.

Javadoc 태그	용도
@param	매개변수 설명
@throws	throw되는 예외 설명
@return	리턴 값 설명

표 11.2 Javadoc 태그의 예

이와 같은 형식에 따라서 주석을 작성하면, API 문서를 자동 생성할 수 있습니다. IntelliJ IDEA의 경우 메뉴에서 Tools 〉 Generate JavaDoc을 선택하면, API

문서를 html로 출력할 수 있습니다.

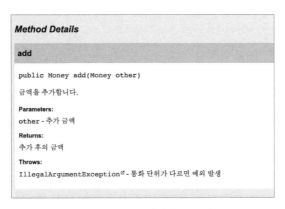

그림 11.1 html로 출력된 API 문서

또한 이것뿐만 아니라, 에디터 위에 커서를 놓으면, 주석 내용이 팝업으로 표시됩니다(그림 11.2). 메서드 정의 위치로 점프하지 않아도, 메서드 호출 쪽에서 설명 주석을 확인할 수 있으므로, 가독성이 굉장히 높아집니다.

```
Currency won = Currency.getInstance(Locale.KOREA);
Money money1 = new Money( amount: 1000, won);
Money money2 = new Money( amount: 2000, won);
Money money3 = money1.add(money2);
System.out.println(money
                                ⓒ Money

                                public Money add(
                                    Money other
                                )

                                금액을 추가합니다.
                                Params: other – 추가 금액
                                Returns: 추가 후의 금액
                                Throws: IllegalArgumentException –
                                    통화 단위가 다르면 예외 발생
                                🔳 insight                      ⋮
```

그림 11.2 에디터 위에서도 설명을 확인할 수 있으므로, 사용하기 쉬워짐

C#의 Documentation comments와 루비의 YARD 모두 비슷한 기능을 제공합니다. 이는 개발 효율, 특히 코드의 유지 보수성을 크게 개선해 줍니다. 반드시 사용해 보기 바랍니다.

12장

메서드(함수): 좋은 클래스에는 좋은 메서드가 있다

이 장에서는 메서드(함수)의 설계 방법을 설명하겠습니다.

메서드 설계는 클래스 설계와 아주 밀접한 관련이 있습니다. 메서드 설계가 좋지 않으면, 클래스 설계도 나빠집니다. 반대로 메서드 설계가 좋으면, 클래스 설계도 좋아집니다.

클래스 설계 방법을 염두에 두고, 메서드를 어떻게 설계하면 좋을지 집중적으로 설명하겠습니다. 지금까지 설명했던 메서드 설계와 관련된 내용도 이 장에서 다시 한 번 정리하겠습니다.

12.1 반드시 현재 클래스의 인스턴스 변수 사용하기

인스턴스 변수를 안전하게 조작하도록 메서드를 설계하면, 클래스 내부가 정상적인 상태인지 보장할 수 있습니다(자세한 내용은 3장 참고).

메서드는 반드시 현재 클래스의 인스턴스 변수를 사용하도록 설계합니다. 물론 예외도 있지만, 이것이 기본 원칙입니다.

예를 들어 코드 3.18에서 살펴본 Money.add에는 인스턴스 변수 amount를 안전하게 조작하는 로직이 있었습니다. 추가로, 생성자는 인스턴스를 생성하기 위한 특수한 메서드입니다. 완전 생성자 패턴을 사용해서 생성자에 가드를 만들어 두면, 인스턴스 변수를 안전하게 사용하기 위한 첫걸음을 뗐다고 할 수 있습니다.

반면 코드 5.14처럼 다른 클래스의 인스턴스 변수를 변경하는 메서드는 좋지 않습니다. 응집도가 낮은 구조가 될 수 있기 때문입니다. 다른 클래스의 인스턴스 변수를 변경하는 메서드를 작성하고 싶다면, 변경된 내용을 다루는 새로운 인스턴스를 생성하고 이를 리턴하는 형태로 구현하는 것이 좋습니다.

12.2 불변을 활용해서 예상할 수 있는 메서드 만들기

가변 인스턴스 변수 등을 변경하는 메서드는 의도하지 않게 다른 부분에 영향을 줄 수 있습니다. 이렇게 되면 예상하지 못한 동작이 발생할 수 있으며, 유지보수가 어려워집니다(4.2.2절 참고).

불변을 활용해서 예상치 못한 동작 자체를 막을 수 있게 설계하기 바랍니다.

12.3 묻지 말고 명령하라

5.6절에서 살펴본 equipArmor 메서드처럼 어떤 클래스가 다른 클래스의 상태를 판단하거나, 상태에 따라 값을 변경하는 등 '다른 클래스를 확인하고 조작하는 메서드 구조'는 응집도가 낮은 구조입니다.

인스턴스 변수의 값을 추출하는 메서드를 getter, 값을 설정하는 메서드를 setter라고 부릅니다.

코드 12.1 getter와 setter

```java
public class Person {
  private String name;

  // getter
  public String getName() {
    return name;
  }

  // setter
  public void setName(String newName) {
    name = newName;
  }
}
```

getter/setter는 '다른 클래스를 확인하고 조작하는 메서드 구조'가 되기 쉽습니다. 일반적으로 개발 생산성이 좋지 않은 소프트웨어의 소스 코드에서 자주 볼 수 있습니다.

메서드를 호출하는 쪽에서는 복잡한 처리를 하지 않는 것이 좋습니다. 이때 '묻지 말고 명령하라'라는 접근 방법이 유효합니다. 예를 들어 5.6.1절에서 살펴보았던 Equipments 클래스처럼 호출되는 메서드 쪽에서 복잡한 처리를 하는 형태로 만드는 것입니다.

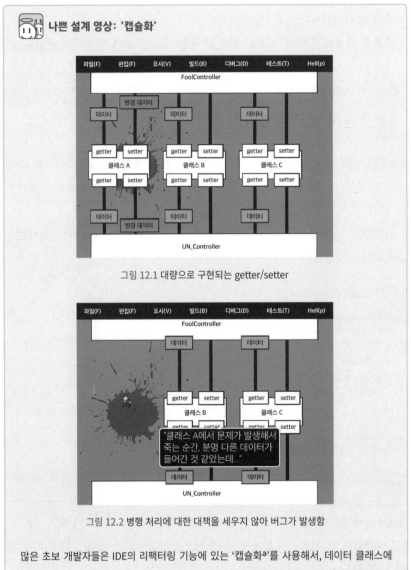

그림 12.1 대량으로 구현되는 getter/setter

그림 12.2 병행 처리에 대한 대책을 세우지 않아 버그가 발생함

많은 초보 개발자들은 IDE의 리팩터링 기능에 있는 '캡슐화[a]'를 사용해서, 데이터 클래스에 getter/setter를 구현합니다. 그리고 이렇게 getter/setter를 구현하기만 하면, '캡슐화했다'

라고 생각합니다.

만약 이러한 데이터 클래스를 여러 컨트롤러에서 활용(의존)하고 있는 설계에서 병행 처리 등을 수행한다면, 문제가 발생할 수 있습니다.

일반적으로 IDE의 리팩터링 기능이 만들어 주는 데이터 클래스의 getter/setter에는 자신의 상태를 안전하게 만드는 로직이 전혀 없습니다. 이로 인해 데이터 클래스에 문제가 누적되면, 당연히 버그로 이어질 수밖에 없습니다.

'캡슐화는 getter/setter를 구현하는 것이다'라고 설명하고, 이렇게 이해하고 있는 사람들이 종종 있습니다. 그럴 수밖에 없는 이유는 방금 언급했던 것처럼 여러 개발 도구에서 getter/setter를 자동으로 구현해 주는 기능에 '캡슐화'라는 이름을 붙이고 있기 때문입니다.

하지만 저는 '이는 캡슐화가 아니다'라고 이야기하고 싶습니다.

단순한 getter/setter는 값을 마음대로 변경할 수 있으므로, 1.3절 데이터 클래스에서 살펴보았던 ContractAmount와 구조적으로 차이가 없습니다. 따라서 잘못된 값이 섞일 수도 있고, 코드가 중복되는 등 응집도를 낮추는 악마들이 모습을 드러냅니다.

구조는 어떤 문제를 해결하기 위해 존재합니다. 하지만 단순한 getter/setter는 문제 해결도 하지 못할뿐더러, 오히려 문제의 원인이 됩니다.

캡슐화는 데이터와 그 데이터를 조작하는 로직을 하나의 클래스로 만들고, 필요한 로직(메서드)만 외부에 공개하는 것입니다. 캡슐화를 활용하면 응집도가 낮은 구조가 생겨나지 않게 억제할 수 있습니다. 또한 잘못된 상태로부터 클래스를 보호하는 유효성 검사(validation) 등을 함께 활용하면, 안전한 인스턴스를 만들 수 있습니다.

a *https://twitter.com/MinoDriven/status/1142926621583663104*

12.4 커맨드/쿼리 분리

코드 12.2의 메서드는 상태 변경과 추출을 동시에 하고 있습니다.

코드 12.2 상태 변경과 추출을 동시에 실행하는 메서드

```
int gainAndGetPoint() {
  point += 10;
```

```
   return point;
}
```

상태 변경과 추출을 동시에 하는 메서드는 여러 문제의 원인이 됩니다. 또한 사용자도 쓰기 힘든 메서드가 되어 버립니다. 예를 들어 추출만 하고 싶거나 변경만 하고 싶을 때 지원하지 못합니다. 따라서 좋을 것이 하나도 없는 형태입니다.

커맨드·쿼리 분리(CQS, Command-Query Separation)라는 패턴이 있습니다. 메서드는 커맨드 또는 쿼리 중에 하나만 하도록 설계해야 한다는 패턴입니다(표 12.1).[1]

메서드 종류 구분	설명
커맨드	상태를 변경하는 것
쿼리	상태를 리턴하는 것
모디파이어	커맨드와 쿼리를 동시에 하는 것

표 12.1 메서드 종류 구분

현재 gainAndGetPoint는 커맨드와 쿼리를 동시에 하는 모디파이어입니다. 상황에 따라 모디파이어로 만들 수밖에 없는 메서드도 있지만, 그야말로 예외이고 최대한 피하는 것이 좋습니다.

커맨드·쿼리 분리 패턴에 따라 gainAndGetPoint를 커맨드와 쿼리로 분리해 봅시다. 코드가 굉장히 단순해졌습니다.

코드 12.3 커맨드와 쿼리를 각각의 메서드로 분리

```
/**
* 포인트를 증가(커맨드)
*/
void gainPoint() {
  point += 10;
}

/**
* 포인트를 리턴(쿼리)
```

---

1   10.5.1절에서 다루었던 CQRS와 다른 개념이므로 주의하세요.

```
 * @return 포인트
 */
int getPoint() {
  return point;
}
```

12.5 매개변수

매개변수는 입력 값으로 사용합니다. 매개변수 설계 시 주의해야 할 사항을 정리하면, 다음과 같습니다.

12.5.1 불변 매개변수로 만들기

매개변수를 변경하면 값의 의미가 바뀌어서, 어떤 의미를 나타내는지 유추하기 어렵습니다. 또한, 어디에서 변경되었는지 찾기도 힘듭니다.

　매개변수에 final 수식자를 붙여서, 불변으로 만드세요. 매개변수를 변경하고 싶으면, 불변 지역 변수를 만들고, 여기에 변경 값을 할당하는 형태로 구현합니다(4.1.2절 참고).

12.5.2 플래그 매개변수 사용하지 않기

6.6절에서 살펴보았던 플래그 매개변수를 받는 메서드는 코드를 읽는 사람이 메서드가 무슨 일을 하는지 알기 어렵게 만듭니다. 무슨 일을 하는지 이해하려면, 메서드 내부의 로직을 확인해야 하므로 가독성이 낮아집니다.

　전략 패턴을 사용하는 등, 다른 구조로 설계를 개선하세요.

12.5.3 null 전달하지 않기

null을 활용하는 로직은 NullPointerException이 발생할 수 있으며, null을 확인해야 하므로 로직이 복잡해지는 등 다양한 문제를 일으킵니다(9.6절).

　매개변수로 null을 전달하지 않게 설계하세요.

　null을 전달하지 않게 설계하려면, null에 의미를 부여해서는 안 됩니다. 예를 들어서 9.6.1절에서 장비를 착용하지 않은 상태를 null로 나타내지 않고 Equipment.EMPTY로 표현했던 것처럼 구현하세요.

12.5.4 출력 매개변수 사용하지 않기

5.4절에서 설명했던 것처럼 출력 매개변수를 사용하면 응집도가 낮은 구조가 만들어집니다. 매개변수는 입력 값으로 사용하는 것이 기본입니다. 매개변수를 출력 값으로 사용하면, 코드를 읽는 사람에게 혼란을 줄 수 있습니다.

가독성 저하의 원인이 되므로, 출력 매개변수는 사용하지 않는 것이 좋습니다.

12.5.5 매개변수는 최대한 적게 사용하기

매개변수는 최대한 적게 설계하는 것이 좋습니다(5.5절 참고).

메서드에 매개변수가 많다는 것은 메서드가 여러 가지 기능을 처리한다는 의미입니다. 메서드가 처리할 게 많아지면, 그만큼 로직이 복잡해져 이는 다양한 악마들을 불어들입니다.

매개변수가 많아질 수밖에 없다면, 5.5절의 MagicPoint 클래스처럼 별도의 클래스로 만드는 방법을 검토해 보기 바랍니다.

12.6 리턴 값

리턴 값을 설계할 때도 주의 사항들이 있습니다.

12.6.1 '자료형'을 사용해서 리턴 값의 의도 나타내기

코드 12.4의 Price.add 메서드는 가격을 리턴하고 있습니다. 그런데 가격이 int 자료형입니다.

코드 12.4 기본 자료형은 의도가 불분명함

```
class Price {
    // 생략
```

```
  int add(final Price other) {
    return amount + other.amount;
  }
}
```

int 자료형처럼 단순한 기본 자료형으로는 리턴한 값의 의미를 호출하는 쪽에 전달할 수 없습니다. 왜 그럴까요? 예를 들어 코드 12.5를 살펴봅시다. product Price는 Price 자료형이며, add 메서드로 int 자료형의 가격을 리턴합니다. 그런데 가격뿐만 아니라 할인 금액과 배송비까지 모두 int 자료형을 사용하고 있습니다.

코드 12.5 어떤 금액이 무엇을 나타내는지 알기 힘듦

```
int price = productPrice.add(otherPrice);                // 상품 가격 합계
int discountedPrice = calcDiscountedPrice(price);        // 할인 금액
int deliveryPrice = calcDeliveryPrice(discountedPrice);  // 배송비
```

금액을 계산할 때는 어떤 가격이 다른 가격 계산에 사용되는 등, 다양한 종류의 가격을 함께 다루는 경우가 많습니다. int 자료형을 리턴하게 만들면, 어떤 값이 어떤 금액을 의미하는지 알기 힘듭니다. 따라서 매개변수를 잘못 전달하는 등의 실수가 발생할 수 있습니다.

코드 12.6 값 전달 실수

```
// 배송 수수료 DeliveryCharge에는 배송비가 전달되어야 하는데
// 상품 가격 합계가 전달되고 있음.
DeliveryCharge deliveryCharge = new DeliveryCharge(price);
```

따라서 기본 자료형을 사용하지 말고, 독자적인 자료형을 사용해서 의도를 명확하게 나타내는 것이 좋습니다.

예를 들어 다음 예의 add 메서드는 Price 자료형을 리턴합니다. 가격을 리턴한다는 의도가 명확합니다.

코드 12.7 가격을 리턴한다는 것이 명확해짐

```
class Price {
  // 생략
  Price add(final Price other) {
```

```
    final int added = amount + other.amount;
    return new Price(added);
  }
}
```

마찬가지로 다른 금액 계산에서도 독자적인 자료형을 사용하면, 의도를 보다
명확하게 나타낼 수 있습니다. 자료형 자체가 다르므로, 실수로 값을 섞어서
계산하면 컴파일 오류가 발생할 것입니다.

코드 12.8 금액의 종류를 쉽게 확인할 수 있음

```
Price price = productPrice.add(otherPrice);
DiscountedPrice discountedPrice = new DiscountedPrice(price);
DeliveryPrice deliveryPrice = new DeliveryPrice(discountedPrice);
```

12.6.2 null 리턴하지 않기

매개변수로 null을 전달하지 않는 것이 좋듯이, null을 리턴하지 않아야 좋습
니다.

12.6.3 오류는 리턴 값으로 리턴하지 말고 예외 발생시키기

코드 12.9는 문제 있는 오류 처리입니다.

코드 12.9 특정 값을 갖는 Location 자료형으로 오류를 나타내는 코드

```
// 위치를 나타내는 클래스
class Location {
  //생략

  // 위치 이동하기
  Location shift(final int shiftX, final int shiftY) {
    int nextX = x + shiftX;
    int nextY = y + shiftY;
    if (valid(nextX, nextY)) {
      return new Location(nextX, nextY);
    }
    // (-1, -1)은 오류 값
    return new Location(-1, -1);
  }
```

Location.shift는 위치를 이동시키는 메서드입니다. 그런데 이동 후의 좌표가 잘못된 경우, 오류 값으로 Location(-1, -1)을 리턴합니다.

이러한 구현은 호출하는 쪽에서 '오류가 있을 때, 오류 값으로 Location(-1, -1)을 리턴한다'라는 사실을 알고 있어야 하며, 이를 활용해서 오류 처리를 확실하게 구현해야 합니다. 만약 오류 처리를 잊으면, Location(-1, -1)이라는 값이 후속 로직에서 정상 값처럼 사용되어 버그가 생길 것입니다.

어떤 값으로 여러 의미를 나타내는 것을 **중의적**(double meaning)이라고 합니다. Location(-1, -1)처럼 특정한 값을 좌표가 아니라, 오류로 다루는 것을 중의적이라고 할 수 있습니다. 중의적으로 쓰면 상황에 따라 의미가 달라지므로, 읽는 사람에게 혼란을 줍니다. 또한 상황 판단을 위해 조건 분기를 사용해야 하므로, 조건 분기가 이곳저곳 늘어납니다. 예를 들어 Location(-1, -1)인지 판정하는 오류 처리 분기 로직이 이곳저곳에 구현될 것입니다. 로직을 쓸데없이 복잡하게 만들므로, 중의적으로 해석할 만한 코드는 피하는 것이 좋습니다.

9.7.2절에서도 설명했던 것처럼 잘못된 상태에는 어떠한 관용도 베풀어서는 안 됩니다. 리턴 값으로 오류 값을 리턴하지 말고, 곧바로 예외를 발생시켜야 합니다.

코드 12.10 오류는 예외를 발생시켜야 함

```java
// 위치를 나타내는 클래스
class Location {
  //생략

  Location(final int x, final int y) {
    if (!valid(x, y)) {
      throw new IllegalArgumentException("잘못된 위치입니다.");
    }

    this.x = x;
    this.y = y;
  }

  // 위치 이동하기
  Location shift(final int shiftX, final int shiftY) {
    int nextX = x + shiftX;
    int nextY = y + shiftY;
```

```
    return new Location(nextX, nextY);
}
```

 메서드 이름 설계

메서드의 구조적인 문제는 이름에서 드러나는 경우가 많습니다(이름과 관련된 내용은 10장을 참고하세요).

'동사 + 목적어' 형태의 메서드 이름(10.6.1절)은 책무와 상관없는 로직을 구현하도록 유도할 수 있는 이름입니다. 최대한 이름이 동사 하나가 되도록 메서드와 클래스를 설계하는 것이 좋습니다(10.6.2절).

이 외에도 부적절한 위치에 있는 boolean 메서드(10.6.3절)도 주의해야 합니다.

 static 메서드와 관련된 주의 사항

static 메서드는 같은 클래스에 정의된 인스턴스 변수를 조작할 수 없습니다(5.1절 참고). 결국 데이터와 데이터를 조작하는 로직이 분산되어, 응집도가 낮은 구조를 만들 수 있습니다.

static 메서드는 팩토리 메서드(5.2.1절 참고), 횡단 관심사(5.3.3절 참고) 등 응집도가 낮을 때 생기는 문제를 걱정할 필요가 없는 상황에서만 사용합시다.

13장

모델링:
클래스 설계의
토대

이 장에서는 설계의 청사진이 되는 모델링에 대해 설명하겠습니다.

동작 원리와 구조를 간단하게 설명하기 위해, 사물의 특징과 관계를 그림으로 나타낸 것을 **모델**, 모델을 만드는 활동을 **모델링**이라고 부릅니다.

모델링을 하지 않으면, 변경하기 어렵고 악마를 불러들이는 코드를 작성하기 쉽습니다. 어떤 문제가 있는지, 그리고 이러한 문제를 막기 위해서는 어떻게 모델링해야 하는지 설명하겠습니다.

이 책에서는 모델을 시각적으로 표현하는 UML 클래스 다이어그램을 사용합니다. 일반적인 클래스 다이어그램과 메서드는 생략하고, 속성만 표기하겠습니다.[1] 데이터베이스 설계에서 사용하는 ER(Entity-Relationship) 다이어그램이 아니므로 주의하세요.

이 책에서는 모델을 그리는 자세한 방법과 과정을 따로 설명하지 않습니다. 개발하다가 접할 수 있는 문제를 중심으로 설명하겠습니다.

13.1 악마를 불러들이기 쉬운 User 클래스

웹 서비스에서 자주 볼 수 있는, 로그인 사용자를 나타내는 User 클래스를 예로 설명하겠습니다.

User 클래스는 사양 변경이 굉장히 잦아서, 여러 가지 문제를 일으키기 쉬운 클래스입니다. 어떤 문제가 있는지 가상의 코드를 기반으로 살펴봅시다.

어떤 온라인 쇼핑몰을 새로 개발하게 되었습니다. 일단 로그인 사용자를 나타낼 수 있게 User 클래스를 만들었습니다. 그리고 로그인과 관련된 최소한의 정보를 갖도록 코드 13.1처럼 구현했습니다.

코드 13.1 User 클래스

```
class User {
  int id;               // 식별 ID
```

---

[1] 모델을 그리는 방법은 사람마다 다릅니다. 이 책에서 UML 클래스 다이어그램을 사용하는 이유는 단지 사용하기 쉽다는 제 취향 때문입니다.

```
  String name;            // 이름
  String email;           // 이메일 주소
  String passwordDigest;  // 비밀번호
}
```

그리고 사용자를 관리할 수 있게, 로그인 사용자를 등록하고 관리하는 User
Manager 클래스도 만들었습니다(그림 13.1).

　이후 상품 배송지 지정을 위한 주소와 전화번호, 구매자 프로필을 나타내는
자기소개와 URL 등 다양한 사양이 추가되었습니다. 이 모든 정보를 User 클래
스에 인스턴스 변수로 추가했습니다.

코드 13.2 여러 인스턴스 변수가 추가됨

```
class User {
  int id;                 // 식별 ID
  String name;            // 이름
  String email;           // 이메일 주소
  String passwordDigest;  // 비밀번호
  String address;         // 주소
  String phoneNumber;     // 전화번호
  String bio;             // 자기소개
  String url;             // URL
  int discountPoint;      // 할인 포인트
  String themeMode;       // 표시 테마 색
  LocalDate birthday;     // 생년월일
  // 생략, 이 외에도 수많은 인스턴스 변수를 갖습니다.
}
```

서비스가 출시되고 얼마 지나지 않아서, 다른 업체도 상품을 등록할 수 있게
사양 변경이 이루어졌습니다. 법인 사용자를 등록할 때도 User 클래스를 사용
하기로 했습니다. 법인을 구분할 수 있게 법인 등록번호를 User 클래스에 추가
했습니다.

코드 13.3 법인 등록번호까지……?

```
class User {
  // 생략
  String corporationNumber;   // 법인 등록번호
}
```

UserManager 클래스와는 별도로 법인 사용자를 등록하고 관리하는 Corpora
tionManager 클래스도 만들었습니다(그림 13.1).

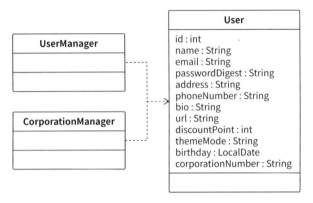

그림 13.1 문제가 있는 User 클래스

하지만 얼마 지나지 않아 여러 가지 버그가 발생하기 시작했습니다.

일단 CorporationManager에서 NullPointerException이 발생했습니다. 법인 등록
번호를 나타내는 User.corporationNumber가 null이라서 생긴 문제였습니다. User
Manager에서 등록한 User를 읽어 들이면서 문제가 된 것입니다. UserManager는
구매 사용자를 관리하므로, User에 법인 등록번호를 등록하지 않습니다.

그런데 UserManager에서도 NullPointerException이 발생했습니다. 이번에
는 생년월일을 나타내는 User.birthday가 null이라서 생긴 문제였습니다. 반대
로 CorporationManager에서 등록한 User를 읽어 들였기 때문이었습니다. Corpo
rationManager는 법인 사용자를 관리합니다. 따라서 User에 생년월일을 등록
하지 않습니다.

버그는 이뿐만이 아니었습니다. CorporationManager에서 User.name 유효성
검사와 관련된 오류도 났습니다. CorporationManager는 '이름은 4글자 이상이
다'라는 규칙이 있었는데, UserManager로 등록된 User는 (대부분의) 이름이 3글
자였기 때문입니다. 마찬가지로 UserManager에서도 유효성 검사와 관련된 문
제가 발생했습니다. CorporationManager가 등록한 User의 이름에 사람 이름으
로 사용할 수 없는 '㈜'가 들어 있었기 때문입니다.

그리고 User 클래스의 다양한 인스턴스 메서드에서 NullPointerException

등의 오류가 발생했습니다. 이를 해결하고자 이곳저곳에서 null인지 확인하는 조건 분기를 만들어서 오류가 나지 않도록 구현했습니다. 결국 유지 보수할 때마다 문제가 생기는 소스 코드가 되어 버렸습니다.

지금까지 User 클래스의 문제 때문에 생기는 가상의 시나리오였습니다. 실제 프로덕션 코드에도 이와 비슷한 사례가 많습니다.

왜 이런 문제가 발생하는 것일까요? 결론부터 말하면, 모델링을 제대로 하지 않았기 때문입니다.

13.2 모델링으로 접근해야 하는 구조

모델은 시스템의 구조를 설명하기 위해서 사용합니다. 따라서 모델링을 이해하려면, 일단 시스템이 무엇인지 이해해야 합니다.

13.2.1 시스템이란?

우리는 다양한 사회적 활동을 하며 살아갑니다. 예를 들어 목적지로 이동하기, 일하기, 놀기, 쇼핑하기 등이 있습니다. 이러한 활동은 각각의 시스템에 의해 굴러갑니다.

그림 13.2 사람들은 다양한 '사회적 활동'을 한다.

사전에서 시스템의 정의를 찾아보면, '수많은 구성 요소로 이루어진 집합체로서, 각각의 부분이 유기적으로 연결되어, 전체적으로 하나의 목적을 갖고 움직이는 것'이라고 되어 있습니다. 조금 추상적으로 느껴집니다.

예를 들어 걸어서 목적지로 이동할 때, 사람은 두 다리를 번갈아 움직이면서 이동하는 '이족 보행 시스템'을 따릅니다. 의사소통할 때는 말하는 사람은 발성 기관을 사용해서 말하고, 듣는 사람은 고막을 통해서 소리를 듣는 '음파를 통한 회화 시스템'을 사용합니다. 이처럼 사람은 시스템을 사용해서 다양한 사회적인 활동을 합니다. 시스템이라고 하면 개발자들은 컴퓨터와 관련된 것부터 떠올리기 쉽지만, 우리 몸에 있는 기관과 장기 모두 훌륭한 시스템입니다.

그리고 인류는 다양한 도구와 기계를 발명했습니다.

목적지로 이동하기 위해 마차, 자동차, 비행기 등을 발명했습니다. 의사소통을 하기 위해 편지, 전화, SNS 등을 발명했습니다.

목적지로 이동할 때, 이족 보행 시스템이 아니라 자동차와 비행기 등 다른 시스템을 활용할 수 있습니다. 사회적 활동을 할 때 한 시스템을 다른 시스템으로 대체해서 활용할 수 있습니다.

그런데 왜 자동차와 같은 시스템이 만들어진 것일까요?

이족 보행 시스템과 비교해서 자동차와 비행기 등의 시스템을 활용하면, 몇 배는 더 빠르게 목적지로 이동할 수 있습니다. 즉, 목적 달성을 더 효율적으로 하기 위해서 또 다른 시스템을 만들어 내는 것입니다. **시스템은 목적 달성을 위한 수단입니다.** 기술의 본질은 능력을 확장하는 것입니다.

시스템 중에서 컴퓨터를 활용하는 시스템을 정보 시스템이라고 부릅니다.

13.2.2 시스템 구조와 모델링

세상에 있는 편리한 시스템들은 특징적인 구조를 갖고 있습니다. 모델은 이러한 시스템의 구조를 설명하기 위해 사용됩니다.

예를 들어 전기 자동차는 전기를 저장하는 배터리, 차축을 회전시키는 모터, 모터 회전 속도를 제어하는 장치 등으로 구성됩니다.

이처럼 시스템 구조를 설명하기 위해 단순한 상자로 도식화한 것이 모델입니다. 그리고 모델의 의도를 정의하고, 구조를 설계하는 것이 모델링입니다.

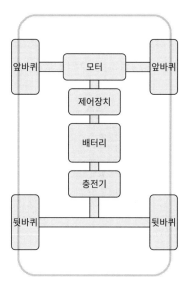

그림 13.3 전기 자동차의 구조

시스템은 목적을 달성하기 위한 수단입니다. 그리고 모델은 시스템의 구성 요소들입니다. 즉, 모델은 목적을 달성하기 위한 수단의 일부를 개념화한 것입니다.

정리해 봅시다. 모델이란 **특정 목적 달성을 위해 최소한으로 필요한 요소를 갖춘 것**입니다. 지금까지 강조한 내용들을 꼭 기억하세요. 앞으로의 내용을 이해하는 데 매우 중요합니다.

13.2.3 소프트웨어 설계와 모델링

소프트웨어 설계에서의 모델은 어떨까요? 온라인 쇼핑몰을 예로 들어 생각해 봅시다.

온라인 쇼핑몰은 상품 매매를 시스템화한 것입니다. 온라인 쇼핑몰은 매매가 효율적으로 이루어지게 도와줍니다. 우리는 온라인 쇼핑몰 덕분에 집에서도 상품을 구매할 수 있는 혜택을 누리고 있습니다.

그럼 상품을 모델로 나타내면 어떻게 될까요? 상품에는 다양한 부대 요소(정보)가 있습니다. 상품명, 원가, 판매 가격, 제조년월일, 제조 업체, 구성 부품, 부품 재료, 부품 제조업자, 유통 기한, 소비 기한 등 나열하라면 계속해서 나열할 수 있을 만큼 많은 정보가 있습니다. 끝이 없습니다.

이 정보들을 모두 포함하면, 모델의 목적을 알 수 없을 것입니다. 다루어야
하는 데이터가 폭발적으로 많을 것이고, 구현할 수도 없을 것입니다.

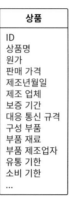

그림 13.4 목적을 알기 힘든 거대한 상품 모델

모델은 '특정 목적 달성을 위해서, 최소한으로 필요한 요소를 갖춘 것'이라고
설명했습니다. 그럼 목적을 조금 더 자세하게 생각해 봅시다.

주문 시 상품 모델을 만들기 위해 최소한으로 필요한 요소들을 생각해 봅시
다. 상품 ID, 상품명, 판매 가격, 재고 수량 등이 있을 수 있습니다. 모델로 나타
내 보겠습니다.

상품
ID 상품명 판매 가격 재고 수량

주문 시의 상품 모델

상품
ID 크기 무게

배송 시의 상품 모델

그림 13.5 목적별로 정의한 상품 모델

배송 시에는 어떨까요? 상품 가격과 재고 수량을 따로 고려하지 않아도 됩니
다. 반면 상품 포장과 관련된 상품 크기와 무게 등의 요소가 필요합니다.

주문과 배송은 달성해야 하는 목적이 다릅니다. 즉, 목적에 따라 상품의 모
델이 달라지는 것입니다.

13.3 안 좋은 모델의 문제점과 해결 방법

모델링 관점에서 User 클래스의 문제점을 검토해 봅시다. 일단 User 클래스를 모델로 해석해 보겠습니다.

모델은 '특정 목적 달성을 위해서, 최소한으로 필요한 요소를 갖춘 것'이라고 이야기했습니다. 그럼 User 모델의 목적은 무엇일까요?

생년월일은 개인 프로필과 관련된 요소입니다. 그렇다면 법인 등록번호는 개인 프로필과 관련된 요소일까요? 그렇지 않습니다. 법인 등록번호는 법인 정보 검증과 관련된 요소입니다. 이메일 주소와 비밀번호는 어떤가요? 개인 프로필과 관련된 요소도 아니고, 로그인 인증과 관련된 요소입니다. 그 밖에 화면 테마 등도 모두 서로 다른 것과 관련된 요소입니다.

즉, User 클래스(모델)는 '여러 목적에 무리하게 사용되고 있으며, 모델링된 것처럼 보이지만 모델링되어 있지 않다'라고 말할 수 있습니다. 이런 모델을 **일관성 없는 모델**이라고 부릅니다.

여러 웹 서비스에서 이와 같은 User 클래스를 만듭니다. 그리고 다양한 기능이 추가되어 여러 요소가 User 클래스에 추가되면서, 일관성을 잃게 됩니다. 이는 다양한 문제를 초래합니다.

현장에서 설계 품질이 문제가 될 때 이유를 확인해 보면 모델링이 제대로 되지 않아 그저 작동만 하는 코드로 작성되어 있는 경우가 많습니다. 모델링이 제대로 이루어지지 않으면, User 클래스처럼 여러 가지 문제의 원흉이 됩니다. 모델링을 잘하려면, 반드시 대상이 되는 사회적 활동과 목적을 이해해야 합니다.

그림 13.6 모델링하려면 대상을 관찰하여 필수 요소를 추출해야 함

13.3.1 User와 시스템의 관계

그렇다면 User 클래스(모델)는 어떻게 모델링해야 할까요?

'User가 대체 무엇인가'부터 생각해 봅시다. User를 직역하면 사용자, 이용자입니다. '사용자'는 '무엇'을 사용할까요? 시스템을 사용할 것입니다. 따라서 User는 '시스템 사용자'라고 생각할 수 있습니다.

UML 중에는 '시스템의 유스케이스(사용 사례)'를 표현하는 유스케이스 다이어그램이 있습니다. 유스케이스 다이어그램에서 액터(actor)는 시스템 사용자를 의미하고, 사각형은 시스템을 의미합니다.

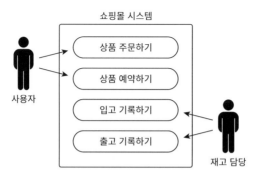

그림 13.7 온라인 쇼핑몰의 유스케이스 다이어그램

그림 13.7을 보면 알 수 있듯이, 액터(시스템 사용자)는 시스템의 바깥에 있습니다. 시스템 내부에 사용자(User)가 포함되는 것은 조금 부자연스럽습니다. 잘 생각해 보면 상품도 물리적으로는 시스템 바깥에 있습니다. 하지만 이름, 생년월일, 이메일, 판매 가격, 재고 수량 등 사용자나 상품에 관한 요소는 시스템을 동작시키는 데 필요합니다. 이렇게 정보가 안과 밖에 얽혀 있는 관계를 해소하려면, 자동차와 비행기 등의 물리적인 시스템과 달리 정보 시스템만이 갖는 특징을 활용해야 합니다.

13.3.2 가상 세계를 표현하는 정보 시스템

정보 시스템의 기반은 컴퓨터입니다. 컴퓨터는 0과 1이라는 비트로 구성되는 세계입니다. 온라인 쇼핑몰에서의 '주문한다', '대금을 지불한다'라는 행위도 컴퓨터상에서는 0과 1로 표현될 뿐입니다. 인간이 물리적으로 가게에 주문하러 가거나, 지폐와 동전 등 현금을 물리적으로 건네는 것이 아니라 개념적인 사항만 0과 1이라는 비트로 나타나는 것입니다.

따라서 정보 시스템이란 현실 세계에 있는 개념만을 컴퓨터 세계에 투영하는 가상 현실입니다. 이 부분이 바로 현실에 있는 자동차와 비행기 등 물리적인 시스템과 크게 다른 점입니다. 정보 시스템은 현실 세계에 존재하는 개념을 컴퓨터 내부의 가상 세계 안에 만들고, 개념적인 처리를 컴퓨터로 빠르게 만들어 효율을 높일 수 있다는 장점이 있습니다.

13.3.3 목적별로 모델링하기

지금까지 살펴본 바에 따르면 상품과 사용자는 물리적인 세부 사항 등은 무시하고, 개념적인 측면만 가상 현실 세계에 투영한 모델이라고 볼 수 있습니다. 다만 사용자를 그대로 User로 모델링하면, 모델의 일관성 문제를 해결할 수 없습니다.

이를 해결하기 위한 좋은 힌트가 있습니다. 취업 활동에서는 이력서, 직무 경력서, 추천서 등을 사용합니다. 이는 취업하려는 사람의 특성을 표현하는 매체입니다. 각각의 매체는 목적에 따라 표현 방법과 이름이 다릅니다. 모두 User라는 이름으로 표현될 수 없습니다. 따라서 사용자를 표현하는 수단은 목적에 따라 이름과 형태가 달라집니다. 절대 하나가 아닙니다.

모델은 '특정 목적 달성을 위해, 최소한으로 필요한 요소를 갖춘 것'이라고 설명했습니다. 그럼 사용자와 관련된 목적을 고려한 모델을 생각해 봅시다. 여기 좋은 예가 하나 있습니다.

그림 13.8은 깃허브의 사용자 설정 화면입니다. 목적에 따라 설정 항목이 구분되어 있습니다. 로그인 인증과 관련된 'Account settings', 생년월일과 자기소개 등 개인 정보와 관련된 'Profile'처럼 모델이 표현되어 있는 것입니다. 개인으로 사용하는 방법과 법인으로 사용하는 방법은 다르므로, 계정을 '개인 계정'과 '법인 계정'으로 나누어서 모델을 표현해야, 모델의 일관성 문제를 해결할 수 있습니다.

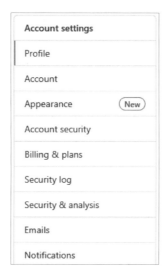

그림 13.8 깃허브의 사용자 설정 항목

이처럼 정보 시스템에서는 '현실 세계에 있는 물리적인 존재'와 '정보 시스템에 있는 모델'이 무조건 일대일 대응되지 않고, 일대다 대응되는 경우가 많다는 특징이 있습니다. 따라서 설계 품질을 생각할 때 이 부분에 특히 주의해야 합니다(그림 13.9).

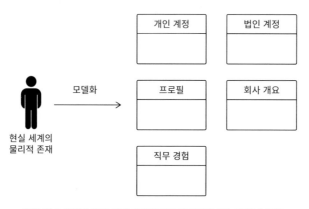

그림 13.9 목적에 따라 여러 개의 모델로 정의해야 하는 경우가 많음

또 다른 관점으로는 User(사용자)라는 이름이 굉장히 애매모호하다는 점입니다. 이름이 '사용자'이기 때문에 개인 사용자와 법인 사용자 모두를 표현할 수

있을 것처럼 보입니다. 목적 중심 이름 설계(10장 참고)에서 설명했던 것처럼 구체적이고, 의미 범위가 좁고, 목적을 나타내는 이름으로 다시 설계하는 것도 좋습니다.

목적 기반으로 이름을 설계해 보면, 다음과 같이 수정할 수 있습니다.

목적	목적 기반 이름
개인 로그인 인증	PersonalAccount
법인 로그인 인증	CorporateAccount
특징 표현	Profile

참고로 이 장의 앞부분에 등장했던 UserManager도 의미 범위가 너무 넓습니다. 예를 들어 개인 로그인 인증에 대응되는 PersonalAccountAuthentication 클래스, 프로필 변경에 대응되는 UpdateProfileUseCase 클래스처럼 목적에 따라 클래스를 분해하는 것이 좋습니다.

13.3.4 모델은 대상이 아니라 목적 달성의 수단

모델링이 제대로 되지 않는 원인은 모델을 단순한 '대상'으로 해석하고 있기 때문입니다.

사용자와 상품 모두 단순한 '대상'으로 해석하면, 여기에 모든 목적이 담깁니다. 데이터는 거대해질 수밖에 없고, 일관성 없는 구조가 됩니다.

모델은 시스템 전체가 아니라 특정한 목적 달성과 관련된 부분만을 추려 표현한, 시스템의 일부입니다. 목적 달성 수단으로 해석해야 제대로 모델링할 수 있습니다.

사용자 모델링을 생각해 보면, PersonalAccount는 개인 사용자가 로그인할 때 필요한 인증 수단이고, Profile은 특징 표현 수단입니다.

눈치가 빠른 독자라면 이미 알아챘을 것입니다. 지금까지 설명했던 '목적 달성 수단으로의 모델'은 10장에서 살펴보았던 '목적 중심 이름 설계'와 관점이 같습니다. 목적 중심으로 이름을 잘 설계하면, 목적을 달성하기에 적절한 모델을 설계할 수 있습니다.

13.3.5 단일 책임이란 단일 목적

그리고 이 모델과 목적의 관계는 8.1.3절에서 설명한 단일 책임 원칙과도 이어집니다.

당시 User 클래스를 너무 많은 목적으로 사용해서 문제가 발생했습니다. 코드 8.1의 DiscountManager.getDiscountPrice는 일반 할인과 여름 할인이라는 두 가지 목적에 사용되었습니다. 두 가지 일을 책임지고 있는 것입니다.

이 예에서 설명했던 것처럼 목적과 책임은 서로 대응되는 관계입니다. 따라서 단일 책임 원칙은 단일 목적 원칙이라고 바꿔 이야기할 수도 있을 것입니다. '클래스가 이루어야 하는 목적은 반드시 하나여야 한다'라는 것입니다.

클래스를 '공통으로 사용 가능한 범용적인 부품으로 설계해야 한다'고 생각하는 분도 있을 것입니다. 하지만 그렇지 않습니다. 반대입니다. **특정 목적에 특화되게 설계해야, 변경하기 쉬운 고품질 구조를 갖게 됩니다.**

좋은 설계란 무엇인지 잘 이해하는 사람들로 구성된 설계 현장에서는 '책무를 잘 생각해서 설계하자'라는 말을 자주 주고받습니다. 하지만 '책무'라는 말을 들어도, 감이 잘 오지 않을 수 있습니다.

그렇다면 일단 목적을 다시 확인해 보세요. 시스템은 어떤 목적을 달성하기 위해 만들어지는 것이므로, 목적을 먼저 확립해야 관심사에 따라 가져야 할 책임을 정할 수 있기 때문입니다.

13.3.6 모델을 다시 확인하는 방법

클래스 구조에 문제가 있다는 것은 모델에 문제가 있다는 말입니다. 모델이 잘못되어 있거나, 부자연스럽거나, 일관성이 없는 경우에는 다음을 검토해 보세요.

- 해당 모델이 달성하려는 목적을 모두 찾아냅니다.
- 목적별로 모델링을 다시 수정합니다.
- 목적 중심 이름 설계를 기반으로 모델에 이름을 붙입니다.
- 모델에 목적 이외의 요소가 들어가 있다면 다시 수정합니다.

13.3.7 모델과 구현은 반드시 서로 피드백하기

모델은 구조를 단순화한 것에 불과하므로, 세부적인 내용은 따로 묘사하지 않습니다. 따라서 모델을 기반으로 클래스를 설계하고, 코드를 구현하면서 세부적인 내용을 수정해야 합니다.

'모델 = 클래스'는 아닙니다. 일반적으로 모델 하나는 여러 개의 클래스로 구현됩니다.

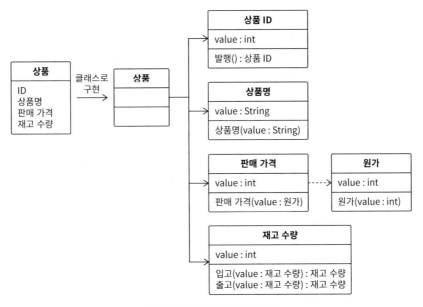

그림 13.10 모델과 클래스의 차이

따라서 모델을 클래스와 코드로 정교화하는 단계에서, 동작에 필수적인 요소들을 간과했음을 깨닫는 경우가 잦습니다.

클래스 설계와 구현에서 무언가를 깨닫는다면, 이를 모델에 피드백해야 합니다. 피드백하면 모델이 더 정확해집니다. 그러면 모델 구조를 개선할 수 있고, 개선된 모델은 마찬가지로 클래스와 코드 품질 향상에 기여합니다.

피드백을 하지 않으면, '모델의 구조'와 '소스 코드' 사이에 괴리가 생깁니다. 애써 모델링을 했어도 쓸모 없게 되어 버립니다. 개선과 혁신이라는 피드백 사이클이 돌아가지 않는 것입니다.

피드백 사이클을 계속 돌리는 것이 설계 품질을 높이는 비결입니다.

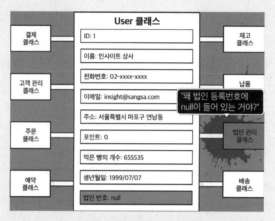

그림 13.11 어떤 값을 null로 전달함

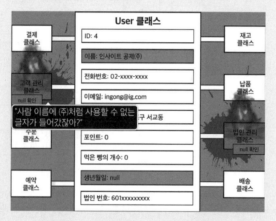

그림 13.12 잘못된 문자열이 전달되기도 함

나쁜 설계 영상 'User 클래스[a]'는 이 장에서 다룬 User 클래스의 폐해를 그대로 그린 작품입니다.[b]

다음과 같은 User 클래스의 폐해가 그대로 동영상 속에 등장합니다.

- 법인 번호에 null을 전달해서, 법인 관리 클래스 쪽에서 NullPointerException 예외가 발생함.

- 사람 이름에 사용할 수 없는 '㈜'를 전달해서, 고객 관리 클래스 쪽에서 유효성 관련 오류가 발생함.

영상의 후반부에서 User 클래스를 분할하려고 하지만, 이미 너무 많은 클래스가 User 클래스에 의존하고 있습니다. 결국 영향 범위가 너무 넓어 클래스 분할에 실패하고, 누구도 행복하지 않은 결말을 맞이합니다.

웹 서비스는 대부분의 유스케이스에서 사용자 인증을 활용합니다. 그래서 여러 클래스에서 사용자 인증과 관련된 클래스에 의존하게 됩니다. 의존하는 클래스 수가 많을수록 영향 범위가 넓어지므로, 사용자 인증과 관련된 클래스의 변경이나 유지 보수가 어려워집니다.

이렇게 되지 않으려면, 개발 초기에 모델링을 잘해야 합니다. 물론 개발 초기에는 시스템을 아직 충분히 이해하지 못해서 그다지 정교하지 않은 모델이 만들어질 수도 있습니다. 그렇다고 모델링이 중요하지 않다는 이야기는 아닙니다.

개발이 진행되면, 클래스 구조가 복잡해지면서 서로에 대한 의존도가 높아집니다. 이렇게 되면 이후에 모델링을 다시 하고 구조를 정리하려 마음먹어도, 이미 의존도가 높아져서 주눅이 들기 쉽습니다.

이 책을 집필하는 중에도, 저는 프로젝트에서 거대한 클래스 분할을 시도하고 있습니다. 그런데 의존 관계가 너무 복잡해서 어려움을 겪고 있습니다.

나중에 이러한 문제로 고생하지 않으려면, 개발 초기부터 목적에 특화되게 모델링하는 것이 좋습니다.

a *https://twitter.com/MinoDriven/status/1380773721032433674*
b 2021년 4월에 개최된 <Developer eXperience Day 2021>에서 발표에 사용했습니다.

13.4 기능성을 좌우하는 모델링

기능성이란 소프트웨어의 품질 특성 중 하나로, '고객의 니즈를 만족하는 정도'를 의미합니다(15.1절 참고). 지금부터는 기능성과 모델링의 관계에 대해서 설명하겠습니다.

13.4.1 숨어 있는 목적 파악하기

온라인 쇼핑몰에서 상품 구매 모델링을 생각해 봅시다. 구성 요소로 구매 대상 제품과 가격 등을 포함한다면, 그림 13.13과 같은 모델을 구성해 볼 수 있습니다.

그림 13.13 상품 구매의 진짜 목적은?

하지만 이러한 모델은 기능을 발휘하기 힘듭니다. 상품 구매 뒤에 숨어 있는 진짜 모습 때문입니다.

대부분의 온라인 쇼핑몰 이용 약관을 보면, '상품 등의 매매 계약은 구매 회원의 구매 신청에 대하여 회사 또는 판매 회원이 승낙의 의사 표시를 함으로써 체결됩니다.' 같은 내용이 있습니다. 상품 구매는 법적으로 매매 계약입니다. 법적으로 생각해 보면, 무게가 완전히 달라집니다. 모델링을 할 때 고려해야 하는 구성 요소가 달라진다는 것입니다.

매매 계약은 지불 시기와 결제 방법 등 지불 조건을 지정해야 합니다. 그림 13.13의 모델을 보면 지불 조건에 해당하는 요소가 없습니다. 이처럼 법적인 내용이 시스템에 반영되어 있지 않다면, 어떤 문제가 일어날까요? 판매자와 구매자에게 어떤 문제가 생겼을 때, 법적인 효력을 갖지 못해 현실의 문제를 해결하지 못하는 시스템이 되어 버릴 수 있습니다. 기능이 손실되는 것입니다.

기능을 제대로 발휘하려면, '개념의 정체'와 '뒤에 숨어 있는 중요한 목적'을 잘 파악해야 합니다(그림 13.14).

그림 13.14 매매 계약에 따른 법적 요소를 포함한 모델

13.4.2 기능성을 혁신하는 '깊은 모델'

고등어와 꽁치라는 두 모델은 어떻게 추상화해야 할까요? 특별한 관점이 정해져 있지 않다면, 그림 13.15처럼 '어류'로 추상화할 수 있을 것입니다.

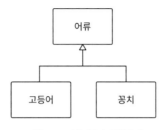

그림 13.15 어류로 추상화하기

여기에 돼지를 추가하면 어떻게 될까요? 생물학적인 분류를 활용해서, 그림 13.16처럼 만들 수 있습니다.

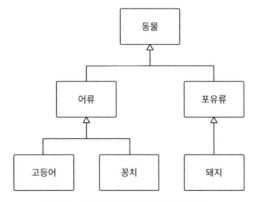

그림 13.16 목적을 이해하기 힘든 계층 구조

하지만 이와 같은 추상화는 다소 문제가 있습니다. 각 모델이 어떤 역할을 하고 있는지 전혀 알 수 없기 때문입니다.

모델은 목적 달성 수단이라고 설명했습니다. 위 모델을 어떤 목적을 달성하기 위한 수단으로 생각해 보겠습니다. 예를 들어 앞에서 언급했던 고등어, 꽁치, 돼지를 '영양 섭취 수단'으로 생각해 보면, 그림 13.17과 같이 나타낼 수 있습니다.

그림 13.17 식사 이외에도 영양 섭취 수단을 검토할 수 있음

영양 섭취 수단이기만 하면 되므로, 돼지 이외에도 야채나 가공 식품 등도 포함할 수 있을 것입니다. 또한 식사를 하지 않고도 영양을 섭취할 수 있으므로, 수액이나 튜브를 통한 급식도 문제 없을 것입니다. 이처럼 목적 달성 수단으로 해석하면, 추상화했을 때 모델의 확장성이 커집니다.

그림 13.18에 있는 이족 보행과 마차는 이동 수단을 구체화한 것입니다. 이 외에도 자동차와 비행기 등이 있습니다. 그런데 전차, 자동차, 비행기는 모두 구조가 전혀 다릅니다.

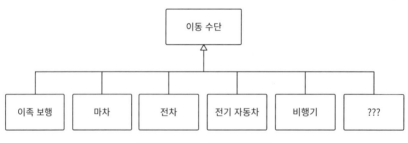

그림 13.18 이동 수단의 혁신 역사

같은 목적 달성 수단이라고 해도, 구조에 따라 달성 효율이 다릅니다. 이처럼 구조를 개선하여 기능을 혁신할 수 있습니다.

차세대 이동 수단에는 어떤 것이 있을까요? 탈것이 아니라 순간 이동 장치 같은 것이 나올지도 모릅니다.

소프트웨어 분야에도 다양한 혁신이 있었습니다. 예를 들어 흥미로운 주제를 인터넷에 널리 알리고 싶을 때 정보 확산 수단으로 게시판, 이메일, 개인 블로그 등을 사용했습니다. 하지만 이후 트위터 같은 SNS의 등장으로 정보 확산 수단이 혁신되었습니다(그림 13.19).

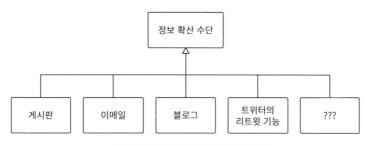

그림 13.19 정보 확산 수단을 혁신한 트위터

트위터는 리트윗한 트윗이 팔로워 타임라인에 표시되는 구조를 갖고 있습니다. 이 구조로 인해 화제성이 큰 트윗이 폭발적으로 확산됩니다. 정보 확산이라는 기능성이 기존의 방식보다 훨씬 높은 것입니다.

리트윗을 정보 확산 수단의 모델로 해석하면, 리트윗은 팔로워의 타임라인을 변환하는 능력을 갖고 있다고 생각할 수 있습니다. 좋은 구조는 이와 같이 변환 능력을 갖고 있습니다. 모니터는 케이블로부터 비트 신호를 받아 화소로 변환해, 선명한 영상을 표시해 줍니다. 온라인 쇼핑몰은 클릭 몇 번을 발주 데이터와 결제 데이터로 변환해 줍니다. 이로 인해 우리는 집에서 간단하게 상품을 구매하고 받아볼 수 있게 된 것입니다.

컴퓨터의 본질은 '0과 1이라는 신호를 변환'하고, '신호 변환을 응용해서 연산하는 것'이라 할 수 있습니다. 뛰어난 변환 능력을 갖춘 모델을 설계하는 것이 곧 기능성의 혁신으로 이어진다고 생각합니다. 도메인 주도 설계(17.1.11절)에서는 이처럼 '본질적 과제를 해결하고, 기능성 혁신에 공헌하는 모델'을 **깊은 모델**(deep model)이라고 부릅니다.

깊은 모델은 하루 아침에 만들어지지 않습니다. 수많은 시행착오를 거듭하고, 모델을 계속해서 개량하는 과정에서 발상이 전환되고, 이 과정에서 기존의 한계를 극복할 수 있는 깊은 모델이 만들어지는 것입니다.

설계는 한 번 했다고 끝나는 것이 아니라, 매일매일 반복해서 개선하는 것이 중요합니다.

14장

리팩터링:
기존의 코드를
성장시키는 기술

지금까지는 악마가 발생하지 않게, 이상적인 코드를 작성하는 방법과 클래스를 설계하는
방법에 대해서 살펴보았습니다. 코드를 새로 추가해야 하는 경우에는 앞서 배운 내용에 따
라 설계하고 구현하면 될 것입니다. 그런데 이미 구현되어 있는 코드의 구조가 좋지 않다
면, 어떻게 해야 할까요? 이러한 코드는 리팩터링해야 합니다.

14.1 리팩터링의 흐름

리팩터링이란 실질적인 동작은 유지하면서, 구조만 정리하는 작업입니다. 이
장에서는 리팩터링 방법에 대해서 설명하겠습니다.

리팩터링을 하기 위해 코드를 변경할 때 실질적인 동작까지 바뀌어 버린다
면, 이는 리팩터링이라 할 수 없습니다. 실질적인 동작이 변하지 않았음을 확
인할 수 있는 방법으로는 단위 테스트 등이 있습니다. 이와 관련된 내용은 이
후에 자세하게 설명하고, 일단 리팩터링으로 코드를 변경하는 일련의 흐름을
설명하겠습니다.

웹툰 서비스의 로직을 예로 설명하겠습니다. 웹툰 서비스는 서비스 내부에
서만 사용할 수 있는 구매 포인트로 만화를 구매할 수 있습니다.

다음 조건을 모두 만족하는 경우, 결제를 할 수 있다는 사양이라고 합시다.

- 구매자의 계정이 유효해야 합니다.
- 구매하려는 만화가 현재 구매 가능한 상태여야 합니다.
- 구매자가 갖고 있는 포인트가 만화 구매 포인트 이상이어야 합니다.

코드 14.1은 구매 결제를 나타내는 클래스입니다. 이미 구현되어 있는 클래스
라고 합시다.

코드 14.1 리팩터링 대상 코드

```
class PurchasePointPayment {
  final CustomerId customerId;        // 구매자의 ID
  final ComicId comicId;              // 구매할 웹툰의 ID
```

```
  final PurchasePoint consumptionPoint; // 구매에 필요한 포인트
  final LocalDateTime paymentDateTime;  // 구매 일자

  PurchasePointPayment(final Customer customer, final Comic comic) {
    if (customer.isEnabled()) {
      customerId = customer.id;
      if (comic.isEnabled()) {
        comicId = comic.id;
        if (comic.currentPurchasePoint.amount <=
            customer.possessionPoint.amount) {
          consumptionPoint = comic.currentPurchasePoint;
          paymentDateTime = LocalDateTime.now();
        }
        else {
          throw new RuntimeException("보유하고 있는 포인트가 부족합니다.");
        }
      }
      else {
        throw new IllegalArgumentException("현재 구매할 수 없는 만화입니다.");
      }
    }
    else {
      throw new IllegalArgumentException("유효하지 않은 계정입니다.");
    }
  }
}
```

14.1.1 중첩을 제거하여 보기 좋게 만들기

PurchasePointPayment 클래스의 생성자에서는 구매 가능 조건을 확인하고 있습니다. 그런데 조건 판정을 위해 if 조건문을 여러 번 중첩하고 있습니다. 구조 자체가 가독성이 매우 좋지 않습니다.

조기 리턴(6.1절)을 활용하여 조건을 반전해서 if 조건문의 중첩을 제거해 봅시다. 일단 if (customer.isEnabled())를 반전하고, 같은 동작을 하도록 로직을 수정합니다.

코드 14.2 조건을 반전해서 중첩 제거하기

```
PurchasePointPayment(final Customer customer, final Comic comic) {
  if (!customer.isEnabled()) {
    throw new IllegalArgumentException("유효하지 않은 계정입니다.");
  }
```

```
    customerId = customer.id;
    if (comic.isEnabled()) {
      comicId = comic.id;
      if (comic.currentPurchasePoint.amount <=
          customer.possessionPoint.amount) {
        consumptionPoint = comic.currentPurchasePoint;
        paymentDateTime = LocalDateTime.now();
      }
      else {
        throw new RuntimeException("보유하고 있는 포인트가 부족합니다.");
      }
    }
    else {
      throw new IllegalArgumentException("현재 구매할 수 없는 만화입니다.");
    }
}
```

이어지는 2개의 if 조건문도 조건을 반전해서 정리합니다.

🍴 코드 14.3 다른 if 조건문도 조건을 반전해서 정리하기

```
PurchasePointPayment(final Customer customer, final Comic comic) {
  if (!customer.isEnabled()) {
    throw new IllegalArgumentException("유효하지 않은 계정입니다.");
  }
  customerId = customer.id;
  if (!comic.isEnabled()) {
    throw new IllegalArgumentException("현재 구매할 수 없는 만화입니다.");
  }
  comicId = comic.id;
  if (customer.possessionPoint.amount <
      comic.currentPurchasePoint.amount) {
    throw new RuntimeException("보유하고 있는 포인트가 부족합니다.");
  }
  consumptionPoint = comic.currentPurchasePoint;
  paymentDateTime = LocalDateTime.now();
}
```

14.1.2 의미 단위로 로직 정리하기

결제 조건을 확인하면서 customerId와 comicId에 값을 대입하고 있습니다. 서로 다른 일이 뒤섞여 있으므로, 로직이 정리되지 않습니다.

조건 확인과 값 대입 로직을 각각 분리해서 정리합니다. 조건 확인을 모두

완료한 이후에 값을 대입하는 순서로 바꾸었습니다.

코드 14.4 조건 확인과 값 대입을 각각 정리하기

```
PurchasePointPayment(final Customer customer, final Comic comic) {
  if (!customer.isEnabled()) {
    throw new IllegalArgumentException("유효하지 않은 계정입니다.");
  }
  if (!comic.isEnabled()) {
    throw new IllegalArgumentException("현재 구매할 수 없는 만화입니다.");
  }
  if (customer.possessionPoint.amount <
      comic.currentPurchasePoint.amount) {
    throw new RuntimeException("보유하고 있는 포인트가 부족합니다.");
  }

  customerId = customer.id;
  comicId = comic.id;
  consumptionPoint = comic.currentPurchasePoint;
  paymentDateTime = LocalDateTime.now();
}
```

로직의 가독성이 많이 좋아졌습니다. 하지만 아직도 개선할 부분이 더 있습니다.

14.1.3 조건을 읽기 쉽게 하기

유효하지 않은 구매자 계정을 if (!customer.isEnabled())로 판정하고 있습니다. 논리 부정 연산자 '!'를 사용하고 있으므로, 코드를 읽을 때 한 번 더 생각해서 '유효하지 않다'라고 바꿔 읽어야 합니다. 가독성이 조금 떨어집니다.

따라서 Customer 클래스에 유효하지 않은 계정인지 여부를 리턴하는 isDisabled 메서드를 추가해 봅시다. Comic 클래스도 마찬가지로 isDisabled 메서드를 추가합니다. 그리고 PurchasePointPayment 생성자에서 isDisabled 메서드를 호출하도록 수정합니다.

코드 14.5 논리 부정 연산자가 아니라 메서드를 만들어 개선하기

```
PurchasePointPayment(final Customer customer, final Comic comic) {
  if (customer.isDisabled()) {
    throw new IllegalArgumentException("유효하지 않은 계정입니다.");
  }
  if (comic.isDisabled()) {
```

```
      throw new IllegalArgumentException("현재 구매할 수 없는 만화입니다.");
    }
    // 생략
```

14.1.4 무턱대고 작성한 로직을 목적을 나타내는 메서드로 바꾸기

PurchasePointPayment 생성자에서는 if (customer.possessionPoint.amount <
comic.currentPurchasePoint.amount)로 보유하고 있는 포인트가 부족한지 판
정하고 있습니다. 그런데 이 로직 부분만 보았을 때는 목적을 알기 힘듭니다.

　무턱대고 로직으로 작성하지 말고, 목적을 나타내는 메서드로 만들어 사용
하는 것이 좋습니다. 보유 포인트가 부족한지 리턴하는 isShortOfPoint 메서드
를 Customer 클래스에 추가합시다.

코드 14.6 목적을 나타내는 메서드 만들기

```
class Customer {
  final CustomerId id;
  final PurchasePoint possessionPoint;

  /**
   * @param comic 구매 대상 웹툰
   * @return 보유 포인트가 부족하다면 true
   */
  boolean isShortOfPoint(Comic comic) {
    return possessionPoint.amount < comic.currentPurchasePoint.amount;
  }
}
```

PurchasePointPayment 생성자 쪽의 로직을 다음과 같이 Customer.isShortOf
Point를 사용하는 형태로 변경합니다.

코드 14.7 목적을 나타내는 메서드로 바꾸기

```
class PurchasePointPayment {
  final CustomerId customerId;          // 구매자의 ID
  final ComicId comicId;                // 구매할 웹툰의 ID
  final PurchasePoint consumptionPoint; // 구매에 필요한 포인트
  final LocalDateTime paymentDateTime;  // 구매 일시

  PurchasePointPayment(final Customer customer, final Comic comic) {
    if (customer.isDisabled()) {
      throw new IllegalArgumentException("유효하지 않은 계정입니다.");
```

```
  }
  if (comic.isDisabled()) {
    throw new IllegalArgumentException("현재 구매할 수 없는 만화입니다.");
  }
  if (customer.isShortOfPoint(comic)) {
    throw new RuntimeException("보유하고 있는 포인트가 부족합니다.");
  }

  customerId = customer.id;
  comicId = comic.id;
  consumptionPoint = comic.currentPurchasePoint;
  paymentDateTime = LocalDateTime.now();
  }
}
```

지금까지 리팩터링으로 코드를 정리하는 흐름에 대해 설명했습니다.

하지만 실제 프로덕션 코드는 훨씬 복잡하므로, 리팩터링 난이도가 굉장히 높습니다. 아무리 주의를 기울이더라도, 인간의 주의력에는 한계가 있습니다. 실수로 인해 동작에 변화가 생기면, 버그가 발생할 수 있습니다.

그렇다면 어떻게 해야 안전하게 리팩터링할 수 있을까요?

14.2 단위 테스트로 리팩터링 중 실수 방지하기

가장 확실하게 실수를 줄일 수 있는 방법으로는 단위 테스트가 있습니다. 단위 테스트는 작은 기능 단위로 동작을 검증하는 테스트를 의미합니다. 일반적으로는 '테스트 프레임워크와 테스트 코드를 활용해서 메서드 단위로 동작을 검증하는 방법'이라고 생각해도 괜찮습니다. 이 책에서도 '단위 테스트는 테스트 코드를 사용해서 테스트하는 것'이라 생각하고 내용을 전개해 보겠습니다.

'리팩터링을 할 때 단위 테스트는 필수다!'라는 말이 있을 정도로, 리팩터링과 단위 테스트는 항상 세트로 이야기됩니다. 일반적으로 악마를 불러들이는 나쁜 코드에는 테스트 코드가 작성되어 있지 않은 경우가 많습니다. 그래서 코드를 리팩터링할 때는 일단 테스트 코드를 준비해야 합니다. 그럼 테스트가 없는 프로덕션 코드가 있다고 가정하고, 테스트 코드를 작성하고 리팩터링하는 과정에 대해서 설명하겠습니다.

코드 14.8은 온라인 쇼핑몰에서 배송비를 계산하고, 리턴하는 메서드입니다.

코드 14.8 리팩터링 대상 코드

```java
/**
 * 배송 관리 클래스
 */
public class DeliveryManager {
  /**
   * 배송비를 리턴함.
   * @param products 배송 대상 상품 리스트
   * @return 배송비
   */
  public static int deliveryCharge(List<Product> products) {
    int charge = 0;
    int totalPrice = 0;
    for (Product each : products) {
      totalPrice += each.price;
    }
    if (totalPrice < 20000) {
      charge = 5000;
    }
    else {
      charge = 0;
    }
    return charge;
  }
}
```

14.2.1 코드 과제 정리하기

온라인 쇼핑몰에는 한 번에 구매하는 상품의 합계 금액에 따라 배송비가 달라지기도 합니다. 이럴 때 배송비를 계산하는 것이 이 메서드입니다. 그런데 구조 관점에서 몇 가지 과제가 있습니다. 일단 이 '과제'와 '이상적인 구조'에 대해서 생각해 본 다음 리팩터링하겠습니다.

우선 이 메서드는 static으로 정의되어 있습니다. static 메서드는 데이터와 데이터를 조작하는 로직을 분리해서 정의할 수 있는 구조이므로, 응집도가 낮아지기 쉽습니다. '배송비'는 금액을 나타내는 개념이므로, 값 객체로 만들면 좋을 것 같습니다.

추가로, 상품 합계 금액을 메서드 내부에서 계산하고 있습니다. 합계 금액은

장바구니를 확인할 때, 실제로 주문할 때 등 다양한 유스케이스에 사용됩니다. 따라서 각각의 메서드에서 따로 계산하면, 로직이 중복될 가능성이 높습니다. 로직이 중복되면, 사양이 변경될 때 일부 수정을 누락할 수 있습니다.

따라서 이를 별도의 클래스로 빼는 것이 좋겠습니다. 합계 금액 계산은 List 자료형을 이용할 테니, 일급 컬렉션 패턴(7.3.1절)으로 설계하면 될 것 같습니다.

14.2.2 테스트 코드를 사용한 리팩터링 흐름

테스트 코드를 사용한 리팩터링 방법에 대해 알아보겠습니다. 안전하게 리팩터링하기 위한 테스트 코드 추가 방법은 여러 가지입니다. 일단 여기서는 다음과 같은 방법을 사용하겠습니다. 참고로 이는 이상적인 구조를 어느 정도 알고 있을 때 유용하게 활용할 수 있는 방법입니다.

1.   이상적인 구조의 클래스 기본 형태를 어느 정도 잡습니다.
2.   이 기본 형태를 기반으로 테스트 코드를 작성합니다.
3.   테스트를 실패시킵니다.
4.   테스트를 성공시키기 위한 최소한의 코드를 작성합니다.
5.   기본 형태의 클래스 내부에서 리팩터링 대상 코드를 호출합니다.
6.   테스트가 성공할 수 있도록, 조금씩 로직을 이상적인 구조로 리팩터링합니다.

이상적인 구조의 클래스 기본 형태를 어느 정도 잡기

제가 사용하는 기본적인 접근 방법에서는 첫 번째로 이상적인 구조의 클래스 기본 형태를 어느 정도 잡습니다. 현재 예에서는 구매할 상품 목록, 즉 장바구니를 나타내는 클래스의 기본적인 형태를 만들면 됩니다.

코드 14.9 이상적인 구조의 클래스 기본 형태를 어느 정도 잡기

```
// 장바구니
class ShoppingCart {
  final List<Product> products;
```

```
  ShoppingCart() {
    products = new ArrayList<Product>();
  }

  private ShoppingCart(List<Product> products) {
    this.products = products;
  }

  ShoppingCart add(final Product product) {
    final List<Product> adding = new ArrayList<>(products);
    adding.add(product);
    return new ShoppingCart(adding);
  }
}
```

상품 클래스 Product는 코드 14.10에 구현돼 있습니다.

코드 14.10 상품 클래스

```
class Product {
    final int id;
    final String name;
    final int price;

    Product(final int id, final String name, final int price) {
      this.id = id;
      this.name = name;
      this.price = price;
    }
}
```

이어서 배송비를 나타내는 클래스의 기본적인 형태를 잡습니다. 합계 금액 계산은 ShoppingCart 클래스에서 할 것입니다. 따라서 DeliveryCharge 생성자의 매개변수로 ShoppingCart 인스턴스를 전달하게 합니다.

코드 14.11 배송비를 나타내는 클래스의 기본 형태

```
class DeliveryCharge {
  final int amount;

  DeliveryCharge(final ShoppingCart shoppingCart) {
    amount = -1;
```

```
    }
  }
```

현재 단계에서는 ShoppingCart와 DeliveryCharge가 기본적인 사양을 만족하지 못합니다. 이제 이러한 미완성된 클래스를 대상으로 하는 테스트를 작성하고, DeliveryManager의 로직을 차근차근 옮겨서 완성된 클래스로 만들면 됩니다.

테스트 코드 작성하기

테스트 코드를 작성하겠습니다. 배송비 책정 기준은 다음과 같습니다.

- 상품 합계 금액이 20,000원 미만이면, 배송비는 5,000원입니다.
- 상품 합계 금액이 20,000원 이상이면, 배송비는 무료입니다.

이 기준을 만족하는 테스트 코드를 작성합니다. 테스트 프레임워크로는 JUnit 을 사용하겠습니다.[1]

코드 14.12 기본 형태의 클래스를 대상으로 테스트 코드 작성하기

```
class DeliveryChargeTest {
  // 상품 합계 금액이 20,000원 미만이면, 배송비는 5,000원입니다.
  @Test
  void payCharge() {
    ShoppingCart emptyCart = new ShoppingCart();
    ShoppingCart oneProductAdded = emptyCart.add(new Product(1, "상품A",
                                                5000));
    ShoppingCart twoProductAdded = oneProductAdded.add(new Product(2,
                                                        "상품B", 14990));
    DeliveryCharge charge = new DeliveryCharge(twoProductAdded);

    assertEquals(5000, charge.amount);
  }

  // 상품 합계 금액이 20,000원 이상이면, 배송비는 무료입니다.
  @Test
  void chargeFree() {
    ShoppingCart emptyCart = new ShoppingCart();
```

---

1 JUnit의 자세한 사용 방법은 공식 문서 또는 관련 서적을 참고하세요.

```
    ShoppingCart oneProductAdded = emptyCart.add(new Product(1, "상품A",
                                                    5000));
    ShoppingCart twoProductAdded = oneProductAdded.add(new Product(2,
                                                    "상품B", 15000));
    DeliveryCharge charge = new DeliveryCharge(twoProductAdded);

    assertEquals(0, charge.amount);
  }
}
```

테스트 실패시키기

단위 테스트는 프로덕션 코드를 구현하기 전에, 실패와 성공을 확인해야 합니다. 기대한 대로 실패 혹은 성공하지 않는다면 테스트 코드나 프로덕션 코드 중 어딘가에 오류가 있다는 방증이기 때문입니다.

그래서 일단은 테스트를 실패시킵니다. 현재 단계에서 테스트를 실행하면 둘 다 실패할 것입니다.

테스트 성공시키기

이어서 테스트를 성공시킵니다. 성공시킨다고 처음부터 본격적으로 구현하는 것은 아닙니다. 테스트를 성공시키기 위한 최소한의 코드만 구현합니다. DeliveryCharge 클래스를 다음과 같이 변경합니다.

코드 14.13 테스트를 성공시키는 최소한의 코드 작성하기

```
class DeliveryCharge {
  final int amount;

  DeliveryCharge(final ShoppingCart shoppingCart) {
    int totalPrice = shoppingCart.products.get(0).price +
                     shoppingCart.products.get(1).price;
    if (totalPrice < 20000) {
      amount = 5000;
    }
    else {
      amount = 0;
    }
  }
}
```

코드의 설계가 조금 부실해도 괜찮습니다. 일단 이렇게만 작성해도 테스트는 성공합니다.

리팩터링하기

테스트 코드가 의도대로 동작하는지 확인했다면, 이제 리팩터링합니다. DeliveryCharge 생성자에서 리팩터링 대상인 DeliveryManager.deliveryCharge 메서드를 호출하도록 수정합니다.

코드 14.14 기본 형태에서 리팩터링 대상 로직 호출하기

```
class DeliveryCharge {
  final int amount;

  DeliveryCharge(final ShoppingCart shoppingCart) {
    amount = DeliveryManager.deliveryCharge(shoppingCart.products);
  }
}
```

이 단계에서 테스트를 실행하면 성공합니다. 차근차근 리팩터링을 계속 진행합니다.

　DeliveryManager.deliveryCharge 메서드에서 하던 합계 금액 계산 로직을 그대로 수행하는 totalPrice 메서드를 ShoppingCart 클래스에 추가합니다.

코드 14.15 합계 금액 계산 로직을 기본 형태에 붙여넣기

```
class ShoppingCart {
  // 생략

  /**
   * @return 상품 합계 금액
   */
  int totalPrice() {
    int amount = 0;
    for (Product each : products) {
      amount += each.price;
    }
    return amount;
  }
```

DeliveryManager.deliveryCharge 메서드는 ShoppingCart 인스턴스를 전달받도록 수정합니다. 그런 다음, 계산을 직접 수행하지 말고 ShoppingCart.totalPrice 메서드를 호출하도록 변경합니다.

🍴 코드 14.16 매개변수 자료형과 로직을 리팩터링한 자료형(ShoppingCart)으로 변경하기

```java
public class DeliveryManager {
  public static int deliveryCharge(ShoppingCart shoppingCart) {
    int charge = 0;
    if (shoppingCart.totalPrice() < 20000) {
      charge = 5000;
    }
    else {
      charge = 0;
    }
    return charge;
  }
}
```

DeliveryManager.deliveryCharge 메서드의 매개변수가 달라졌으므로, 호출하는 쪽인 DeliveryCharge 클래스도 변경합니다.

🍴 코드 14.17 매개변수의 자료형 변경하기

```java
class DeliveryCharge {
  final int amount;

  DeliveryCharge(final ShoppingCart shoppingCart) {
    amount = DeliveryManager.deliveryCharge(shoppingCart);
  }
}
```

ShoppingCart 클래스의 인스턴스 변수 products는 클래스 외부의 어디에서도 참조되지 않고 있고, 앞으로도 외부에서 마음대로 변경되면 위험할 수도 있습니다. 따라서 private으로 변경합니다.

🍴 코드 14.18 인스턴스 변수를 private으로 변경하기

```java
class ShoppingCart {
  private final List<Product> products;
```

지금 상태에서 테스트를 다시 실행해서 성공하는지 확인해 봅시다.

이어서 DeliveryManager.deliveryCharge 메서드의 로직을 DeliveryCharge 클래스의 생성자로 복사합니다. 추가로 테스트를 통과할 수 있게, 배송비 금액 할당 부분을 인스턴스 변수 amount로 변경합니다.

코드 14.19 로직을 복사하고 조정하기

```
class DeliveryCharge {
  final int amount;

  DeliveryCharge(final ShoppingCart shoppingCart) {
    if (shoppingCart.totalPrice() < 20000) {
      amount = 5000;
    }
    else {
      amount = 0;
    }
  }
}
```

테스트를 수행해서 성공하는지 확인해 봅시다.

여기까지 왔다면, 이제 DeliveryManager.deliveryCharge 메서드는 필요 없으므로 제거합니다.

DeliveryCharge 클래스는 더 수정해 볼 수 있습니다. 20000, 5000, 0과 같은 매직 넘버가 쓰이고 있으므로, 적절한 이름을 붙여서 상수로 만들어 활용합시다.

코드 14.20 매직 넘버를 상수로 바꾸기

```
class DeliveryCharge {
  private static final int CHARGE_FREE_THRESHOLD = 20000;
  private static final int PAY_CHARGE = 5000;
  private static final int CHARGE_FREE = 0;
  final int amount;

  DeliveryCharge(final ShoppingCart shoppingCart) {
    if (shoppingCart.totalPrice() < CHARGE_FREE_THRESHOLD) {
      amount = PAY_CHARGE;
    }
    else {
      amount = CHARGE_FREE;
    }
  }
}
```

취향 문제이지만, 조건 분기를 삼항 연산자로 변경해도 괜찮을 것 같습니다.
최종 프로덕션 코드는 코드 14.21, 14.22입니다.

코드 14.21 배송비 클래스의 최종 형태

```java
/**
 * 배송비
 */
class DeliveryCharge {
  private static final int CHARGE_FREE_THRESHOLD = 20000;
  private static final int PAY_CHARGE = 5000;
  private static final int CHARGE_FREE = 0;
  final int amount;

  /**
   * @param shoppingCart 장바구니
   */
  DeliveryCharge(final ShoppingCart shoppingCart) {
    amount = (shoppingCart.totalPrice() < CHARGE_FREE_THRESHOLD) ?
            PAY_CHARGE : CHARGE_FREE;
  }
}
```

코드 14.22 장바구니 클래스의 최종 형태

```java
/**
 * 장바구니
 */
class ShoppingCart {
  private final List<Product> products;

  ShoppingCart() {
    products = new ArrayList<Product>();
  }

  private ShoppingCart(List<Product> products) {
    this.products = products;
  }

  /**
   * 장바구니에 상품 추가하기
   * @param product 상품
   * @return 상품이 추가된 장바구니
   */
  ShoppingCart add(final Product product) {
    final List<Product> adding = new ArrayList<>(products);
```

```
  adding.add(product);
  return new ShoppingCart(adding);
}

/**
 * @return 상품 합계 금액
 */
int totalPrice() {
  int amount = 0;
  for (Product each : products) {
    amount += each.price;
  }
  return amount;
}
}
```

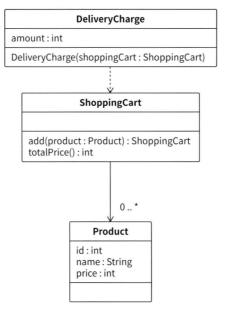

그림 14.1 리팩터링해서 정리한 클래스

최종적으로 테스트 코드를 실행하고, 성공시키고, 리팩터링까지 완료했습니다. 리팩터링 중간에 실수로 로직을 잘못 작성하면, 테스트가 실패하므로 곧바로 알아차릴 수 있을 것입니다. 따라서 안전하게 로직을 변경할 수 있습니다.

14.3 불확실한 사양을 이해하기 위한 분석 방법

단위 테스트를 사용한 리팩터링은 처음부터 사양을 알고 있다는 전제가 있기에 테스트를 작성할 수 있었습니다. 하지만 실제 개발을 하다 보면 사양을 제대로 모르는 경우도 꽤 많습니다. 사양을 제대로 모른다면, 리팩터링을 위한 테스트 코드를 작성할 수 없습니다. 이럴 때는 어떻게 해야 할까요?

《레거시 코드 활용 전략》(17.1.5절)은 '테스트가 없는 코드에 테스트를 추가해서 안전하게 리팩터링할 수 있는 여러 가지 테크닉'을 소개합니다. 그중 두 가지를 간단하게 소개하겠습니다.

14.3.1 사양 분석 방법 1: 문서화 테스트

예를 들어 코드 14.23처럼 이상한 코드가 있다고 합시다.

코드 14.23 이름으로 의도를 알 수 없는 이상한 메서드

```
public class MoneyManager {
  public static int calc(int v, boolean flag) {
    // 생략
  }
}
```

calc 메서드가 무슨 기능을 하는지 알 수 없습니다. MoneyManager 클래스에 있으므로, 뭔가 금액을 계산하는 것처럼 보이지만, 메서드 이름만으로 의도를 확인할 수 없어 확실하게 유추할 수 없습니다. 매개변수 역시 의미를 알기 어렵습니다. 이런 상태에서는 테스트 코드를 작성할 수 없으므로, 안전하게 리팩터링하기 어렵습니다.

이때 활용할 수 있는 기법이 바로 **문서화 테스트**입니다. 문서화 테스트는 메서드의 사양을 분석하는 방법입니다.

일단 적당한 값을 입력해서 테스트를 작성합니다.

코드 14.24 문서화 테스트

```
@Test
void characterizationTest() {
  int actual = MoneyManager.calc(1000, false);
  assertEquals(0, actual);
}
```

테스트는 실패하지만, 코드 14.25라는 결과를 얻을 수 있습니다.

코드 14.25 어떤 값을 리턴하는지 확인하기

```
org.opentest4j.AssertionFailedError:
Expected  :0
Actual    :1000
```

일단 매개변수 v의 값이 그대로 리턴된다는 사실을 알 수 있습니다. 입력에 대한
답을 하나 알 수 있게 되었습니다. 테스트가 성공할 수 있게 값을 변경해 봅시다.

코드 14.26 테스트가 성공하도록 코드 변경하기

```
@Test
void characterizationTest() {
  int actual = MoneyManager.calc(1000, false);
  assertEquals(1000, actual);
}
```

이와 같은 방법으로 calc 메서드가 어떤 값을 리턴하는지 알 수 있게, 테스트를
추가로 작성합니다. 실제로 해 보면, 표 14.1처럼 매개변수에 따라 어떤 값이
나오는지 확인할 수 있습니다.

매개변수 v	매개변수 flag	리턴 값
1000	false	1000
2000	false	2000
3000	false	3000
1000	true	1100
2000	true	2200
3000	true	3300

표 14.1 문서화 테스트 결과 목록

이 결과로 다음과 같은 사실을 유추해 볼 수 있습니다.

- 매개변수 flag가 false라면, 매개변수 v를 그대로 리턴
- 매개변수 flag가 true라면, 매개변수 v를 활용해서 어떤 계산을 수행한 뒤 리턴

현재 calc가 MoneyManager 클래스의 메서드이므로, 대략 '매개변수 flag가 true 일 때는 세율 10%를 포함한 금액을 계산하는 것이 아닐까?'라고 생각해 볼 수 있습니다.

이처럼 문서화 테스트는 분석하고 싶은 메서드의 테스트를 작성해서, 해당 메서드가 어떤 동작을 하는지 확인하는 방법입니다.

물론 실제로 문서화 테스트만으로 사양을 완벽하게 밝히기는 굉장히 어렵습니다. 그래도 메서드 내부의 로직, 어떠한 유스케이스에서 호출되는지 등 복합적으로 분석하면서 사양을 조금이라도 명확하게 만들 수 있습니다. 사양의 단서를 찾는 방법 중 하나라고 생각하세요.

문서화 테스트를 포함한 다양한 분석을 통해서, MoneyManager.calc 메서드가 세금을 포함한 가격을 계산하는 함수임을 알게 되었다고 해 봅시다. 이제 '세금을 포함하는 금액을 계산한다'라는 사양을 만족하는 테스트 코드를 작성할 수 있게 되어 안전하게 리팩터링할 수 있습니다.

14.3.2 사양 분석 방법 2: 스크래치 리팩터링

앞에서 배송비 코드를 리팩터링하는 예는 '이상적인 구조'가 머릿속에 먼저 떠오를 수 있는 코드였습니다. 하지만 실제 프로덕션 코드는 굉장히 복잡하고 기괴해서, 이상적인 구조 자체를 유추하기 어려운 경우도 많습니다. 그리고 이러한 코드는 일반적으로 사양 자체가 불분명한 경우가 많습니다.

이러한 상황에서 유용하게 쓸 수 있는 분석 방법이 바로 **스크래치 리팩터링** (scratch refactoring)입니다. 이는 정식 리팩터링이 아니라, 로직의 의미와 구조를 분석하기 위해 시험 삼아 리팩터링하는 것입니다.

일단 대상 코드를 리포지터리에서 체크아웃합니다. 이어서 테스트 코드를

따로 작성하지 않고, 코드를 리팩터링합니다. 코드가 정리되어 가독성이 좋아지면, 다음과 같은 장점이 생깁니다.

- 코드의 가독성이 좋아져 로직의 사양을 이해할 수 있게 됩니다.
- 이상적인 구조가 보입니다. 어느 범위를 메서드 또는 클래스로 끊어야 좋을지 보입니다. 즉, 리팩터링의 목표가 조금씩 보일 것입니다.
- 쓸데없는 코드(데드 코드)가 보입니다.
- 테스트 코드를 어떻게 작성해야 할지 보입니다.

스크래치 리팩터링으로 분석한 결과를 기반으로, 이상적인 구조를 떠올릴 수 있습니다. 이상적인 구조를 떠올렸다면, 테스트 코드를 작성하면서 징식으로 리팩터링하면 됩니다.

추가로, 스크래치 리팩터링은 어디까지나 분석용이므로, 리포지터리에 병합해서는 안 됩니다. 역할을 마쳤다면 그냥 파기해야 합니다.

14.4 IDE의 리팩터링 기능

IDE에는 편리한 리팩터링 기능이 있습니다. 기계적으로 정확하게 리팩터링해 준다는 것이 특징입니다.

IntelliJ IDEA 리팩터링 기능 중에서 두 가지를 소개하겠습니다.

14.4.1 리네임(이름 변경)

한 번에 클래스, 메서드, 변수의 이름을 전부 변경하는 리팩터링 기능입니다.

지역 변수의 이름을 변경해 봅시다. 변경하고 싶은 변수에 커서를 맞추고 마우스 오른쪽 클릭하면, 팝업 메뉴가 표시됩니다(그림 14.2).

final int value = amount + other.amount;
return new Mone
Show Context Actions ⌥↩
Paste ⌘V
Copy / Paste Special
Column Selection Mode ⇧⌘8
Find Usages ⌥F7
Refactor

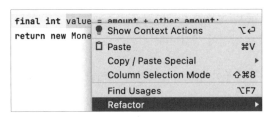

그림 14.2 이름을 변경하고 싶은 변수를 선택

메뉴에서 'Refactor → Rename'(그림 14.3)을 선택하면, 커서 아래의 변수가 하이라이트 표시됩니다(그림 14.4).

Rename...
Move Instance Method...
Copy Class...
Safe Delete...

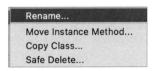

그림 14.3 메뉴에서 Refactor → Rename 선택

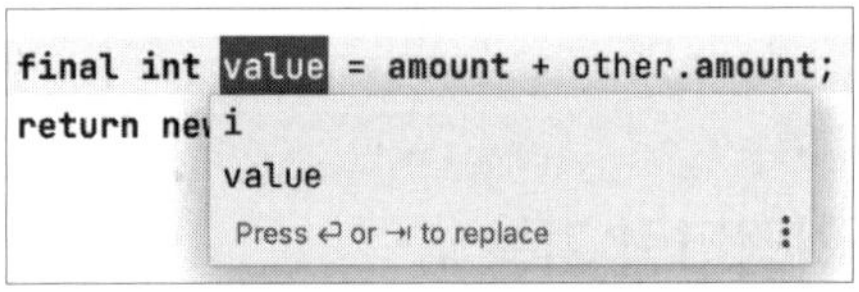

final int value = amount + other.amount;
return ne
i
value
Press ↩ or ⇥ to replace

그림 14.4 이름 변경하기

원하는 이름으로 변경하면, 해당 지역 변수를 사용하는 모든 위치에서 이름이 한꺼번에 변경됩니다(그림 14.5).

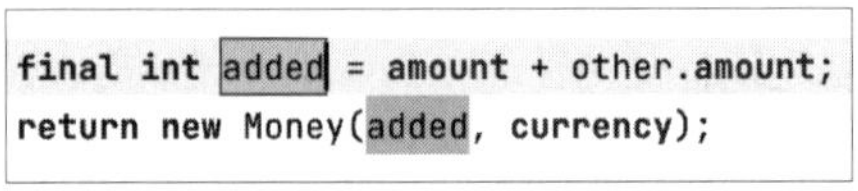

final int added = amount + other.amount;
return new Money(added, currency);

그림 14.5 사용하는 모든 위치에서 이름이 한꺼번에 변경됨.

이름을 하나하나 변경해야 하는 번거로움이 사라집니다. 또한 참조하는 모든 곳을 변경해 주므로, 수정 누락이 따로 발생하지 않습니다. 오타 걱정도 없으므로 안전합니다.

14.4.2 메서드 추출

로직 일부를 메서드로 추출해 주는 기능입니다.

일단 다음과 같이 추출하고 싶은 위치의 코드를 범위 선택합니다(그림 14.6).

```
int damage() {
    int tmp = this.member.power() + this.member.weaponAttack();
    tmp = (int)(tmp * (1f + this.member.speed() / 100f));
    tmp = tmp - (int)(this.enemy.defence / 2);
    tmp = Math.max(0, tmp);

    return tmp;
}
```

그림 14.6 메서드로 추출하고 싶은 부분을 범위 선택

마우스 오른쪽 클릭해서 팝업 메뉴를 표시하고, 'Refactor → Extract Method'를
선택합니다(그림 14.7).

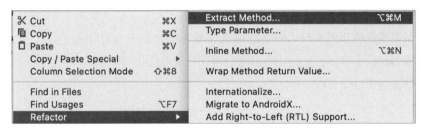

✂ Cut	⌘X	Extract Method...	⌥⌘M
📋 Copy	⌘C	Type Parameter...	
📄 Paste	⌘V		
Copy / Paste Special	▶	Inline Method...	⌥⌘N
Column Selection Mode	⇧⌘8	Wrap Method Return Value...	
Find in Files		Internationalize...	
Find Usages	⌥F7	Migrate to AndroidX...	
Refactor	▶	Add Right-to-Left (RTL) Support...	

그림 14.7 Extract Method(메서드 추출)

이렇게 하면, 범위 선택한 부분이 메서드로 추출됩니다. 그리고 선택한 부분은
메서드를 호출하는 코드로 변경됩니다(그림 14.8).

```
int damage() {
    int tmp = getTmp ⚙ ();
    tmp = (int  getTmp                          100f));
    tmp = tmp   getAnInt
    tmp = Math  Press ⌥⇧O to show options popup        ⋮

    return tmp;
}

private int getTmp() {
    return this.member.power() + this.member.weaponAttack();
}
```

그림 14.8 메서드로 추출하기

추출되면서 메서드 이름을 변경할 수 있도록 메서드 이름 부분이 하이라이트 됩니다. 적절한 이름으로 변경하세요(그림 14.9).

```
int damage() {
    int tmp = basicAttackPower ⚙ ();
    tmp = (int)(tmp * (1f + this.member.speed() / 100f));
    tmp = tmp - (int)(this.enemy.defence / 2);
    tmp = Math.max(0, tmp);

    return tmp;
}

private int basicAttackPower() {
    return this.member.power() + this.member.weaponAttack();
}
```

그림 14.9 적절한 메서드 이름으로 변경하기

이 기능은 거대한 로직 내부에서 의미 있는 로직 덩어리를 따로 꺼내고 싶을 때 유용합니다. '테스트 코드를 작성하고 싶은 부분적인 로직이 있는데, 거대한 로직에 묻혀 있어서 테스트할 수 없는' 상황에 활용할 수 있습니다.

IDE의 리팩터링 기능은 이 외에도 굉장히 많습니다. 시험 삼아 사용해 보면 좋을 것입니다.

14.5 리팩터링 시 주의 사항

이번에는 리팩터링할 때 주의 사항을 정리하겠습니다.

14.5.1 기능 추가와 리팩터링 동시에 하지 않기

기능 추가와 리팩터링을 동시에 하면 안 됩니다. 둘 중 한쪽에 집중하기 바랍니다.

《리팩터링 2판》(17.1.3절)을 보면, 이러한 전환을 '두 개의 모자'라고 표현합니다. 작업을 할 때는 '기능 추가(adding function) 모자'와 '리팩터링(refactoring) 모자' 중에서 하나만 쓰고 있어야 한다는 표현이 나옵니다.

이 모자 전환을 머릿속에 새겨 두지 않으면, 내가 지금 기능을 추가하고 있는지, 아니면 리팩터링하고 있는지 구분하기 힘듭니다. 또한 리포지터리에 커밋할 때도 기능 추가와 리팩터링을 따로 구분해 두지 않으면, 이후에 해당 커밋이 기능 추가를 위한 커밋인지, 리팩터링을 위한 커밋인지 구분할 수 없습니다. 이렇게 되면 이후에 버그가 발생했을 때, 기능 추가로 버그가 발생한 것인지, 리팩터링으로 버그가 발생한 것인지 분석하기도 힘들어집니다.

14.5.2 작은 단계로 실시하기

리팩터링은 작은 단계(small step)로 실시하는 것이 좋습니다.

그리고 커밋은 어떻게 리팩터링했는지 차이를 알 수 있는 단위로 합니다. 예를 들어 리팩터링으로 메서드 이름 변경과 로직 이동을 했다면, 커밋을 따로따로 구분하는 것이 좋습니다. 둘을 모두 같은 커밋에 포함하면, 해당 커밋이 무슨 리팩터링을 실시한 것인지 구분하기 힘듭니다.

여러 번 커밋했다면, 풀 리퀘스트(Pull Request)를 작성하는 것이 좋습니다. 변경이 많으면 다른 사람이 변경한 코드와 충돌할 수 있습니다. 또한 리팩터링한 코드가 불완전할 때, 롤백하기도 어렵습니다.

14.5.3 불필요한 사양은 제거 고려하기

소프트웨어의 사양은 이익에 기여하도록 정의됩니다. 그런데 이익에 거의 기여하지 않게 된 사양, 버그가 있는 사양, 다른 사양과 충돌(또는 모순)하는 사양이 존재할 수 있습니다. 이처럼 불필요한 사양이 있으면 리팩터링이 힘들어집니다.

코드에 버그가 있거나 다른 사양과 모순되는 점이 있다면 리팩터링해도 바로잡기 힘듭니다.

이처럼 이익에 거의 기여하지 않는 사양에 해당하는 코드는 일부러 개발 비용을 들여 리팩터링하더라도, 개발 생산성 향상에 큰 도움이 되지 않습니다.

리팩터링하다 보면 어떤 코드가 방해가 되어 리팩터링이 잘되지 않는 경우가 종종 있습니다. 방해되는 코드가 불필요한 사양과 관련된 코드라면, 대처 방안을 검토하는 비용도 낭비라고 할 수 있습니다.

따라서 리팩터링 전에 불필요한 사양이 있는지, 사양을 다시 확인하는 것도 좋습니다. 불필요한 사양과 코드를 미리 제거할 수 있다면, 더 쾌적하게 리팩터링할 수 있습니다.

🐷 레일스 애플리케이션 리팩터링

저는 리팩터링 전문 엔지니어로 일하고 있습니다. 이는 '서비스의 기술 부채(15.2절 참고)를 해결해서, 개발 생산성을 올리고 싶다'는 니즈를 만족하는 직업입니다.

현재는 루비 온 레일스(이하 레일스) 애플리케이션을 리팩터링하고 있습니다.

에디터로는 RubyMine[a]를 사용하고 있습니다. RubyMine은 강력한 리팩터링 기능을 지원합니다. 게다가 비정상적인 코드가 있는지 확인하는 인스펙터 기능, 클래스 멤버를 리스트로 표시하는 구조 뷰, 정의한 위치로 점프하는 기능 등 다양한 기능을 지원하므로 레일스 리팩터링을 할 때 빼놓을 수 없는 도구라 할 수 있습니다.

그런데 정적 언어인 C#을 십수 년 동안 다뤄 온 저는 (어디까지나 개인적인 생각이지만) 레일스는 리팩터링하기 조금 힘든 프레임워크라고 느꼈습니다. C#에서 리팩터링할 때의 노하우가 제대로 통하지 않았기 때문입니다.

C#은 정적 언어이므로, IDE의 정적 분석 기능을 활용해 클래스와 메서드의 호출 위치를 정확하게 추적할 수 있습니다. 따라서 누락 없이 확실하게 영향 범위를 파악할 수 있고, 리팩터링의 정확성이 높습니다.

반면 레일스는 동적 언어인 루비를 기반으로 합니다. 현재 리팩터링하고 있는 대상은 루비 2.X 버전으로, 자료형 정보를 따로 작성하지 않는 언어입니다.[b] 따라서 클래스와 메서드의 호출 위치를 C#처럼 정확하게 추적할 수가 없습니다. 예를 들어 RubyMine에는 클래스와 메서드의 호출 위치를 탐색하는 기능이 있습니다. 탐색 기능이 그래도 꽤 강력해서, 호출 장소를 상당히 정확하게 정리해 줍니다. 하지만 다른 클래스에 있는 같은 이름의 메서드에서 호출되었다고 출력하는 등 탐색 결과에 오류가 있는 경우도 다소 있습니다. 결국 탐색 결과가 내가 찾는 메서드인지, 하나하나 주변의 로직을 확인하며 추측하는 과정이 필요합니다.

또한 레일스는 Active Record[c]를 중심으로 하는 MVC 프레임워크입니다. Active Record는 Controller 또는 view와 강하게 결합되어 있어, 다수의 편리 기능이 Active Record에 집중되었습니다. 그래서 Active Record에는 책무가 다른 다양한 로직이 구현되어 버리는 문제가 있습니다.

그래서 Active Record에서 책무가 다른 로직을 떼어 내어, 다른 클래스로 분리하는 것이 현재 제가 수행하는 리팩터링의 주요 활동입니다. 그런데 떼어 내려는 로직이 Active Record

의 기능, gem[d]의 기능에 의존하고 있어서, 떼어 내기 힘든 경우를 자주 맞닥뜨려 어려움을 겪고 있습니다.

이 외에도 레일스 자체의 여러 제약 때문에 어려움이 따르지만, 그래도 열심히 리팩터링을 진행하고 있습니다. 리팩터링을 할 때, 이 책에서 지금까지 소개했던 여러 테크닉을 활용하고 있습니다.

예를 들어 금액과 전혀 관계없는 곳에 금액 계산 로직이 구현되어 있어, 이를 값 객체로 떼어 냈습니다. 또한 is_a? 메서드[e]로 클래스 자료형을 판정하는 부분은 대부분 리스코프 치환 원칙을 위반하므로, 자료형 판정을 따로 하지 않아도 되도록 적절하게 추상화하고 있습니다.

루비는 동적 언어이지만, 그래도 객체 지향 언어이므로 객체 지향 설계 노하우를 충분히 활용할 수 있습니다.

또한 이전에 언급했던, 레일스에 해당하는 문제인 탐색 결과 오류에도 대처하고 있습니다. 예를 들어 새로 분할한 클래스와 메서드는 탐색 시, 결과가 최대한 정확하게 나올 수 있도록 유일한 이름을 붙여 줍니다(이름을 결정하면 소스 코드 전체 탐색을 통해서, 이름이 이미 쓰이고 있지는 않은지 확인합니다).

또한 Active Record에서 또한 Active Record에서 로직을 떼어 내더라도 무리하게 작업하지는 않습니다. Active Record와 관련된 편리한 기능을 다른 곳에 영향을 주지 않게 잘 캡슐화하고, 그 밖의 비즈니스 로직만 격리/분할하는 방법을 활용하고 있습니다.

최대한 프레임워크의 특성을 고려하면서, 융통성을 갖고 유연하게 리팩터링합니다.

클래스는 책무가 명확하고, 변경 영향이 적은 좋은 구조를 갖게 만듭니다. 또한 정적 언어 수준으로 탐색이 잘되게 만듭니다.

리팩터링 시 언어와 프레임워크의 특성을 고려한 설계와 적용 방법을 생각해 보는 것이 중요합니다.

동적 언어는 정적 언어에 비해 리팩터링하기 힘든 것이 사실입니다. 그래도 이번에 맡은 업무 덕분에 책무와 구조에 대해 더 깊게 생각해 보는 계기가 생겨, 설계 능력이 높아진 듯한 느낌을 받고 있습니다.

---

a RubyMine은 IntelliJ IDEA처럼 JetBrains에서 제공하는 루비 전용 IDE입니다. RubyMine도 IntelliJ IDEA처럼 다양한 리팩터링 기능을 제공합니다. *https://www.jetbrains.com/ruby/promo/*

b 루비 3.X 이후 버전부터 자료형 작성과 관련된 기능이 추가되었습니다.

c DB 테이블과 1:1 매핑되는 O/R Mapper입니다.

d 루비 라이브러리를 의미합니다.

e 자바의 instanceof에 해당합니다.

15장

설계의 의의와 설계를 대하는 방법

지금까지 클래스를 중심으로 설계 방법과 설계의 중요성을 살펴보았습니다.

이 책에서 설명한 노하우를 활용하면, 코드를 쉽고 빠르고 정확하게 변경할 수 있습니다. 변경을 빠르게 할 수 있으면, 소프트웨어의 가치가 빠른 속도로 높아집니다. 소프트웨어가 성장하는 것입니다.

이 장에서는 소프트웨어의 성장을 중심으로, 설계의 의의와 설계를 대하는 방법에 대해서 살펴보겠습니다.

15.1 이 책은 어떤 설계를 주제로 집필한 것인가?

품질 특성	설명	품질 관련 부가적인 특성
기능 적합성	기능이 니즈를 만족하는 정도	기능 무결성, 기능 정확성, 기능 적절성
성능 효율성	리소스 효율과 성능 정도	시간 효율성, 자원 효율성, 용량 만족성
호환성	다른 시스템과 정보 공유, 교환할 수 있는 정도	공존성, 상호 운용성
사용성	사용자가 시스템을 만족하며 사용하는지 나타내는 정도	적절도 인식성, 습득성, 운용 조작성, 사용자 오류 방지성, 사용자 인터페이스 편의성, 접근성
신뢰성	필요할 때 기능을 실행할 수 있는 정도	성숙성, 가용성, 장애 허용성, 회복성
보안	허용되지 않은 사용으로부터 보호할 수 있는 정도	기밀성, 무결성, 부인 방지성, 책임 추적성, 인증성
유지 보수성	시스템이 정상 운용되도록 유지 보수하기가 얼마나 쉬운가를 나타내는 정도	모듈성, 재사용성, 분석성, 수정성, 시험성
이식성	다른 실행 환경에 이식할 수 있는 정도	적응성, 설치성, 치환성

표 15.1 소프트웨어 제품과 관련된 품질 특성(JIS X 25010:2013을 참고해서 작성함)

표 15.1은 소프트웨어의 품질과 관련된 특성을 정리한 것입니다.

예를 들어 시스템의 기능이 고객의 니즈를 얼마나 만족하는지를 나타내는 품질 특성은 '기능 적합성'입니다. 각각의 품질 특성에는 부가적인 특성이 있습니다. 기능 적합성에는 기능 무결성, 기능 정확성, 기능 적절성 등이 있습니다.

설계는 '어떠한 문제를 효율적으로 해결하는 구조를 만드는 것'을 의미합니다.

그렇다면 소프트웨어에서 설계란, '어떤 소프트웨어의 품질 특성을 향상시키기 위한 구조를 만드는 것'이라고 말할 수 있습니다. 예를 들어 성능 효율성은 성능을 나타내는 품질 특성이며, 성능 효율성을 향상시키려면 성능과 관련된 설계를 해야 합니다.

지금까지 이 책에서 다룬 설계는 주로 어떤 품질 특성을 향상시키기 위한 설계였을까요? 이 책의 내용을 다시 생각해 봅시다.

이 책은 소프트웨어 개발에서 나타날 수 있는 악마를 퇴치하는 설계 방법을 설명해 왔습니다. 악마는 여러 가지 나쁜 문제를 일으킵니다. 예를 들어 디버깅이나 사양 변경을 할 때, 어떤 로직에 영향을 미치고 있는지 영향 범위를 파악하기 어렵게 합니다. 또한 사양 변경 시 수정 누락을 일으켜서 버그를 발생시키는 등, 정확히 동작하게 만들 때까지 시간을 낭비하게 만듭니다.

이러한 악마의 성질과 가장 관련 있는 품질 특성은 무엇일까요? 유지 보수성으로 볼 수 있습니다. 유지 보수성은 '시스템이 정상 운용되도록 유지 보수하기가 얼마나 쉬운가를 나타내는 정도'라고 했습니다. 그렇습니다. 이 책에서 다뤄 왔던 것은 유지 보수성과 관련된 설계입니다. 그리고 유지 보수성의 부가적인 특성을 보면, 수정성이라는 것이 있습니다. 수정성은 변경 용이성이라고도 부르며, (버그를 발생시키지 않고도) 얼마나 쉽고 정확하게 코드를 변경할 수 있는지 나타내는 지표입니다. 유지 보수성 중에서도 특히 변경 용이성을 목적으로 하는 설계 방법을 다루어 온 것입니다.

15.2 설계하지 않으면 개발 생산성이 저하된다

이 책에서 계속해서 다루었던 '악마를 불러들이는 코드'는 변경 용이성이 낮은 코드입니다.

변경하기 어렵고 버그가 생기기 쉬운 코드를 **레거시 코드**라고 합니다. 그리고 레거시 코드가 축적되어 있는 상태를 **기술 부채**라고 합니다.

변경 용이성 설계를 하지 않으면, 개발 생산성이 저하됩니다. 저하 요인으로는 크게 두 가지가 있습니다.

15.2.1 요인 1: 버그가 발생하기 쉬운 구조

코드 변경 시 버그가 발생하기 쉽다면, 버그가 발생하지 않게 하면서 정확히 변경하는 데 시간이 오래 걸립니다.

- 응집도가 낮은 구조로 인해 사양 변경 시 수정 누락이 발생하기 쉬워지고, 결국 버그가 발생함
- 코드를 이해하기 어려우므로 구현할 때 실수를 저지르기 쉬워지고, 결국 버그가 발생함
- 잘못된 값이 들어오기 쉬워지고, 결국 버그가 발생함

15.2.2 요인 2: 가독성이 낮은 구조

가독성이 저하되면, 의도를 정확하게 이해하는 데 시간이 오래 걸립니다.

- 로직의 가독성이 낮아, 읽고 이해하는 데 시간이 오래 걸림
- 관련된 로직이 이곳저곳에 흩어져 있어, 사양을 변경할 때 관련된 로직을 찾아서 돌아다니는 데 시간이 오래 걸림
- 잘못된 값이 들어와서 버그가 발생했을 때, 잘못된 값의 출처를 추적하기 어려워짐

15.2.3 나무꾼의 딜레마

'나무꾼의 딜레마'라는 이야기가 있습니다.

> 나무꾼이 도끼로 열심히 나무를 베고 있었습니다.
> 지나가던 여행자가 그 모습을 보고 있는데, 나무가 잘 베이지 않았습니다.
> 잘 보니 도끼의 날이 너무 무딘 것 같아서 여행자가 말했습니다.
> "도끼를 갈고 나무를 베는 것이 좋지 않을까요?"

> 나무꾼은 대답했습니다.
>
> "알고 있지만, 나무를 베는 것이 바빠서 도끼를 갈 시간이 없어요!"

소프트웨어 개발에서도 이 같은 '나무꾼의 딜레마'가 꽤 많이 발생합니다. '나무를 자르는 시간'을 '로직을 구현하는 시간'으로, '도끼의 날을 가는 시간'을 '설계하는 시간'으로 바꿔 생각해 보세요. 제대로 설계하지 않으면, 로직 변경과 디버그에 많은 시간을 소비하게 됩니다. 결국 설계할 시간 여유조차 없어지는 딜레마에 빠지게 됩니다.

15.2.4 열심히 일했지만 생산성이 나쁨

개발 생산성이 나쁘면 새로운 기능을 릴리스하는 데 굉장히 오래 걸립니다. 당연하지만 수익을 내기 힘듭니다. 고질적으로 성과를 낼 수 없게 되어 버리는 것입니다.

개발 현장에서는 릴리스 기일을 맞추기 위해, 장시간 노동이 만성적으로 이루어집니다. 개발 팀원들은 열심히 무작정, 어떻게든 일단 작동하게 만들려고 구현과 수정을 계속 반복합니다.

물론 '어쨌거나 열심히 일했다!'라는 느낌은 강하게 남습니다. 하지만 생산성이 나빠 성과가 제대로 나지 않습니다. 결국 '이렇게 열심히 일했는데도 왜 성과가 안 나는 거야!'라며 분노하고 스스로에게 실망하게 되곤 합니다.

하지만 진정한 의미에서 '열심히 일했다'고 할 수 있을까요? 성과를 내기 쉬운 구조를 설계하는 데 노력을 쏟지 않았다면, '열심히 했다'라고 이야기하기 어려울 것입니다.

15.2.5 국가 규모의 경제 손실

레거시 코드로 인한 생산성 저하로 발생하는 손실이 어느 정도 될까요?

개발 팀 인원이 20명이고, 레거시 코드로 인한 구현 지연이 매일 1인당 3시간 정도라고 가정해 봅시다. 단순 계산만 해도 팀 전체적으로 매일 3×20=60시간을 허비하고 있음을 알 수 있습니다.

근무 일수를 월 20일로 보았을 때 한 달에 1200시간, 1년에 14400시간 정도의 손실이 발생합니다. 저생산성으로 인한 손실은 이처럼 계속해서 축적됩니다.

이 손실은 사실 레거시 코드의 양에 단순 비례하지 않습니다. 왜냐하면 **복잡하고 이해하기 힘든 로직이 있으면, 이로 인해 더 복잡하고 이해하기 힘든 로직이 만들어지기 때문입니다.** 소스 코드가 점점 거대해지면, 이러한 문제가 점점 가속화됩니다. 그리고 결국 새로운 기능 추가가 너무 힘들어져, 릴리스가 어려워질 정도로 악화됩니다.

일본의 경제 산업성 발표 자료에 따르면, 2025년 이후 일본 내부의 기술 부채로 인한 경제적 손실이 12조 엔(약 120조 원) 정도 될 것이라고 합니다. 일본의 2021년 국가 예산이 142.5조 엔(1425조 원)이라는 사실과 비교해 보면, 엄청난 손실임을 알 수 있습니다.

놀라운 금액입니다. 마치 '티끌 모아 태산'이라는 속담과 같습니다. 설계를 소홀히 하고 매일 낮은 생산성을 방치한 결과, 국가 규모의 손실이 발생하고 있는 것입니다.

이러한 점에서 변경 용이성은 매우 중요한 품질 특성이라고 이야기할 수 있습니다.

15.3 소프트웨어와 엔지니어의 성장 가능성

그런데 무엇을 위해 코드를 변경해야 할까요?

소프트웨어의 가치와 매력을 높이기 위해 사양을 추가하고 변경하면서, 코드를 변경합니다. 코드의 변경 용이성이 높을수록, 소프트웨어의 가치를 빠르게 높일 수 있습니다. 소프트웨어가 빠르게 성장하는 것입니다.

따라서 변경 용이성을 높인다는 것은 소프트웨어의 성장 가능성을 높이는 것이라고 바꿔 말할 수 있습니다. **소프트웨어의 성장 가능성을 높이는 것이 바로 이 책의 핵심 주제이자 의의입니다.**

변경 용이성이 악화되면, 소프트웨어의 성장 가능성도 악화됩니다. 그뿐 아니라, 엔지니어의 기술 성장 가능성도 악화됩니다.

15.3.1 엔지니어에게 자산이란 무엇인가?

조금 더 생각해 봅시다. 엔지니어에게 '자산'이란 무엇일까요? 모아 놓은 돈을 의미할까요? 아니면 연봉을 의미할까요?

사람에 따라 돈을 쓰는 방법이 다른 것처럼 일반적인 자산과 '엔지니어의 자산'은 다릅니다. 연봉도 경기 침체 등으로 인해 얼마든지 바뀔 수 있으므로, 엔지니어에게 '본질적인 자산'이라고 이야기할 수 없습니다.

그렇다면 '엔지니어'에게 '자산'이란 무엇일까요? 저는 **기술력**이라고 생각합니다. 엔지니어가 기술력이 있다면, 모아 놓은 돈이 없어도 어디서든 돈을 벌 수 있습니다. 따라서 기술력은 엔지니어가 부를 창출하는 원천이라고 이야기힐 수 있습니다. 기술력은 그 무엇과도 바꿀 수 없는 엔지니이 자신만의 귀중한 자산입니다.

그런데 레거시 코드는 이러한 자산의 축적, 즉 기술력의 성장을 방해하는 무서운 존재입니다. 그 이유를 차근차근 살펴봅시다.

15.3.2 레거시 코드는 발전을 막음

신입 사원 또는 후임 담당자가 레거시 코드가 많은 프로젝트 개발을 담당하게 되었다고 생각해 봅시다.

신입 사원과 후임 담당자는 선배 사원과 전임 담당자가 작성한 코드가 레거시 코드라는 것을 알아보기 어렵습니다. 오히려 '선배가 작성한 좋은 코드구나' 또는 '전임 담당자는 이렇게 효율적으로 작업했구나' 하고 착각해서, 레거시 코드를 추가로 양산하게 됩니다. 기술력이 미숙한 신입 사원에게서 자주 볼 수 있는 경향입니다.

레거시 코드는 다음 사람으로 하여금 레거시 코드를 작성하게 합니다. 즉, 낮은 수준의 기술만 사용하게 만듭니다.

15.3.3 레거시 코드는 고품질 설계 경험을 막음

물론 이것이 레거시 코드임을 깨닫는 신입 사원(또는 후임 담당자)도 있습니다.

그렇다면 어떻게든 설계부터 수정해 보려고 시도할 것입니다. 하지만 레거시 코드는 이미 균형이 깨져 있어서, 설계를 개선하기가 매우 힘듭니다. 결국 프로젝트 납기 일정 등으로 설계 개선을 포기하게 되곤 합니다.

결국에는 고품질 설계 구현 경험을 쌓을 수 없으므로, 설계 능력이 향상되지 않습니다.

15.3.4 레거시 코드는 시간을 낭비하게 만듦

레거시 코드는 이해하는 데 시간이 오래 걸립니다. 하지만 시간은 유한합니다. 따라서 원래 더 가치 있는 일에 사용되었어야 하는 시간이 줄어듭니다. 이 때문에 충분한 경험을 쌓지 못해서, 설계 능력뿐만 아니라 그 밖의 다양한 기술 향상도 이룰 수 없게 되어 버립니다.

결국 레거시 코드는 기술 향상을 막고, 엔지니어에게 정말 중요한 자산이라 할 수 있는 기술력의 축적을 막습니다. 그리고 엔지니어에게 기술력은 곧 연봉과 직결됩니다. 레거시 코드는 엔지니어의 기술 성장도 막고, 연봉 인상도 막는 것입니다.

15.4 문제 해결하기

이러한 문제들을 해결할 수 있는 방법을 정리해 보겠습니다.

15.4.1 문제를 인식하지 못하면 설계에 대한 생각 자체가 떠오르지 않음

이제 막 걷기 시작한 어린아이가 있다고 해 봅시다. 이 아이 혼자 차가 쌩쌩 다니는 도로 근처를 걷게 해도 괜찮을까요? 전혀 괜찮지 않습니다. 어린아이는 교통사고의 두려움을 모르므로, 어른이 손을 꼭 잡고 교통 규칙을 열심히 가르쳐 줘야 합니다.

프로그래밍도 마찬가지입니다. 문제를 인식하지 못하면 설계에 대한 생각 자체가 떠오르지 않습니다.

15.4.2 인지하기 쉬운 문제와 인지하기 어려운 문제가 있음

그림 15.1은 필립 크뤼슈텐(PP. Kruchten)이 소프트웨어 시스템에 대해 정의한 메

트릭입니다.[1] '보임/보이지 않음'과 '플러스 가치/마이너스 가치'라는 2개의 축으로 사분면을 표현하고 있습니다.

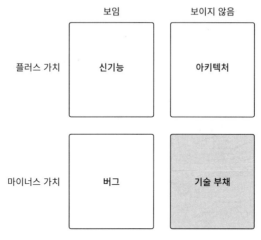

그림 15.1 소프트웨어 가치 메트릭

여기에서 '보임/보이지 않음'은 '시스템의 내부 구조가 보이는가'를 나타냅니다.

보이는 쪽은 내부 구조에 대한 이해 없이도 인식할 수 있는 것입니다. 보이는 쪽의 플러스 가치는 신기능, 마이너스 가치는 버그입니다. 이는 화면만 보아도 알 수 있는 것들입니다.

반면 보이지 않는 쪽은 플러스 가치로 아키텍처, 그리고 마이너스 가치로 기술 부채가 있습니다. 프로그래밍 지식이 없는 분이라면, 시스템 내부 구조를 인식하기 힘듭니다.

그런데 엔지니어라면 보이지 않는 쪽의 아키텍처와 기술 부채를 볼 수 있을까요? 지금까지 설명했던 것처럼 어떤 악마가 어떤 문제를 일으키는지 모른다면, 기술 부채의 존재를 인식하기 힘듭니다. **소스 코드를 독해하는 스킬과 기술 부채를 인식하는 스킬은 전혀 다릅니다.**

---

1 논문 PP. Kruchten, R. Nord, I. Ozkaya(2012). Technical debt: From metaphor to theory and practice. IEEE Software, 29(6):18-21, November/December에 소개된 그림입니다.

15.4.3 이상적인 형태를 알아야 문제를 인식할 수 있음

'기술 부채를 인식하는 것'을 공수도(가라테)에 비유해서 설명하겠습니다. 공수도는 단순하게 팔과 다리를 휘두르는 것이 아니라, 기술의 효과를 극대화하기 위해 합리적으로 움직입니다. 다음 그림을 살펴봅시다.

그림 15.2 공수도의 움직임은 합리적으로 설명할 수 있음.

서 있는 상대에게 자신의 펀치 위력을 100% 전달하려면, 어떤 각도로 뻗어야 할까요? 답은 ②의 90도입니다. 비스듬하게 주먹을 휘두르면, 힘 벡터가 수직 방향으로 분산됩니다. 공수도의 기술과 움직임은 모두 이렇게 물리적인 측면에서 합리적으로 설명할 수 있습니다.

도장의 사범님은 항상 저에게 다음과 같은 질문을 던졌습니다.

"지금 하고 있는 동작이 어떻게 되어야 가장 이상적인 형태인지 정의하고 설명할 수 있나요?"

"다리의 방향, 고관절의 열림, 근육의 방향, 무릎의 위치, 무게 중심의 위치, 팔의 각도 등이 각각 어떻게 되어야 이상적인 형태인지, 그리고 왜 그렇게 되어야 하는지 설명할 수 있나요?"

이렇게 질문을 던지는 이유는 다음과 같았습니다.

"이상적인 형태가 어떤 것인지 스스로 자세하게 정의할 수 있어야, 제가 없어도 혼자서 연습할 수 있습니다. 이상적인 형태를 맞춰 연습하면 되니까요. 잠시 슬럼프에 빠지더라도, 이상적인 형태와 비교해 자기 자신을 점검할 수 있다는 이점이 있습니다."

"반대로 이를 정의하지 못하고 연습하는 것은 굉장히 좋지 않습니다. 스스로가 이상적인 동작을 하는 것인지 아닌지 판단하기 힘들기 때문입니다. 물론 운 좋게 이상적인 형태에 가까운 동작을 할 수도 있지만, 운이 나쁘면 자신이 나쁜 동작을 하고 있음을 깨닫지 못하고 계속 연습할 것입니다. 따라서 이상적인 형태를 떠올릴 수 없는 상태에서 연습하면 동작이 발전하지 못하고, 오히려 나빠집니다. 연습하지 않는 것이 낫습니다."

이는 공수도뿐만 아니라 전반적인 스포츠, 아니 모든 일에 적용되는 이야기입니다.

문제는 항상 이상과 현실의 차이 때문에 발생합니다. 따라서 이상이 무엇인지 알고 있다면, 현실과 비교하며 차근차근 문제를 해결할 수 있습니다. 설계에서도 같습니다. 이상적인 설계와 현재 설계를 비교하면, 기술 부채를 인식할 수 있습니다.

15.4.4 변경 용이성을 비교할 수 없는 딜레마

기술 부채를 줄이는 변경 용이성 설계의 효과는 어떻게 측정하면 좋을까요?

성능을 기준으로 비교한다면 '기존의 코드'와 '성능이 향상되도록 변경한 코드'를 준비하고, 실행 속도 등을 측정하면 곧바로 비교할 수 있습니다.

변경 용이성은 어떨까요? 변경 용이성은 개발 생산성으로 추측할 수 있지만, 성능과 달리 곧바로 비교할 수 없습니다. 왜냐하면 변경 용이성은 미래의 변경 비용이 얼마나 낮은지 나타내는 것으로, 시간이 경과해야 알 수 있기 때문입니다. 긴 시간을 들여 확인해야 효과를 관측할 수 있는 특성인 것입니다.

변경 용이성 설계 효과가 어느 정도인지 어떻게 산출할 수 있을까요? 대조 실험[2]을 생각해 볼 수 있습니다. 하지만 이 방법에는 문제가 있습니다. 일단 변경 용이성 효과를 확인하는 데 어느 정도 기간이 필요합니다. 추가로 '변경 용

---

2 완전히 같은 상황을 2개 준비해 두고, 한쪽만 특정 부분을 변경해서 비교하는 방법입니다. 예를 들어 한쪽은 변경 용이성이 좋다고 생각되는 설계대로 개발하고, 다른 한쪽은 설계를 따로 하지 않고 개발합니다. 이후 개발 생산성에 차이가 있는지 비교합니다.

이성 설계 팀'과 '설계하지 않은 팀'이라는 두 개의 개발 리소스를 준비해야 합니다. 매일매일 바쁘게 돌아가고, 리소스가 부족한 개발 현장에서 변경 용이성을 검증하기 위해서 예산과 인원을 투자하기는 솔직히 어려운 일입니다. 변경 용이성을 검증하는 연구 팀을 편성할 수 있을 정도로 예산이 많은 기업이라면 가능하겠지만, 그런 기업은 있어도 극히 적습니다.

다른 비교 방법은 없을까요? 물론 '변경 용이성을 고려해 설계한 미래'와 '설계를 따로 하지 않은 미래'를 동시에 관측할 수 있다면 가능합니다. 하지만 우리에게는 다른 미래(평행 세계)를 오고 가거나 관측하는 기술이 없으므로, 불가능하다고 할 수 있습니다.

15.5 코드의 좋고 나쁨을 판단하는 지표

'미래의 개발 생산성을 측정할 수 있는 방법'은 안타깝게도 현재 시점에서는 없습니다. 하지만 '현재 소스 코드의 좋고 나쁨을 판단하는 지표(방법)'는 있습니다. 이와 같은 코드 복잡성과 가독성 등의 품질 지표를 **코드 메트릭** 또는 **소프트웨어 메트릭**이라고 부릅니다.

코드 메트릭과 그 분석 도구를 몇 가지 소개하겠습니다.

15.5.1 실행되는 코드의 줄 수

주석을 제외하고, 실행되는 로직을 포함하는 코드의 줄 수를 의미합니다. 줄 수가 많으면 많을수록, 너무 많은 일을 하고 있을 가능성이 높습니다. 메서드 내부의 줄 수가 늘어나면, 메서드 내부에서 다루는 변수와 조건 분기가 많을 것입니다. 변수가 많아지고, 조건 분기로 인해 내부 로직이 복잡해지면 코드를 읽고 이해하기 힘들어질 것입니다.

루비의 코드 분석 라이브러리 RuboCop은 기본 값으로 '적절한 코드 줄 수의 상한'을 표 15.2와 같이 판단합니다. 상한을 넘으면 경고를 표시합니다.

스코프	줄 수 상한
메서드	10줄 이내
클래스	100줄 이내

표 15.2 코드 줄 수의 상한

물론 같은 기능을 수행하더라도, 로직을 구현하는 데 필요한 코드의 양은 프로그래밍 언어에 따라 조금씩 다릅니다. 하지만 어떤 프로그래밍 언어를 사용하더라도, 이 정도가 적당합니다.[3]

줄 수가 너무 많으면 '메서드와 클래스 분할'을 검토해 보십시오.

 클래스를 분할하면 읽기 어려워질까?

클래스를 작게 분할하는 것에 거부감을 느끼는 사람들도 꽤 많습니다.

대부분 '클래스를 너무 작게 분할하면, 로직을 추적하기 힘들다', '분할된 로직의 내부 구현을 파악하기 힘들다', '클래스가 크더라도 한꺼번에 로직을 읽어 내려갈 수 있게 하는 것이 좋다' 등의 이유를 듭니다.

조금 다른 이야기이지만, 각 프로그래밍 언어에는 표준 라이브러리가 있습니다. 그런데 라이브러리의 내부 구현이 어떻게 되어 있는지, 하나하나 신경 쓰는 사람이 있나요? 대부분 따로 신경 쓰지 않고 사용할 것입니다. 표준 라이브러리 클래스는 사용 방법과 사양이 명확하고, 신뢰성이 높으므로 내부 구조를 따로 신경 쓰지 않아도 됩니다.

3장에서 '클래스 하나하나가 정상적으로 동작하도록 설계하는 것이 중요하다'고 이야기했습니다.

이러한 관점에서 생각해 보면, 분할된 로직이 신경 쓰이는 이유는 '분할된 클래스의 동작이 불안하기 때문'이라고 할 수 있습니다. '정상 동작하지 않을 것'이라고 생각하며 불안해할수록, 즉 신뢰성이 낮을수록, 내부 로직이 신경 쓰이는 것입니다.

클래스를 분할할 때는 3장에서 살펴보았던 객체 지향 설계의 기본을 잘 지켜야 합니다. 분할한 클래스 하나하나가 일관되고 정상적인 동작을 하는 구조를 가져야 합니다. 또한 내부 로직을 하나하나 신경 쓰지 않아도 되는 구조로 만들어야 합니다.

---

3 저는 C 언어, C++, C#, 자바스크립트, 루비 등의 실무 경험을 갖고 있습니다. 어떤 언어로 구현하든 대체로 이 정도의 줄 수로 구현하는 것이 좋다고 생각합니다.

15.5.2 순환 복잡도

순환 복잡도(cyclomatic complexity)는 코드의 구조적인 복잡함을 나타내는 지표입니다. 조건 분기, 반복 처리, 중첩이 많아지면 복잡도가 커집니다. 복잡도에 따라서 표 15.3과 같은 상태를 확인할 수 있습니다.[456]

순환 복잡도	복잡함의 상태	버그 확률
10 이하	굉장히 좋은 구조	25%
30 이상	구조적인 리스크가 존재	40%
50 이상	테스트 불가능	70%
75 이상	변경할 때, 반드시 실수가 발생함	98%

표 15.3 순환 복잡도의 기준

조건 분기, 반복 처리, 중첩은 복잡도를 높입니다. 이 책에서 다룬 조기 리턴, 전략 패턴, 일급 컬렉션 등의 테크닉을 활용하면 복잡도를 줄일 수 있습니다.

데이터 클래스는 로직이 따로 없으므로 복잡도가 0입니다. 하지만 다른 클래스의 복잡도에 영향을 줄 수 있으므로 주의해야 합니다.

순환 복잡도는 앞으로 살펴볼 분석 도구를 활용해서 측정할 수 있습니다. 참고로 제가 설계할 때 클래스의 복잡도는 일반적으로 10 정도, 높아도 15보다는 낮게 나옵니다.

15.5.3 응집도

응집도는 모듈 내부에서 데이터와 로직이 관련되어 있는 정도를 나타내는 지표입니다.

모듈은 클래스, 패키지, 레이어 등 다양하게 해석할 수 있습니다. 클래스로 해석하면, 클래스 내부에서 데이터와 로직의 관계가 얼마나 강한지 나타내는 지표라고 생각할 수 있습니다. 구체적으로 인스턴스 변수와 그 인스턴스 변수

---

4 계산 방법과 관련된 내용은 생략합니다.
5 Cyclomatic Complexity - MATLAB & Simulink - MathWorks, MathWorks Inc., URL: *https://www.mathworks.com/discovery/cyclomatic-complexity.html*
6 순환 복잡도의 기준은 지표가 여러 개 있습니다. 이 책에서는 MathWorks의 기준을 소개합니다.

를 사용하는 로직이 같은 클래스에 구현되어 있으면, 응집도가 높다고 할 수 있습니다.

응집도가 높을수록 변경 용이성이 높고 좋은 구조입니다. 응집도를 나타내는 메트릭으로 LCOM(Lack of Cohension in Methods)이 있습니다. 설계 도구도 있습니다.

15.5.4 결합도

결합도는 모듈 간의 의존도를 나타내는 지표입니다.

모듈을 무엇으로 해석할지는 조금 전 응집도를 설명할 때와 같습니다. 예를 들어 클래스로 해석하면, 결합도는 '어떤 클래스가 호출하는 다른 클래스의 수'라고 볼 수 있습니다. 클래스를 변경하면, 해당 클래스를 호출하고 있는 다른 클래스도 영향을 받을 수 있습니다. 따라서 이런 영향 때문에 버그가 발생하지 않는지 검증을 해야 합니다. 결국 의존하고 있는 클래스가 많으면 많을수록, 즉 결합도가 높을수록 더 넓은 범위를 고려해야 하므로, 유지 보수와 사양 변경이 어렵습니다.

결합도는 분석 도구를 사용해서 계측할 수 있습니다. 도구가 없어도, 호출하는 클래스의 수를 세거나 클래스 다이어그램을 그려 보면, 어느 정도인지 알 수 있습니다. 결합도가 너무 높으면, 클래스가 너무 많은 일을 하고 있을 수 있습니다. 즉, 단일 책임 원칙을 위배하고 있을 수 있습니다. 이때는 의존을 더 줄일 수 없는지, 클래스를 더 작게 분할할 수 없는지 검토해 보는 것이 좋습니다.

15.5.5 청크

청크는 코드 메트릭이 아니지만, 제가 자주 사용하는 지표이므로 소개하겠습니다.

인간의 기억은 단기 기억과 장기 기억으로 분류할 수 있습니다. 최근 인지 심리학 연구 결과에 따르면, 인간의 단기 기억은 한 번에 4±1개의 개념 정도만 파악할 수 있다고 합니다. 그래서 이 숫자를 매지컬 넘버 4라고 부릅니다. 또한 기억할 수 있는 정보 덩어리의 단위를 청크라고 부릅니다.

예를 들어, '안녕하세요'는 영어로 'Hello'입니다. 이는 H, E, L, L, O라는 5개의 문자로 구성됩니다. 'Hello'를 처음 배우는 사람은 이를 5-청크로 인식합니다(참고로 반복 학습을 통해, 기억에 정착되면 'Hello'가 하나의 덩어리로 기억되어, 1-청크가 됩니다).

프로그래밍은 굉장히 많은 종류의 데이터/로직을 보는 직업입니다. 데이터와 사양 변경이 어디에 영향을 주는지, 버그가 발생하지 않는지 등 다양한 요소를 보고 검증해야 합니다.

그런데 수많은 변수를 사용하며 수천~수만 줄로 이루어진 거대한 클래스를 보고, 각각의 변수와 로직을 파악할 수 있을까요? 제대로 파악할 수 없고 오히려 혼란스러울 것입니다. 거대한 클래스에서 다루는 개념의 수가 매지컬 넘버 4를 넘기 때문입니다. 물론 구현 담당자처럼 관련 개념을 오랫동안 생각해 온 사람이라면, 장기 기억으로 정착되어 이해할 수도 있습니다. 하지만 후임 담당자처럼 코드를 처음 접하는 사람에게는 단기 기억에 굉장한 과부하가 걸려, 이해하기 힘들 것입니다.

클래스를 설계할 때도 매지컬 넘버 4를 염두에 두고 뇌가 쉽게 받아들일 수 있는 구조인지 생각해 보세요. 클래스에서 다루는 개념이 4±1개 정도가 되도록 설계하고, 이보다 큰 클래스는 작은 클래스로 분할하는 것이 좋습니다.

'클래스의 크기와 관계없이, 다루는 개념의 개수는 시스템 전체적으로 보았을 때 그대로이니 큰 차이 없는 것 아닐까?'라고 생각할 수도 있습니다. 하지만 중요한 것은 밀접한 개념끼리 응집하는 것입니다. 거대한 클래스에서는 어떤 개념과 어떤 개념들이 서로 밀접한지 구분하기 힘듭니다. 강하게 연결된 개념끼리 응집시켜서, 각각을 작은 클래스로 분할해 두면, 개념들의 관계를 훨씬 쉽게 파악할 수 있습니다.

3장에서 설명했던 클래스 설계 기본, 8.1.3절에서 설명했던 단일 책임 원칙을 준수하면 쉽게 매지컬 넘버에 맞출 수 있을 것입니다.

15.6 코드 분석을 지원하는 다양한 도구

소스 코드를 분석해서, 다양한 메트릭을 계측해 주는 도구가 있습니다. 그중 몇 가지를 소개하겠습니다.

15.6.1 Code Climate Quality

Code Climate Quality[7]는 Code Climate 사에서 만든 코드 품질 분석 도구입니다. 깃허브와 연동하면 리포지터리에 저장된 코드의 품질 점수를 자동으로 계산해 줍니다. 다양한 분석 기능을 제공합니다.

- 자체 계산식을 사용해 기술 부채를 산출하고, 부채의 증감을 시계열 그래프로 보여 줍니다.
- 부채의 정도를 파일 단위로 시각화합니다. 정렬도 가능합니다.
- 복잡도와 코드 줄 수 등 메트릭상에서 문제가 있는 부분을 시각화합니다.
- 파일별로 변경 빈도를 가로축, 기술 부채를 세로축으로 하는 그래프를 만듭니다.
  - 변경 빈도와 부채가 클수록 부채를 해소했을 때 얻는 가치가 크며, 개발 생산성 향상에 기여한다고 볼 수 있습니다.

15.6.2 Understand

Understand[8]는 Scientific Toolworks, Inc.의 코드 품질 분석 도구입니다.

코드 줄 수, 복잡도, 응집도(LCOM), 결합도 이외에도 다양한 관점의 메트릭을 계측할 수 있습니다. 클래스와 메서드 사이의 의존 관계를 시각화하는 그래픽 뷰라는 기능도 갖고 있어서, 사양 변경 시 영향 범위를 파악할 때도 편리합니다. 또한 이를 통해 영향 범위를 줄일 수도 있습니다.

---

7 *https://codeclimate.com/quality/*
8 *https://www.scitools.com/*

15.6.3 Visual Studio

Visual Studio는 Microsoft에서 만든 IDE(통합 개발 환경)입니다.[9] 무료로 사용할 수 있는 Community 버전을 포함해서, 모든 라이선스 형태에서 코드 메트릭 계산 기능을 사용할 수 있습니다. 실행 가능한 코드의 줄 수, 복잡도, 결합도를 분석해 줍니다. 추가로, 전체적인 부채 정도를 나타내는 유지 보수 용이성 인덱스(유지 관리 인덱스)를 계산해 줍니다. 그리고 이러한 지표를 메서드, 클래스, 패키지 단위로 계산할 수도 있습니다.

구문 강조를 품질 시각화에 활용하기

일반적인 에디터에는 구문 강조 기능이 있습니다. 구문 강조는 코드의 특정 기호, 키워드, 구문을 다른 색상으로 표시하는 기능입니다. 많은 사람이 자신에게 맞는 배색(color scheme)으로 커스터마이징해 사용합니다.

저는 코드 품질을 시각화하기 위해서 구문 강조를 의식적으로 개량해서 활용하고 있습니다. 문제를 일으키기 쉬운 코드에는 경고를 나타내는 색상, 코드 품질을 유지하는 데 유용한 코드에는 안전을 나타내는 색상을 활용합니다. 예를 들어 '매직 넘버', '너무 많은 매개변수를 가진 메서드'는 응집도를 낮출 가능성이 있어 위험하므로 붉은색과 주황색 등을 활용해 표시합니다(표 15.4).

요소	색	의도
숫자	붉은색	매직 넘버일 위험성이 있음.
매개변수	주황색	너무 많은 매개변수는 응집도를 낮출 수 있음.
지역 변수	노란색	지역 변수가 많으면 관심사가 지나치게 많을 가능성이 있음.

표 15.4 경고 색상으로 표시하는 하이라이트 요소의 예

final 인스턴스 변수와 클래스, 인터페이스는 코드를 안전하게 만들므로 초록색과 파란색 등을 활용해 표시합니다.

---

9 Visual Studio Code가 아닙니다.

요소	색	의도
메서드	연두색	현재 상태도 괜찮지만, 개선 가능성이 있음.
final 인스턴스 변수	초록색	불변으로 만들어서 좋은 구조
클래스	물색	응집도를 높이는 데 도움
인터페이스	파란색	조건 분기를 줄이는 데 도움

표 15.5 안전 색상으로 표시하는 하이라이트 요소의 예

이와 같이 설정하면 품질이 좋지 않은 부분은 붉은색이 많아지고, 품질이 좋은 부분은 파란색이 많아집니다. 따라서 어떤 부분을 개선하면 좋을지 색으로 쉽게 구분할 수 있습니다.

물론 징직 분석 도구로 코드의 좋고 나쁨을 구체적으로 분석할 수도 있지만, 구문 강조를 활용하면 시각적으로 확인할 수 있으므로 꽤 괜찮은 방법입니다. 추천합니다.

15.7 설계 대상과 비용 대비 효과

설계와 관련해서 비용 대비 효과에 관한 이야기는 피할 수 없습니다.

지금 여러분이 참여하고 있는 여러 프로젝트에서 이미 소스 코드가 나쁘다고 느끼고 있을지도 모릅니다. 그리고 이 코드를 모두 리팩터링하거나, 아니면 차라리 다시 작성하고 싶은 마음이 들 수 있습니다.

하지만 무한정 리팩터링할 수 있을까요?

회사의 예산은 유한합니다.[10] 유한한 예산 안에서 개발 비용이 산출됩니다. 투자한 비용과 제한된 기간 내에 어떻게든 이익을 내야 합니다. 예산과 시간 모두 유한한 자원입니다.

따라서 설계와 리팩터링을 무한히 할 수는 없습니다. 현실적으로 프로젝트의 소스 코드가 전반적으로 나쁘다고 해도, 설계를 바꿔 개선할 수 있는 부분

---

10 사무실 임대료, 관리비 이외에도 직원들이 사용하는 PC, 비품, 급여 등 다양한 경비가 들 수밖에 없습니다.

은 일부에 불과한 경우가 많습니다.[11]

비용 제약이 있다면, 어느 부분의 설계 품질을 높여야 하는 것일까요?

예를 들어 구조적으로 조악하더라도, 버그 없이 잘 작동하고 있으며 기능 변경이 거의 일어나지 않는 부분을 리팩터링하는 것은 의미가 있을까요? 변경 용이성은 미래의 사양 변경 시 비용을 절감하는 품질입니다. 사양 변경도 없는데, 비용을 들어 변경 용이성을 높이는 것은 낭비입니다. 비용 대비 효과가 매우 낮을 것입니다.

따라서 비용 대비 효과가 높은 부분을 노려야 합니다.

15.7.1 파레토의 법칙(80:20의 법칙)

파레토의 법칙이라는 법칙이 있습니다. 전체 결과의 80%가 전체 원인의 20%에서 일어난다는 법칙으로, '매출의 80%는 전체 상품 중 20%의 상품이 만들어 낸다', '소프트웨어의 처리 시간 중 80%는 소스 코드 전체의 20%가 차지한다' 등의 현상에 비유됩니다. 그래서 80:20의 법칙이라고도 부릅니다.

일설에 따르면 소프트웨어의 기능 전체 중에서 중점적으로 사용되는 기능은 1/3 정도밖에 되지 않는다고 합니다. 마찬가지로 사양이 자주 바뀌는 곳도 일부에 한정되어 있다고 합니다. 기능의 중요성, 사양 변경 빈도 모두 파레토의 법칙에 해당된다고 할 수 있습니다.

중요한 기능에는 고객들이 주목하므로 개선 요구도 당연히 많습니다. 그리고 이러한 요구에 따라 사양도 자주 변경됩니다. 이처럼 중요하고 사양 변경이 빈번한 곳의 설계를 개선하면, 비용 대비 효과가 높을 것입니다.

15.7.2 코어 도메인: 서비스의 중심 영역

모든 상품과 서비스는 이것이 '우리가 판매하는 것'이라고 말할 수 있는 중심 가치가 있습니다. 게임에서는 해당 게임만의 특징적인 배틀 시스템, SNS에서는 화제성, 온라인 학습 서비스에서는 좋아하고 싫어하는 과목을 분석해 주는

---

11 프로덕션 코드 전체를 제대로 테스트하는 코드를 작성하면, 테스트 코드의 양이 프로덕션 코드의 3 배 정도 된다고 합니다. 테스트 코드를 구현할 때도 비용이 들어가는 것입니다.

서비스 등이 바로 이러한 중심 가치입니다.

이처럼 서비스에서 중심이 되는 비즈니스 영역을 《도메인 주도 설계》 (17.1.11절)에서는 **코어 도메인**이라고 합니다.

코어 도메인은 다음과 같이 설명할 수 있습니다.

- 시스템에서 가장 큰 가치를 창출하는 곳
- 가치 있고 중요하고 비용 대비 효과가 가장 큰 곳
- 경쟁 우위에 있고, 차별점을 만들며, 비즈니스 우위를 만들 수 있는 곳

설계에 비용을 투자해야 하는 곳, 비용 대비 효과가 큰 곳이라고 할 수 있습니다.

15.7.3 중점 설계 대상 선정에는 비즈니스 지식이 필요함

그럼 코어 도메인이라고 부를 수 있는 비즈니스 영역은 무엇일까요? 그리고 그 비즈니스 영역에 대응하는 기능은 무엇일까요?

서비스는 런칭 후에 반복해서 다양한 기능이 추가됩니다. 그렇게 서비스가 거대해지면, 무엇이 서비스의 중심 가치인지 알기 힘들어집니다.

중요한 기능은 높은 빈도로 사양 변경이 일어나는 경향이 있습니다. Code Climate Quality 같은 분석 도구를 사용하면, 변경 빈도가 높은 곳을 찾을 수 있습니다. 물론 일시적으로 변경 빈도가 높아지는 부분도 있으므로, 구분해서 생각해야 합니다.

도메인 주도 설계는 코어 도메인의 가치를 지속적으로 높이고, 서비스를 장기적으로 성장시키는 설계 방법입니다. 사업 영역과 관련된 지식이 풍부한 사람을 **도메인 전문가**(domain expert)라고 부릅니다. 《도메인 주도 설계》에서는 도메인 전문가와 협력해서 무엇이 코어 도메인인지 판별해야 한다고 이야기합니다.

설계 비용 대비 효과를 높이려면, 중점적인 설계 대상을 선정할 수 있어야 합니다. 그리고 대상을 잘 선정하려면, 서비스가 해결하고 싶은 고객 과제가 무엇인지, 서비스의 본질이 무엇인지 볼 수 있는 능력이 필요합니다. 즉, 서비스와 관련된 비즈니스 지식이 필요합니다.

구조의 좋고 나쁨에만 주목하면, 설계가 비즈니스 전략을 제대로 뒷받침하지 못할 수 있습니다.

소프트웨어 엔지니어 중에는 아키텍트라는 직종이 있습니다. 아키텍트는 비즈니스 전략을 실현하는 아키텍처를 설계하는 역할을 합니다. 아키텍처 설계라는 직무를 수행하려면, 대상 비즈니스를 깊이 이해해야 합니다. 성장 가능성을 높이기 위한 최적의 설계와 비즈니스 지식은 떼려야 뗄 수 없는 관계라고 이야기할 수 있습니다.

15.8 시간을 다스리는 능력자 되기

변경 용이성 설계는 개발 생산성을 향상시킵니다. 특히 미래의 시간을 다룰 수 있습니다. 레거시 코드를 안고 계속해서 기술 부채를 쌓아갈지, 소프트웨어를 빠르게 성장시킬지는 모두 설계자의 능력에 달려 있습니다.

현재의 설계 품질은 미래에 소비할 시간에 직접적인 영향을 줍니다. 걸리는 시간을 신경 쓰며 개발하다 보면 '디버깅 시간이 길다', '코드를 읽는 데 오래 걸린다'처럼 평소 개발 시 발생하는 '쓸데없는 시간'이 느껴질 것입니다. 그리고 '현재 상태가 절대 당연한 상태가 아니라, 오히려 이상한 상태'임을 깨닫게 될 것입니다.

엔지니어가 아닌 사람들은 시스템의 표면적인 기능만 봅니다. 반면 시스템을 개발하는 엔지니어는 내부 구조를 머릿속에 그릴 수 있습니다. 그리고 설계의 본질을 볼 수 있는 엔지니어는 악마의 정체를 꿰뚫어 볼 수 있는 눈, 즉 레거시 코드를 머릿속에 그릴 수 있는 능력을 갖고 있습니다.

시간이 허비되는 원인을 찾을 수 있는 '눈'을 갖고 있는 것입니다. 이러한 '눈'을 갖고 있지 않은 사람 입장에서는 이는 초능력과 같습니다.

어려운 능력이지만, 누구나 훈련하면 습득할 수 있습니다. 머릿속에 그리는 능력과 설계 능력을 활용하면 미래의 시간을 조종할 수 있습니다.

16장

설계를 방해하는
개발 프로세스와의
싸움

개발 프로세스 자체가 레거시 코드의 발생 원인이 되기도 합니다.

이 장에서는 설계 품질을 떨어뜨리는 개발 프로세스 관련 문제를 다룹니다. 문제는 기술 부족 이외에도 심리적 안정감, 커뮤니케이션, 조직적 요인 등 굉장히 다양한 원인으로 발생합니다.

그림 16.1 문제는 코드 밖에도 도사리고 있다.

각각의 문제와, 그 해결 방법에 대해 설명하겠습니다.

16.1 커뮤니케이션

일단은 개발 프로세스 전체와 관련되어 있는 커뮤니케이션 문제에 대해 살펴보겠습니다.

16.1.1 커뮤니케이션이 부족하면 설계 품질에 문제가 발생

팀 개발에서는 팀원과 어떤 코드를 작업할 때, 서로의 로직이 제대로 맞물리지 않아 버그로 이어지는 상황이 매우 흔합니다.

왜 이런 현상이 일어날까요? 서로가 무엇을 하고 있는지 잘 모르기 때문입니다. 왜 모를까요? 팀원 간의 커뮤니케이션이 부족하기 때문입니다.

바쁘다든지, 팀원들의 사이가 원만하지 않다든지, 정보를 바라보는 관점이 다르다든지 등등 커뮤니케이션을 저해하는 어떤 요인이 있을 수 있습니다. 이처럼 팀원 간 의사소통에 문제가 있으면, 버그가 많아지는 경향이 있습니다.

16.1.2 콘웨이 법칙

커뮤니케이션 문제 해결과 관련된 콘웨이 법칙을 소개하겠습니다.

콘웨이 법칙(Conway's law)은 '시스템의 구조는 그것을 설계하는 조직의 구조를 닮아 간다'라는 법칙입니다. 조금 더 알기 쉽게 예를 들면, 개발 부문이 3개의 팀으로 구분되어 있다면 모듈의 수도 팀의 수와 동일하게 3개로 구성되는 시스템이 만들어진다는 것입니다.

왜 그럴까요? 여러 개의 팀을 편성하면, 커뮤니케이션은 각각의 팀 내에서만 활발하게 이루어집니다. 반대로 다른 팀과의 커뮤니케이션은 거의 이루어지지 않게 됩니다. 기능을 릴리스할 때도 다른 팀과 보조를 맞추기보다는 팀 내에서 완결짓는 편이 훨씬 수월합니다. 따라서 릴리스 기능의 밀도는 팀의 밀도와 가까워집니다. 결국 시스템의 구조가 릴리스 단위, 즉 팀 단위의 구조처럼 구성됩니다.

콘웨이 법칙은 커뮤니케이션 비용 구조의 법칙이라고 말할 수도 있습니다. 팀 내부에서 이뤄지는 커뮤니케이션은 비용이 낮고, 팀 외부와의 커뮤니케이션은 비용이 높다는 비용 구조 자체가 시스템 구조에 영향을 준다는 것입니다.

따라서 만들어야 하는 시스템의 구조와 조직 구조에 차이가 있다면, 시스템 구조를 제대로 잡기 어려워집니다.

그래서 최근에는 콘웨이 법칙을 반대로 접근하는 **역콘웨이 법칙**(inverse Conway's Law)이라는 것이 등장했습니다. 이는 '소프트웨어의 구조를 먼저 설계하고, 이후 소프트웨어의 구조에 맞게 조직을 편성한다'는 접근 방법입니다.

하지만 제 경험에 의하면, 역콘웨이 법칙을 표면적으로 내세우는 것만으로는 효과가 크지 않았습니다. 커뮤니케이션이 원활하지 못한 팀원과 작업하게 되면 서로의 로직이 제대로 맞물리지 않습니다. 콘웨이 법칙은 커뮤니케이션 비용 구조의 법칙입니다. 다시 말해, 팀원 간 커뮤니케이션 문제는 팀원 간 커뮤니케이션 비용이 높다는 이야기입니다. 역콘웨이 법칙을 내세우며 팀을 구성하더라도, 팀 내부의 관계에 문제가 있다면, 본질적인 문제가 해결되지 않는 것입니다.

16.1.3 심리적 안정성

팀원 간 관계 개선에는 심리적 안정성이 중요합니다.

심리적 안정성이란 '어떤 발언을 했을 때, 부끄럽거나 거절당하지 않을 것이라는 확신을 느낄 수 있는 심리 상태', '안심하고 자유롭게 발언 또는 행동할 수 있는 상태' 등으로 정의합니다. 1999년에 하버드 대학교에서 처음 소개하였으며, 2012년에 Google 노동 개혁 프로젝트에 채용되면서, 널리 알려진 개념입니다. 심리적 안정성은 성공적인 팀을 구축할 때 매우 중요한 개념이라고 알려져 있습니다.

의견을 내고 제안을 하는데, 팀원들이 냉소하고 제대로 귀를 기울이지 않는다면 정보 공유가 잘 이루어지지 않을 것입니다. 결과적으로 팀 단위에서 설계 품질 향상이 훨씬 어려워질 것입니다.

커뮤니케이션에 문제가 있을 때는 일단 심리적 안정성 향상에 힘쓰는 것이 좋습니다.[1]

16.2 설계

이 책에서 반복해서 언급하는 것처럼, 설계는 굉장히 중요한 개발 프로세스입니다. 그런데 설계가 제대로 이루어지지 못하게 하거나, 설계한 것이 제대로 동작하지 않게 하는 다양한 함정이 있습니다. 각각의 함정과 대처 방법을 살펴봅시다.

16.2.1 '빨리 끝내고 싶다'는 심리가 품질 저하의 함정

품질이 나쁜 시스템을 만드는 팀은 클래스 설계와 관련된 습관이 애초에 없는

---

1 심리적 안정성의 정의, 심리적 안정성을 향상시키는 방법 등 자세한 내용은 이 책에서 따로 설명하지 않습니다. 관련 도서와 온라인 자료를 참고해 보기 바랍니다.

경우가 많습니다. 일이 바쁘면 구현을 빨리 끝내고 싶은 마음이 앞서게 되고, 그냥 동작하기만 한다면 코드를 어떻게든 구현해 버립니다. 이는 납기 일정이 엄격한 외주 개발에서 흔한 광경입니다. 이러한 환경에서는 클래스 다이어그램조차 그려보지 않는 등 설계 품질을 무시하기 쉽습니다.

설계 품질을 신경 쓰지 않고, 어떻게든 작동하는 코드를 빠르게 작성하는 프로그래머들이 분명 존재합니다. 코드가 아무리 조악하더라도 움직이는 모습을 보면, 엔지니어가 아닌 사람들을 포함해 현장의 사람들은 기뻐합니다. 많은 사람이 '벌써 구현하다니, 대단해요!'라고 이야기하면, 칭찬을 받는 당사자는 물론이고 다른 엔지니어도 '코드를 빨리 작성하는 것'이 '절대적으로 좋은 방향'이라고 생각하게 됩니다. 하지만 이는 함정입니다.

대부분의 소프트웨어는 한 번 만드는 것으로 끝나지 않습니다. 이후로 사양 변경이 계속 이루어지고, 기능은 점점 확장됩니다.

품질을 무시하고 구현하는 과정이 반복되면, 조악한 코드는 점점 더 조악해집니다. 이렇게 조악함이 쌓인 코드는 송곳니를 드러냅니다. 복잡해서 읽고 이해하는 데 시간이 오래 걸리고, 사소한 코드 수정으로도 버그가 발생하게 되는 등 개발 생산성은 계속해서 떨어집니다.

설계 품질을 신경 쓰지 않고, 어떻게든 작동하는 코드를 빠르게 작성하는 프로그래머는 초반에 빨리 구현할 수 있습니다. 하지만 시간이 지날수록 구현 속도가 느려집니다. 조악한 구현 때문에 코드 수정이 다른 곳에 영향을 미치기 때문입니다. 이들이 완성했다고 이야기해도, 이후로 계속해서 버그 수정을 하게 됩니다. 이와 같은 버그투성이 코드를 '완성했다'고 볼 수 있을까요?

16.2.2 나쁜 코드를 작성하는 것이 좋은 코드를 작성하는 것보다 오래 걸린다

《클린 아키텍처》(17.1.10절) 책을 보면, 코드와 관련된 재미있는 실험 결과가 기재되어 있습니다. 바로 테스트 주도 개발(TDD)[2]을 '사용해서 구현하는 경우'

---

2 테스트 주도 개발(TDD, Test Driven Development)은 개발 방법 중 하나입니다. (1) 프로그램의 기능 요건에 따라 테스트 코드를 먼저 작성하고, 이어서 (2) 테스트를 통과하는 프로덕션 코드를 구현하고, (3) 코드를 리팩터링하는 과정을 반복하는 개발 방법입니다. 자세한 내용은 17.1.16절을 참고하세요.

와 '사용하지 않고 구현하는 경우' 중 어느 쪽이 더 빨리 개발을 완료하는지에 관한 비교 실험입니다.

TDD는 프로덕션 코드 이외에도 테스트 코드를 추가로 구현해야 하므로, 언뜻 더 느릴 것처럼 보입니다.

하지만 이 실험에서는 TDD를 사용하는 편이 전체적으로 보았을 때 더 빠르다는 결론이 나온 것입니다. 이런 실험 결과만 보더라도, 저는 '일단 어떻게든 움직이는 코드를 빨리 작성하는 것이 좋다'라는 생각에 동의할 수 없습니다.

16.2.3 클래스 설계와 구현 피드백 사이클 돌리기

사양을 변경할 때는 최소한 메모로라도 클래스 다이어그램을 그려 보세요.

이를 기반으로 책무와 응집도 등의 관점에서 문제가 없는지, 팀과 함께 간단하게 리뷰해 보세요. 문제가 없어 보인다면, 구현하기 시작합니다.

사실 구현하다 보면 예상하지 못했던 요소들을 발견하게 될 것입니다. 이때마다 클래스 다이어그램에 반영해 보기 바랍니다.

이와 같은 설계와 구현 피드백 사이클을 돌리다 보면, 설계 품질이 향상될 것입니다.

16.2.4 한 번에 완벽하게 설계하려고 들지 말고, 사이클을 돌리며 완성하기

사양을 대규모로 변경할 때는 그만큼 확실한 클래스 설계가 필요합니다. 하지만 한 번에 완벽하게 설계하려는 욕심은 버리기를 권장합니다. 설계를 완벽하게 했다고 생각해도, 구현하다 보면 결국 동작에 필요한 요소들을 추가로 발견하게 될 것입니다.

처음부터 너무 완벽하게 설계하려고 하면, 구현이 설계와 달라질 때 정신적인 충격을 많이 받습니다. '아무리 완벽하게 설계해도, 설계와 실제 구현은 다른 문제구나… 이렇게 시간을 들여 설계해도 아무 쓸모가 없구나…'라며 '설계는 가치가 없다'는 생각이 들고, 이후에는 설계 자체를 하지 않게 될 수도 있습니다.

단 한 번의 설계로 완벽한 구조를 만들어 낼 수는 없습니다. 설계 품질은 설계와 구현 피드백 사이클을 계속해서 돌리면, 조금씩 향상되는 것입니다.

'설계와 구현은 다른 문제다', '이런 설계로 가기로 했는데 왜 계속 바꿔냐?'라는 등의 이야기가 나오며 팀원들이 분열될 수도 있으므로, 피드백 사이클을 돌며 개발할 때는 개발 방식에 대해 처음부터 확실하게 합의하고 시작하는 것이 좋습니다.

16.2.5 '성능이 떨어질 수 있으니 클래스를 작게 나누지 말자'는 맞는 말일까?

'클래스 인스턴스 생성은 비용이 발생하여 성능을 떨어뜨릴 수 있으므로, 클래스를 많이 만들면 안 된다'고 생각하는 사람이 꽤 많습니다.

클래스가 많아지면 비용이 발생하는 것은 맞습니다. 하지만 대부분의 상황에는 무시할 수 있는 정도입니다. 최근에는 하드웨어와 소프트웨어 모두 성능이 지속적으로 향상되어, 인스턴스 생성 비용은 상대적으로 점점 낮아지고 있습니다.

그래도 걱정된다면, 실제로 성능에 영향을 주는지 측정해 보기 바랍니다. 측정해 보면 대부분의 경우에서 클래스 쪼개기가 성능에 미치는 영향이 전혀 없거나 또는 거의 없음을 알 수 있을 것입니다.

성능 문제는 여러 곳에서 발생할 수 있습니다. 성능에 지배적인 영향을 미치는 부분(병목)은 실제로 측정해 보기 전까지는 제대로 알 수 없습니다. 병목이 어디인지 모른 채 성능이 빠른 코드를 작성하려고만 하는 것은 **너무 빠른 최적화**(premature optimization)라고 하는 안티패턴에 해당합니다.

실제로는 성능과 관련 없는 부분인데 '이렇게 하면 빠를 것이다'라고 생각하고 작성하는 코드는 대부분 변경 용이성이 낮습니다.

16.2.6 설계 규칙을 다수결로 결정하면 코드 품질은 떨어진다

코드 품질을 향상시키기 위해 코딩 규칙과 설계 규칙을 정하는 경우가 있습니다. 그런데 이때 팀 전체의 합의를 이루고자, 규칙을 다수결로 결정하는 경우가 있습니다.

하지만 설계 규칙을 만들 때 다수결을 따르면, 일반적으로 결과가 좋지 않습니다. 다수결 또는 만장일치로 코드와 설계를 결정하려고 하면, 아무래도 수준이 낮은 쪽에 맞춰서 하향평준화되기 쉽기 때문입니다.

설계 기술이 미숙한 팀원이 제안된 규칙의 좋고 나쁨을 제대로 판단할 수 있을까요? 아마도 어려울 것입니다. 미숙한 팀원이 많은 팀에서 규칙을 다수결로 정하면 어떤 일이 생길까요?

규칙을 세우려는 의도가 충분히 이해되지 못하면서, 불필요한 반박이 생기게 됩니다. 예를 들어 '내 코딩 스타일과 맞지 않는다', '쓸데없는 규칙을 만들려고 하는 것 같다', '귀찮다', '잘 모르겠다' 등 반대 의견이 많아, 규칙을 채택하는 일 자체가 어려울 것입니다.

결국 조악한 규칙이 채택될 수도 있고, 규칙 자체가 만들어지지 않을 수도 있습니다.

16.2.7 설계 규칙을 정할 때 중요한 점

팀원들의 능력 차이가 큰 경우에는 다수결보다, 시니어 엔지니어처럼 설계 역량이 뛰어난 팀원이 중심이 되어 규칙을 만드는 것이 좋습니다. 그리고 팀 리더의 권한으로 규칙을 지킬 수 있게 추진해 나가면 됩니다.

각각의 설계 규칙에는 이유와 의도를 함께 적는 것이 좋습니다. 규칙이 형식만 강제하고, 아무런 의미를 갖지 않는 상황을 막기 위해서입니다. 예를 들어서 표 16.1처럼 작성합니다.

규칙	이유와 의도
중첩을 3번 이하로 해야 한다. 중첩의 깊이가 깊어질 경우, 조기 리턴을 활용해서 줄일 수 없는지 검토한다.	가독성을 높일 수 있다.
같은 조건 분기가 여러 개 구현되면, 인터페이스 설계를 검토한다.	수정 누락의 가능성이 높아진다.
클래스와 메서드의 이름은 목적을 표현하는 형태로 작성한다.	목적을 모르면 로직이 난잡해질 수 있고, 유지보수와 변경이 힘들어진다.

표 16.1 설계 규칙의 예

이러한 규칙을 기반으로 다음과 같은 내용도 생각해 봐야 합니다.

- 설계 규칙은 성능이나 프레임워크의 제약 등 다양한 요건과 트레이드오프 될 가능성이 있다.
- 규칙을 무조건 지켜야 하는 것은 아니며, 타협점을 찾아야 하는 상황도 분명히 존재한다.

팀의 설계 역량이 성숙하지 않으면 개인에게만 맡기지 말고, 설계를 어느 정도 아는 팀원이 설계 리뷰와 코드 리뷰를 하도록 해서, 설계 품질을 관리할 수 있게 합니다.

리뷰만으로는 역량을 높이기 어려운 경우도 있습니다. 이때는 팀원들과 스터디를 진행해 보면서(16.5.4절 참고), 팀 전반의 설계 역량을 조금씩 높여 보는 것도 좋습니다.

설계 규칙의 의도가 한 번에 전달되기는 힘듭니다. 리뷰와 스터디 등을 통해서 의도를 계속해서 전달하면, 다른 구성원들도 조금씩 의도를 이해하게 될 것입니다.

팀 구성원의 설계 역량이 어느 정도 성숙해지면, 다시 한 번 설계 규칙에 대해서 논의하는 것도 좋습니다.

16.3 구현

관점과 접근 방법을 바꾸면, 코드를 구현하는 방법이 달라질 수 있습니다.

16.3.1 깨진 유리창 이론과 보이스카우트 규칙

범죄학에는 **깨진 유리창 이론**이 있습니다. 다음과 같은 과정을 거쳐 치안이 악화된다는 이론입니다.

1. 건물에 깨진 유리창 하나가 생긴다.

2. 깨진 유리창이 오래 방치되면, 아무도 신경 쓰지 않는 건물이라는 인식이 퍼진다.
3. 다른 창문을 깨기도 하고, 쓰레기를 버리는 등의 경범죄가 추가로 발생해서, 치안이 조금씩 나빠진다.
4. 상황이 더욱 악화되어 흉악 범죄까지도 일어나게 된다.

이 이론은 소프트웨어 개발에도 적용됩니다. 조악하고 복잡하고 질서 없는 코드가 방치되면, 소프트웨어 전체가 점점 더 무질서해집니다.

'저 코드를 보니까, 내 코드 정도는 그렇게 나쁜 편도 아니다'라는 마음의 틈이 생겨납니다. 여러분이 한 번에 추가하고 변경할 수 있는 코드의 양은 그렇게 많지 않을지도 모릅니다. 하지만 이런 코드가 계속 쌓여 돌이킬 수 없는 수준까지 가면, 소프트웨어 전체의 코드가 부패되어 버립니다.

미국의 **보이스카우트**에는 '캠핑장을 자신이 왔을 때보다 더 깨끗하게 치우고 가기'라는 규칙이 있습니다.

이를 프로그래밍에도 적용해서 생각해 볼 수 있습니다. 코드를 변경할 때, 자신이 변경하기 전보다 더 깨끗한 상태로 만들어 커밋하는 것입니다. 조금씩이겠지만, 이러한 작은 개선이 계속해서 반복되면, 코드의 전체적인 질서가 점점 더 좋아질 것입니다.

이상적인 구조가 무엇인지 이 책을 통해 이미 배웠으므로, 여러분은 어떤 구조가 악마를 불러들이는지 알고 있습니다. 즉 '악마를 볼 수 있는 눈을 가진 상태'라고 할 수 있습니다. 나쁜 구조가 눈에 띄면, 조금씩이라도 좋으니 개선하는 습관을 기르도록 합시다.

16.3.2 기존의 코드를 믿지 말고, 냉정하게 파악하기

많은 사람이 조악한 코드를 보고도, 특별한 의심 없이 따라 하는 경우가 많습니다.

특히 신입 사원(또는 후임자)은 선배(또는 전임자)가 작성한 코드가 레거시 코드라고 생각하지 않고, 오히려 '이것이 선배가 만든 샘플이다', '이것이 전임자의 방식이다'라고 생각하기 쉽습니다. 이렇게 의심 없이 코드를 받아들이면,

이전과 같은 방식으로 레거시 코드를 더 양산하게 됩니다. 기술력이 미숙한 신입 사원일수록 이러한 경향이 더 큽니다.

레거시 코드를 박멸하려면, 기존의 코드를 맹신하지 않는 마음가짐이 중요합니다.

구조적으로 이상한 것, 클래스 이름과 메서드 이름이 이상한 것 등 다양한 문제를 찾아보세요. 사양과 다른 이름을 갖고 있거나, 사양과 비슷하면서 다른 의미의 이름이 붙어 있지는 않은지 확인해 보세요.

'이 코드는 무엇을 해결하고 싶은 코드일까?', '이 코드가 달성하려는 목적이 무엇일까?' 등을 분석하고, 이상적인 설계를 처음부터 다시 생각해 보기 바랍니다. 저는 이 작업을 **정체를 파악하는 행위**라고 부릅니다. 그런데 정체를 파악할 때, 넘어야 하는 장애물이 몇 가지 있습니다.

첫 번째 장애물은 **앵커링 효과**라고 하는 심리 작용입니다. 이는 처음 제시한 수치와 정보가 기준이 되어, 이후의 판단을 왜곡하는 인지 편향을 의미합니다. 예를 들어 처음 제시한 가격이 너무 비싸면, 이후에 제시하는 가격이 싸게 느껴집니다. 처음 제시했던 가격이 판단 기준이 되는 것입니다. 이것이 바로 앵커링 효과입니다. 앵커링 효과에 휘둘리지 않으려면, 처음 제시받은 가격이 정말 타당한 가격이었는지 검증해야 합니다.

앵커링 효과는 소프트웨어 개발에서도 발생합니다. 기존의 클래스 이름과 메서드 이름이 기준이 되어서, 개발자의 판단을 왜곡시키는 경우가 굉장히 많습니다. 10장에서 살펴보았던 상품 클래스가 대표적인 예입니다. 기존 이름에 휘둘리면, 정체를 파악하기가 어려워집니다.

두 번째 장애물은 이름이 없거나, 이름을 모르는 것은 인지하기 어렵다는 것입니다. 사람은 이름을 알아야 존재를 지각할 수 있고, 반대로 이름을 모르면 존재를 지각할 수 없다는 인지 법칙이 있습니다.

1.3.5절에서 '쓰레기 객체'를 배웠으므로, 여러분은 어떤 코드가 쓰레기 객체인지 인식할 수 있게 되었을 것입니다. 반대로 '매매 계약'이라는 이름도 개념도 제대로 모른다면, 매매 계약과 관련된 조건의 존재를 알기 힘들 것입니다 (13.4.1절).

모르면 대처할 수 없다는 장애물을 넘으려면, 소프트웨어에서 '해결하고 싶은 내용'과 '달성하고 싶은 목적'을 배워야 합니다. 관계자를 찾아 대화하거나, 관련된 글을 읽고, 그곳에서 쓰이는 용어를 파악하고 이해해야 합니다.

이러한 두 장애물을 극복하면, 냉정하게 정체를 파악하고, 클래스와 메서드에 정체를 표현하는 이름을 붙일 수 있을 것입니다.

16.3.3 코딩 규칙 사용하기

프로그래밍 언어는 다양한 방법으로 작성할 수 있습니다. 예를 들어 자바에서는 변수의 이름을 personName, PERSONNAME, person_name 중 어떤 것으로 짓든 컴파일에 아무런 문제가 없습니다. 또한 '들여쓰기를 공백 몇 개로 할 것인가?' 와 '{ 앞 줄바꿈' 등도 자유롭게 지정할 수 있습니다.

하지만 작성 방식에 통일성이 없다면, 코드를 읽기가 매우 힘들어집니다.

코드를 읽기 쉽게 하려면, 코딩 규칙을 잘 지키는 것이 좋습니다. 코딩 규칙이란 코드의 가독성과 유지 보수성 향상, 문제가 있는 코드를 미연에 방지하기 위한 목적 등으로 코딩 스타일과 명명 규칙 등을 정해 놓은 것입니다.

코딩 규칙을 잘 준수하면, 코드의 구조와 이름에 질서가 생기고, 읽기 쉬워집니다.

대부분의 프로그래밍 언어에는 기업 또는 유명한 단체에서 편찬한 코딩 규칙이 있습니다. 인터넷에서 이러한 규칙을 확인할 수 있습니다. 표 16.2는 대표적인 예 몇 가지를 정리한 것입니다.

언어	URL
자바	*https://google.github.io/styleguide/javaguide.html*
C#	*https://learn.microsoft.com/ko-kr/dotnet/csharp/fundamentals/coding-style/ coding-conventions*
자바스크립트	*https://google.github.io/styleguide/jsguide.html*
루비	*https://github.com/cookpad/styleguide/blob/master/ruby.en.md*

표 16.2 언어별 코딩 규칙

코딩 스타일을 확인해 주는 도구도 많습니다. 대부분의 IDE에는 이미 이러한 기능이 탑재되어 있습니다. RuboCop(루비)와 ESLint(자바스크립트 외) 같은 도구를 개별적으로 사용해도 됩니다.

16.3.4 명명 규칙

코딩 규칙에는 들여쓰기 규칙, 주석 작성 규칙 등 다양한 코드 작성 규칙이 있습니다. 그중에서 명명 규칙에 대해 설명하겠습니다.

명명 규칙이란 변수 이름, 클래스 이름, 메서드 이름을 정하는 규칙입니다. 예를 들어서 'Google Java Style Guide'[3]에는 다음과 같은 규칙이 있습니다.

요소	규칙	예
클래스	어퍼 카멜 케이스(upper camelcase)	Customer
메서드	로어 카멜 케이스(lower camelcase)	payMoney
상수	모두 대문자, 구분자로 _를 사용	MAX_NAME_LENGTH

표 16.3 자바 명명 규칙의 예

어퍼 카멜 케이스는 단어의 앞글자를 모두 대문자로 하는 규칙, 로어 카멜 케이스는 두 번째 단어부터 앞글자를 대문자로 하는 규칙입니다. 이 외에도 모든 글자를 소문자로 사용하고, 단어 구분자를 _로 사용하는 스네이크 케이스(예: pay_money) 등이 있습니다.

이러한 명명 규칙은 프로그래밍 언어에 따라 다릅니다. 예를 들어 인스턴스 변수를 기준으로 생각해 봅시다. 자바(Google Java Style Guide)와 루비(Rubo-Cop Style Guide)는 다음과 같은 차이가 있습니다.

언어	규칙	예
자바	로어 카멜 케이스	totalPrice
루비	스네이크 케이스	total_price

표 16.4 언어별로 다른 명명 규칙

---

3 *https://google.github.io/styleguide/javaguide.html*

같은 프로그래밍 언어라도, 채택한 코딩 규칙에 따라서 명명 규칙이 조금씩 다를 수 있습니다.

또한 코딩 규칙은 기존의 것을 그대로 사용하기도 하고, 일부 개량해서 사용하기도 합니다. 중요한 점은 팀 전체에서 통일된 규칙을 정하고, 이를 활용해서 가독성을 높이는 것입니다.

16.4 리뷰

리뷰 시 주의 사항을 정리하겠습니다.

16.4.1 코드 리뷰 구조화하기

레거시 코드가 작성되는 현장이라면, 코드 리뷰를 하는 습관 자체가 없는 경우가 많습니다. 어떻게든 동작하도록 작성된 난잡한 코드가 누구의 확인도 받지 않고 병합됩니다.

이러한 코드는 결국 품질이 떨어져, 버그가 빈번하게 발생합니다. 버그만 어떻게 고쳐 보려고 수정해도, 비슷한 버그가 계속해서 생겨날 것입니다. 또한 수정한 곳과 상관없는 엉뚱한 곳에서 버그가 튀어나오기도 할 것입니다.

깃허브(GitHub)에는 다른 팀원이 승인(approve)한 풀 리퀘스트(pull request)만 병합(merge)할 수 있는 기능이 있습니다. 그 밖에도 코드 품질 분석과 단위 테스트와의 연동, 자동 실행 등의 CI 기능[4]이 다양하게 제공되므로, 꼭 활용해 보기 바랍니다.

풀 리퀘스트한 코드는 '코드의 히스토리와 경위를 알고 있는 사람' 또는 '설계를 자세하게 알고 있는 사람'이 리뷰하는 것이 좋습니다.

풀 리퀘스트 작성 시 템플릿 텍스트에는 리뷰 관점을 명시하는 것이 좋습니다. 보이스카우트 규칙 확인 항목, 설계 규칙과 관련된 링크 등을 포함하는 것도 좋습니다.

---

4 Continuous Integration의 약자입니다. 한국어로는 '지속적 통합'이라고 부릅니다. 코드 린트, 테스트 통과 등 깃허브에 커밋(commit)을 푸시(push)할 때마다 자동으로 실행되는 기능이라고 생각하면 됩니다.

16.4.2 코드를 설계 시점에 리뷰하기

많은 사람이 코드 리뷰를 '로직이 기능 요건을 만족하는지, 결함이 존재하는지, 코딩 스타일을 지키고 있는지 리뷰하는 것'이라고 생각합니다. 하지만 이보다는 설계적 타당성을 중심으로 리뷰해야 합니다.

이 책에서 계속해서 설명한 것처럼 설계 품질은 코드에 하나하나 나타납니다. 이 책에서 언급했던 여러 설계 관점과 비교해 보면서 리뷰하기 바랍니다.

16.4.3 존중과 예의

코드 리뷰 시 '기술적 올바름'을 두고, 공격적인 코멘트를 다는 사람이 있습니다. 하지만 아무리 옳은 말이라고 해도, 공격적 코멘트를 허용해서는 안 됩니다. 이러한 리뷰는 사람에게 상처를 주고, 생산성을 저하시키는 것은 물론, 코드를 좋게 만든다는 본래의 목표도 저해합니다.

코드 리뷰에서 가장 중요한 것은 존중과 예의입니다.[5] 리뷰를 받는 사람에 대한 존중을 먼저 생각하기 바랍니다. 기술적 올바름과 유용성보다도 함께 일하는 동료를 존중하는 것이 먼저입니다. 존중과 예의를 갖추고 지적하는 것이 코드 품질을 높이는 가장 빠른 길입니다.

다음은 구글 크로미움(Google Chromium) 프로젝트의 리뷰 지침, '존중하는 코드 리뷰'입니다.[6] 이 지침에는 '해야 하는 것'과 '하지 말아야 하는 것'이 정리되어 있습니다.

해야 하는 것	설명
능력과 선의를 갖고 있다고 생각하기	개발자는 능력이 있고, 선의를 갖고 있다고 생각하세요. 실수는 정보 부족으로 인해 발생하는 것이라고 생각하세요.
만나서 이야기하기	리뷰 도구만으로 의견이 모이지 않는 경우, 직접 만나 의견을 교환하세요.
이유를 설명하기	왜 잘못되었는지, 어떤 변경이 더 좋은지 설명하세요. '이렇게 하면 안 됩니다'라는 말만으로는 의견이 상대방에게 전달되지 않습니다.
이유 듣기	상대방의 의도를 잘 모르겠다면, 주저하지 말고 변경 이유를 물어보세요. 의견을 교환하고 기록하면, 이후의 변경 의도도 더 잘 알 수 있게 될 것입니다. 또한 더 좋은 구현을 생각할 기회가 됩니다.

---

5 Google Engineering Practices, *https://google.github.io/eng-practices/review/reviewer/standard.html* 과 *https://google.github.io/eng-practices/review/reviewer/comments.html*을 참고하기 바랍니다.

6 *https://chromium.googlesource.com/chromium/src/+/master/docs/cr_respect.md*

잘 끝맺기	완벽을 위해서 너무 철저하게 리뷰하다 보면, 리뷰를 받는 사람이 너무 힘들어집니다. 완벽을 찾으려고 하기보다, '이렇게 하는 것이 더 좋을 것 같다'라는 의견으로 리뷰를 적절하게 끝맺는 것이 좋습니다.
적절한 시간 내에 답변하기	리뷰를 계속 방치하지 마세요. 24시간 내에 답변할 수 없다면, 언제까지 답변할 수 있는지 코멘트를 달아 주는 등 적절한 방법으로 대응하세요.
긍정적인 부분 이야기하기	리뷰는 '모든 잘못된 부분을 찾겠다'는 비판적인 마음으로 임하지 말고, 긍정적인 부분을 인정하는 자세로 임하세요. 억지로 무리해서 칭찬할 필요는 없지만, 어려운 일을 맡은 사람과 좋은 변경을 한 사람에게 감사하는 마음을 표현해 보세요.

하지 말아야 하는 것	설명
나쁜 말 사용하지 않기	상대방이 최선을 다하고 있다는 것을 전제로 합니다. '왜 신경 쓰지 못했죠?'처럼 공격적인 말을 달아서는 안 됩니다.
극단적이고 부정적인 표현 사용하지 않기	'일반적인 사람이라면 이러지 않는다', '끔찍한 알고리즘이다' 같은 부정적인 표현을 사용해서는 안 됩니다. 사람을 공격해서 움직이려고 하면 안 됩니다. 사람이 아니라 코드에 대해서 이야기해야 합니다.
도구 사용을 단념 시키지 말기	작성자가 코드 포매터(formatter) 등 자동화 도구를 사용했다면, 일단 그 자체에 감사해야 합니다. 도구 사용에 대해 시비를 걸거나, 도구에 대한 취향을 강요해서는 안 됩니다.
사소한 것으로 오랜 시간 끌지 않기[7]	어떻게 해도 괜찮을 것 같은 경우, 리뷰에서 둘 중 하나를 결정하려 하지 마세요. 리뷰의 목적은 '이기고 지는 것'이 아닙니다.

이러한 리뷰 지침은 대부분 그대로 도입해서 활용할 수 있습니다.

간단한 예를 들어 보겠습니다. 다음 지적은 기술적으로는 정확하겠지만, 선의와 예의가 부족합니다.

"여기에서 ○○ 메서드는 사용하지 마세요. 성능이 나빠집니다. 이런 구현은 좋을 것이 아무것도 없습니다."

이러한 지적은 다음과 같은 지침을 위반하고 있습니다.

• 능력과 선의를 갖고 있다고 생각하기

• 이유를 설명하기

• 나쁜 말 사용하지 않기

---

7 (옮긴이) 'Don't bikeshed'에 해당합니다. 여기에서 bikeshed는 자전거 보관소 법칙을 의미하는데, '중요한 일은 어렵고 이해하기 힘들어서 논쟁하지 않지만, 작고 사소해서 모두가 알고 있는 일은 자신의 존재를 과시하기 위해 논쟁을 많이 하며 시간을 낭비한다'라는 뜻입니다. 자세한 내용은 *https://zetawiki.com/wiki/사소함의_법칙*을 참고하세요.

• 극단적이고 부정적인 표현 사용하지 않기

이를 근거로 다음과 같이 수정하는 것이 좋습니다.

"동작도 잘하고 충분히 좋은 변경입니다. 하지만 성능을 조금 더 개선할 수 있을 것 같습니다. 현재 ○○ 메서드를 활용해서 구현했는데, □□ 메서드를 활용하는 편이 실행 속도 측면에서 더 유리합니다."

여러분도 의식하지 못하는 사이에 존중과 예의가 없는 코멘트를 달아 본 적이 있지 않나요? 상대방에게 상처를 줄 수 있는 표현을 쓰지 않도록 주의하세요. 옳다고 해서 어떤 표현을 사용하든 상관없다고 생각하는 것은 유치한 사고방식입니다.

16.4.4 정기적으로 개선 작업 진행하기

구현 또는 코드 리뷰 중간에 좋지 않은 코드를 발견했는데, 스케줄 문제로 대처하지 못하는 경우가 있을 수 있습니다. 이때 일반적으로 '나중에 고치자' 하고 넘어가곤 합니다.

하지만 이렇게 넘어간 결함은 대부분 특별한 대책 없이 방치됩니다. 왜냐하면 새로운 업무가 계속해서 할당되기 때문에, 새로운 업무에 정신이 팔려서 잊어버리기 때문입니다.

좋지 않은 코드에 대처하는 일은 작업 관리 도구(Task Manager)에 개선 작업으로 추가해 두기 바랍니다. 그리고 정기적으로 이러한 작업을 모아 개선 작업을 진행해서, 확실하게 대처할 수 있게 만드는 것이 좋습니다. 예를 들어 주 1회 팀 회의에서 이번 주에 진행할 개선 작업에 대한 논의를 한다든지 하면 좋을 것입니다.

작업 관리에는 깃허브의 이슈(Issue) 등을 활용하면 좋습니다. 소스 코드, 풀리퀘스트와 연동되기 때문에 편리합니다.

16.5 팀의 설계 능력 높이기

이 장에서 지금까지 다룬 개발 프로세스는 설계 역량이 뛰어난 팀원이 어느 정도 있을 때의 이야기였습니다.

그런데 팀에 따라서는 설계를 잘 아는 팀원이 아예 없을 수도 있습니다. 이러한 상황에서는 설계를 개선해 보려고 해도, 거의 불가능할 정도로 개선이 이루어지지 않습니다.

저도 그랬습니다. 예를 들어 저는 과거에 다음과 같은 설계 리뷰를 했던 적이 있습니다.

나	여기 ○○Manager의 책무는 무엇인가요?
동료A	○○를 관리하는 클래스입니다.
나	관리란 무엇을 의미하나요?
동료A	관리는 관리입니다.
나	관리가 무엇을 의미하는지 구체적인 내역을 이야기해 주세요.
동료A	○○을 등록하거나, △△를 전송하거나, □□을 전환하거나……
나	그럼 관심사가 다른 것이네요. 사양 변경 시 문제가 발생할 수 있어서, 관심사에 따라 클래스를 나누는 것이 좋을 것 같습니다.
동료B	그렇게까지 할 필요가 있나요? 관리는 그냥 '관리'라는 것으로 충분하잖아요?

이렇게 리뷰가 제대로 기능하지 않는 경우도 있습니다. 이런 환경에서는 리뷰뿐만 아니라, 설계와 구현 개선 제안도 힘듭니다.

팀 전체의 설계 능력이 부족하면, 설계 능력을 높이기 위한 활동이 필요합니다. 개발 리소스를 결정하는 경영층을 설득할 수 있으면 가장 좋겠지만, 그건 그것대로 매우 어렵습니다. 그럼 어떻게 하는 것이 좋을까요?

16.5.1 영향력을 갖는 규모까지 동료 모으기

여러분 혼자서 품질 문제를 깨닫고, 설계를 개선하려고 했다고 생각해 봅시다. 하지만 혼자 힘으로는 품질을 높이려고 시도해도 효과가 거의 나지 않습니다.

오히려 남들은 '지시한 대로 일하지 않고, 쓸데없이 다른 일을 한다'라고 생각할 수도 있습니다.

설계뿐만 아니라 일의 방식을 상향식으로 개선하려면, 주위의 협력이 반드시 필요합니다. 물론 팀을 포함해서 모든 사람을 끌어들일 수는 없습니다. 생각이 맞지 않는 사람이 존재하기 때문입니다.

그런데 왜 협력이 필요할까요? 서로 협력해야 일하는 방식을 바꿀 만큼 큰 영향력이 생기기 때문입니다. 우선은 영향력을 가질 수 있을 만큼 동료를 모으는 게 중요합니다. 그럼 영향력을 발휘할 수 있는 규모는 어느 정도일까요?

란체스터의 법칙이라는 군사 이론이 있습니다. 이는 전투력에 따라 적에게 미치는 피해 규모를 계산하는 이론입니다. 이 란체스터 법칙을 시장 점유율에 적용한 경쟁 이론이 있습니다.

이 이론에는 시장 점유율의 목표를 정의하는 쿠프만 목표라는 것이 있습니다. 쿠프만 목표에는 여러 목표치가 있는데, 그중에서 '시장 인지권'이라는 목표치가 있습니다. 이는 '시장 내에서 영향력을 무시할 수 없고, 점유율 경쟁에 본격적으로 참가를 시작하는 위치'라고 합니다. 그리고 이 쿠프만 목표치는 점유율 10.9%입니다. 저는 현장 개선에 필요한 인원을 산출하는 데도 이 이론을 활용할 수 있다고 생각합니다.

10.9%라는 수치를 엔지니어 팀에 적용해서 생각해 봅시다. 만약 팀이 20명이라면 2.18명으로 약 2명입니다. 50명이라면 5.45로 약 5명입니다. 그렇게 많은 수는 아닙니다. 팀이 20명 정도라면, 자신 이외의 동료를 한 명만 끌어들여도 진행할 수 있다는 이야기입니다.

일단 방향성이 어느 정도 같은 동료에게 말을 걸어 보세요. "요즘 구현은 어때? 사양 변경할 때 변경이 꽤 힘들지 않아?", "변경하고 난 뒤에 디버그하기 힘들지?", "제대로 설계하면 좋을 텐데…" 등 무엇이든 좋습니다. 고민을 나누고 협력해 줄 동료를 만들어 보세요.[8]

---

8 커뮤니케이션을 잘하고 인맥이 넓은 동료가 있다면, 그 동료를 중심으로 모으는 것도 좋습니다.

16.5.2 천리길도 한 걸음부터

동료를 발견하면, 곧바로 이 책에 있는 내용들을 한꺼번에 전달하고 싶은 충동이 생길 수도 있습니다.

하지만 조급하게 굴면 안 됩니다. 사람은 한 번에 대량의 정보를 받아들일 수 없으며(15.5.5절 참고), 큰 변화에 대해 불안과 저항을 느낍니다.

매일매일 조금씩 설계 지식을 공유하도록 합시다. 물론 그 동료가 설계에 관심이 더 있다면, 조금 더 많은 내용을 공유하고 함께 의논해 보는 것도 좋습니다.

16.5.3 백문이 불여일견

동료와 설계 지식을 어느 정도 공유했다면, 함께 클래스를 설계하고 구현한 뒤 리뷰해 보세요.

'백문이 불여일견'이라는 말처럼 사물의 모습은 말로 설명을 듣는 것보다, 실제로 보고 실감할 때 확실하게 알 수 있습니다. 설계도 마찬가지입니다. 예를 들어 코드의 가독성은 감각적인 문제입니다. 즉, 개선 전과 후를 비교해 보면 가독성이 좋아졌음을 실감할 수 있습니다. 실제로 손을 움직여서 코드의 가독성이 좋아지고, 중복 코드가 줄어드는 모습 등을 동료들과 실감하고 공유해 보세요.

이때는 프로덕션 코드를 사용한 개선 실험을 추천합니다. 가상의 사양과 코드를 사용하는 것도 좋지만, 복잡함과 무질서함은 실제 프로덕션 코드를 따라갈 수 없습니다. 복잡하고 무질서한 코드를 간단하고 질서 있는 코드로 개선해 보면, 설계의 효과를 확실하게 실감할 수 있습니다.

16.5.4 팔로우업 스터디 진행하기

동료를 더 모으려면 설계 스터디를 진행해 보는 것도 좋습니다.

처음에는 독서 모임 느낌으로 설계 관련 서적을 읽으면서 진행하는 것도 좋습니다. 하지만 이전에 언급했던 것처럼 역시 실제로 코드를 개선해 보는 것이 효과적입니다. 인풋보다 아웃풋이 학습 효과가 높다[9]고 합니다.

---

9 (옮긴이) 책이나 자료를 통해 정보를 습득하기만 하는 것을 '인풋', 이를 기반으로 행동하는 것을 '아웃풋'이라고 표현하고 있습니다.

다음은 제가 추천하는 스터디 흐름입니다.[10]

1. 책에 적혀 있는 노하우를 1-2개 정도 읽어 봅니다.
2. 프로덕션 코드에서 노하우를 적용해 볼 수 있는 부분을 찾습니다. 직접 다루던 코드면 더욱 좋습니다.
3. 노하우를 사용해 코드를 개선해 봅니다.
4. 어떻게 개선했는지 비포&애프터를 비교할 수 있게 발표합니다.
5. 발표 내용에 대해 질의 응답과 논의를 합니다.

스터디는 한 번에 한 시간 정도, 스몰 스텝으로 반복합니다. 이렇게 하면 인풋, 아웃풋, 피드백을 빠르게 반복할 수 있어서, 효과적으로 공부할 수 있습니다. 또한 설계에 대한 의식과 인지도도 높아질 것입니다.

16.5.5 스터디 그룹에서 발생할 수 있는 문제 해결 노하우

스터디 방식에 따라 효과를 아예 얻지 못하고, 오히려 설계에 대한 인식을 나쁘게 만드는 경우도 있으므로 주의해야 합니다.

일단 단순하게 책을 읽기만 하는 스터디는 추천하지 않습니다. 아웃풋이 동반되지 않으므로 학습 효과가 낮습니다. 그리고 한 번에 많이 인풋해도, 사람들은 업무가 바빠 관련된 내용을 금방 잊어버립니다.

앞서 언급했던 것처럼 코드를 개선해서 실제로 좋아졌음을 느끼는 것이 중요합니다. 인풋만 하면, '이게 정말로 도움이 될까? 실제 개발에서 사용할 수 있을지 모르겠다'라며 불안해 하거나 의구심을 느낍니다. 더 심해지면 '이건 이론일 뿐이고, 실제로는 적용할 수 없는 쓸모없는 것이다'라며 실망할 수도 있습니다.

"이것이 올바른 설계 방법이니 무조건 이렇게 해야 합니다!"라고 강요하는 것도 좋지 않습니다. 설계뿐만이 아닙니다. 새로운 기술을 도입할 때는 기존 기술을 부정하기 쉽습니다. 하지만 이러한 말은 지금까지의 구현을 모두 부정하는 것입니다. 지금까지의 성과를 부정당하면, 누구라도 기분이 좋지 않습니다.

---

10 참가 인원이 많으면, 인원을 나누어서 설계 작업을 진행해 보는 것이 좋습니다.

불신이 커지면 이야기를 들으려고조차 하지 않을 것입니다. 설계를 함께 개선할 동료를 만들 수 없게 되는 것입니다. 이렇게 되지 않으려면, 상대방의 의견에 공감하고, 상대방을 존중하는 자세가 필요합니다. 그런 다음 차근차근 과제와 해결 방법에 대해서 논의하는 단계로 넘어가세요. 잘 이야기해 보면, 관련된 설계를 이미 알고 있었지만 성능 면에서 문제가 있어 적용하지 못했다는 이야기 같은 의미 있는 답변을 들을 수도 있을 것입니다.

이렇게 의견과 관점을 공유하고 설계 문제를 어떻게 해결할지 생각해 볼 수 있을 것입니다. 다른 사람의 관점에 맞춰 생각하는 일은 굉장히 힘듭니다. 하지만 공감대 없이 무리하게 이야기한다면, 모두가 불행해집니다.

다른 사람에게 설계 이야기를 빨리 꺼내고 싶은데, 그러지 못해서 초조하거나 불안할 수도 있습니다. 하지만 인내가 필요합니다.

소프트웨어의 변경 용이성에 문제가 있다면, 지금까지 설명했던 것처럼 변경 용이성에 영향을 주는 설계 자체를 깨닫지 못한 것이 가장 큰 원인일 수 있습니다. 이상적인 구조와 그 효과를 알지 못하면, 지금까지 악마에 비유했던 나쁜 설계 자체를 인지할 수 없습니다.

스터디에서도 설계 관련 기술을 무리하게 전달하려 하지 말고, 차근차근 전달해야 합니다. 변경 용이성이라는 품질 특성이 있고, 변경 용이성을 높일 수 있는 기술이 있음을 알리는 정도로 차근차근 시작하는 것이 좋습니다.

16.5.6 리더와 매니저에게 설계의 중요성과 비용 대비 효과 설명하기

변경 용이성을 지속적으로 개선하지 못하고 오히려 저하하기만 하는 조직은 대부분 애초에 개발 리소스(예산과 계획)에 변경 용이성과 관련된 설계 비용이 포함되어 있지 않습니다. 또한 설계 비용이 포함되지 않는 이유는 대부분 예산과 계획을 결정하는 사람(팀 리더와 매니저 등)이 변경 용이성과 관련된 지식을 아예 갖고 있지 않기 때문입니다.

조직 차원에서 설계 품질을 향상시키려면, 개발 프로세스 흐름에 설계를 추가해야 합니다. 그러려면 리더와 매니저도 설계의 필요성을 공유해야 합니다. 정식으로 프로세스에 추가하지 못하면, 다른 일을 먼저 하라고 지시받는 등, 설계와 관련된 일을 시도하기 힘듭니다.

매니저에게는 비용 대비 효과를 중심으로 이야기를 합시다. 매니저는 팀에 할당된 예산을 투자해 이익을 극대화해야 하는 책임이 있기 때문입니다. 따라서 매니저에게 있어서 최대의 관심사는 바로 비용 대비 효과입니다.

개발 효율 저하 문제를 이야기하고, 이런 문제를 해결할 수 있는 설계 업무가 있음을 알리세요. 그리고 설계에 비용을 투자해야 하는 이유를 설명하세요. 매니저의 입장에서는 설계 비용이 어느 정도 되는지 신경 쓰일 것입니다. 매일 개발 업무에서 스몰 스텝으로 하는 일임을 강조하세요. 추가로, 모든 코드가 아니라, 필요한 코드에만 설계 비용이 든다고 설명하세요. 설계는 사양이 자주 바뀌는 영역에 집중해서 변경 용이성을 높이는 일이라고 이야기하세요.

매니저에게 설명할 때는 혼자가 아니라, 동료와 함께하는 것이 바람직합니다. 동료들과 했던 설계 활동과 그 실적을 함께 설명하면 설득력이 더욱 높아질 것입니다.

16.5.7 설계 책임자 세우기

개발 팀원 대부분이 설계 품질을 좋게 만드는 데 적극적이라면, 품질 향상 작업이 자연스럽게 이루어집니다. 하지만 그렇지 않은 경우, 설계 책임자를 내세우는 것이 좋습니다. 설계 책임자는 변경 용이성 품질 향상을 위해, 다음과 같은 내용을 추진합니다.

- 설계 품질과 관련된 규칙이나 개발 프로세스 수립
- 규칙을 반복적으로 알리고 교육
- 리더와 매니저에게 효과 공유
- 품질 시각화
- 설계 품질 유지

설계 규칙, 코딩 규칙, 리뷰 방법 등 설계 품질과 관련된 규칙과 개발 프로세스를 수립하도록 합시다. 물론 규칙만으로는 규칙을 지켜야 하는 이유를 알기 힘들어서 규칙을 지키지 않는 경우가 생길 것입니다. 왜 규칙이 필요한지 이유를 함께 적도록 합시다.

규칙을 정해도 지키지 않으면 아무 의미 없습니다. 개발 팀원들에게 확실하게 인지시키도록 합시다. 필요하다면 스터디를 하는 등 교육도 진행합시다. 규칙은 한 번에 전달되기 힘듭니다. 반복해서 전달하는 것이 중요합니다.

추가로, 개발 멤버뿐만 아니라 리더와 매니저에게도 평소 설계와 개발 비용 관련 내용을 계속해서 공유해야 합니다. 변경 용이성은 신경 쓰지 않으면 소홀히 하기 쉽습니다. 따라서 잊지 않게 정기적으로 전달하고, 의사를 공유하는 것이 중요합니다.

15.6절에서 소개했던 설계 품질 향상에 도움을 주는 도구를 도입하는 것도 좋습니다. 품질을 시각화하고, 품질 향상을 효율화할 수 있습니다. 도입에는 당연히 비용이 발생하므로, 필요한 개발 환경임을 매니저에게 잘 설명하도록 합시다.

사양 변경으로 인해 설계 품질이 떨어질 수도 있습니다. 사양 변경에 의해 품질이 떨어지지 않게 대처하는 것도 설계 책임자의 일이라고 할 수 있습니다. 예를 들어 비즈니스 관계자가 설계 관점에서 불합리한 사양 변경을 계속해서 요청하는 경우가 있을 수 있습니다. 비즈니스 관계자에게는 설계 품질이 보이지 않으므로, 어떻게 보면 당연하다고 할 수 있습니다. 설계 책임자는 설계 품질을 지켜야 하는 책임이 있습니다. 비즈니스 관계자가 문제가 발생할 수 있는 사양 변경을 요청한다면, 설계적으로 어떤 문제가 발생할 수 있는지 이야기해야 합니다. 서로의 중간 지점을 찾을 수 있게 노력합시다. 그리고 상황에 따라서는 사양 변경을 거절할 용기도 필요합니다.

그렇다면 누가 설계 책임자가 되면 좋을까요? 팀 내에 적당한 인물이 없다면, 이 책을 읽고 있는 여러분이 책임자가 되어야 할 수도 있습니다. 이 책을 읽고 있다는 것 자체가 설계와 관련된 문제를 느끼고 있고, 위기의식을 갖고 있는 증거라고 생각합니다. 여러분이 설계 책임자가 되어 개발 능력 향상에 기여할 수 있게 되기를 응원합니다.

17장

설계 기술을
계속해서
공부하려면

설계를 좀 더 공부하고 싶은 독자를 위해, 추천 도서와 학습 방법을 소개합니다.

17.1 추천 도서

설계를 배워보지 않은 사람들은 '설계'라는 말을 들었을 때 '중급자 이상만 하는 것', '어려워서 접근하기 힘들다'는 느낌을 받습니다. 반대로 '내가 작업하고 있는 소스 코드에 무언가 설계상의 문제가 있는 것 같아서 설계를 해 보고 싶은데 어떻게 시작해야 할지 모르겠다'고 생각할 수도 있습니다.

소프트웨어 설계에는 조금 심오한 측면이 있습니다. 또한 어떻게 배울 수 있는지도 알기 힘들고, 설계를 실제 프로젝트에 어떻게 적용해야 하는지도 알기 어렵습니다. 그렇기 때문에 설계에는 진입 장벽이 실제로 존재합니다.

이 책에서 설명한 내용은 설계의 첫걸음 정도일 뿐입니다.

사실 이 책은 이러한 진입 장벽을 딛고 초급 설계 단계에서 중급 설계 단계로 나아갈 수 있게 집필한 책입니다. 더 직접적으로 말하면, 이 장에서 설명하는 책으로 이어주기 위해서 집필한 것입니다.

지금까지 이 책을 읽은 여러분이라면, 지금부터 소개하는 책을 반드시 읽기 바랍니다. 그리고 설계 역량을 높여, 더 좋은 서비스 개발에 설계를 활용해 보십시오. 참고로 책과 관련된 추가 정보(출판사, 저자, 역자 등)는 책의 뒷부분에 있는 참고 문헌에 정리해 두었습니다.

17.1.1 《현장에서 유용한 시스템 설계 원칙(現場で役立つシステム設計の原則)》

쉽게 변경할 수 있는 코드를 어떻게 작성해야 하는지, 간단한 소스 코드를 예로 들며 설명하는 책입니다.

미숙한 코드를 성숙한 코드로 성장시켜 나가는 과정 속에서, 그 의도를 명확하게 설명하므로 이해하기 쉽습니다. 프로그래밍 초보자에게 추천하는 책입니다.

'변경이 쉬운 설계'에 대해 비즈니스 개념을 중심으로 설명합니다. 추가로 클래스를 설계해야 할 때의 주의점, 애플리케이션 아키텍처의 전반적인 지침 등을 폭넓게 설명하므로, 설계 중급자에게도 도움이 되는 책입니다.

17.1.2 《읽기 좋은 코드가 좋은 코드다》

프로그래밍 세계에는 '3일 후의 나는 타인이다'라는 말이 있습니다. '자신이 직접 작성한 코드라도 3일만 지나면 의도를 잊어서, 코드를 읽는 데 어려움을 겪게 된다'라는 뜻입니다. 이 책은 타인(그리고 미래의 자신)이 읽더라도, 의도를 이해하기 쉬운 코드를 작성하는 방법에 대해서 설명합니다.

- 클래스와 메서드의 이름을 붙일 때 단어를 선택하는 방법
- 읽는 사람이 오해하지 않게 코드와 주석을 작성하는 방법
- 쉽게 이해할 수 있는 제어 흐름과 로직을 작성하는 방법

이 외에도 코드의 가독성을 높이기 위한 실전적인 테크닉을 많이 다룹니다. 이 책도 프로그래밍 초보자라면, 반드시 읽어야 하는 책이라고 생각합니다.

17.1.3 《리팩터링 2판》

14장에서 겉으로 드러나는 코드의 기능은 바꾸지 않으면서 소스 코드의 구조를 개선하는 리팩터링을 소개했습니다. 이 책에서는 다양한 리팩터링 기법을 다룹니다.

우리는 지금까지 개발 생산성 저하를 초래하는 코드를 '악마를 불러들이는 코드'라고 불렀습니다. 이 책에서는 이를 '악취'라고 부르며, 여러 가지 악취를 카탈로그로 정리해서 보여 줍니다. 그리고 이러한 악취에 대응하는 리팩터링 방법도 함께 소개합니다. 나쁜 코드와 어떻게 싸워야 할지 설명하는 전투 지침서라고 할 수 있습니다.

이전에 '이상적인 구조'와 '나쁜 구조로 인한 폐해'를 알아야 악마를 볼 수 있다고 했습니다. 이 책에서는 '나쁜 구조'와 '나쁜 구조로 인한 폐해'를 카탈로그로 정리해서 보여 주므로, 이 책을 공부하면 더 많은 악마를 볼 수 있을 것입니다.

리팩터링은 좋은 설계에 다가갈 수 있는 가장 기본적이면서도 중요한 방법입니다. 실천적인 대응 방법을 공부하기 좋은 책이므로 추천합니다.

17.1.4 《클린 코드》

미숙한 나쁜 코드를 개선해서, 개발 생산성이 높은 성숙한 코드로 만드는 방법에 대해 정리한 책입니다.

《리팩터링 2판》에서는 언급하지 않은 미숙한 나쁜 코드 패턴이 카탈로그로 정리되어 있어, 《리팩터링 2판》과 함께 보면 더 많은 악마를 찾을 수 있습니다.

17.1.5 《레거시 코드 활용 전략》

《리팩터링 2판》과 마찬가지로 리팩터링을 주제로 다루는 책입니다. 다만 이 책은 사양을 알 수 없고, 테스트도 없는 코드를 어떻게 분석해서 리팩터링할 수 있는지를 중점적으로 다룹니다.

실제 현장에서 볼 수 있는 레거시 코드에 대한 대처 방법이 많이 수록되어 있어 실천적인 방법을 확인할 수 있습니다.

코드 변경 영향 범위를 조사하는 방법으로 영향 스케치와 스크래치 리팩터링을 다룹니다. 또한 수정했을 때 버그가 발생할 수 있는 레거시 코드를 수정하지 않고, 기능을 추가하는 스프라우트 메서드(sprout method)를 다룹니다. 이외에도 테스트 없는 코드를 안전하게 리팩터링하기 위한 메서드 객체(method object) 등 《리팩터링 2판》에서 다루지 않은 다른 분석 방법, 설계 개선 방법들을 다룹니다.

17.1.6 《레거시 소프트웨어 리엔지니어링(Re-Engineering Legacy Software)》

《레거시 코드 활용 전략》이 코드를 기반으로 어떻게 설계를 활용할지 다루는 책이라면, 이 책은 '리팩터링을 어떻게 진행시켜 나갈 것인가'라는 계획과 조직에 초점을 맞춘 책입니다.

실제로 리팩터링을 해 보면, 다음과 같은 문제들이 계속해서 따라다닙니다.

- "이미 동작하고 있는 코드를 수정하려고 하지 말아달라"는 현장의 반발을 받을 수 있습니다.
- 어디부터 리팩터링해야 할지 알기 힘듭니다.
- 어느 정도 규모로 리팩터링해야 하는지 알기 힘듭니다.
- 팀과 어떻게 합의해야 하는지 알기 힘듭니다.
- 리팩터링을 잘 활용하기 위한 환경 정비와 도구 선택을 어떻게 해야 할지 알기 힘듭니다.

이러한 조직적이고 계획적인 문제를 고민하고 있는 분에게 추천하는 책입니다.

17.1.7 《레거시 코드를 넘어서(Beyond Legacy Code)》

레거시 코드가 작성되는 원인은 설계 기술력뿐만이 아닙니다. 팀이 움직이는 방법, 일을 하는 방법이 문제의 밑바탕이 되는 경우가 있습니다.

이 책에서는 애자일 개발 방법을 중심으로, 변화에 대응할 수 있는 코드를 지속적으로 작성하기 위한 팀 운영 방법 등을 설명합니다.

팀 리더에게 추천하는 책입니다.

17.1.8 《엔지니어링 조직론으로의 초대(エンジニアリング組織論への 招待)》

'좋은 코드를 작성하고 싶다', '좋은 설계를 하고 싶다'는 생각을 하며 일하고 싶어도, 조직에 얽매여 높은 개발 생산성을 내지 못하는 경우가 많습니다.

사람의 의사 결정을 막는 애매모호함, 즉 '불확실성'에 초점을 맞추어서 시스템 개발 생산성 향상에 대해 이야기하는 책입니다. 조직 내에서의 사회적인 과제, 심리적인 과제 등을 다양한 관점에서 설명하고 있으며, 엔지니어링 조직 운영에 숨어 있는 악마를 볼 수 있는 눈을 기르게 해 주는 책입니다.

'좋은 작물은 좋은 흙에서 자란다'는 말처럼 '좋은 시스템 설계는 좋은 조직 설계에서 나온다'고 생각할 수 있습니다.

17.1.9 《프로그래밍의 원칙(プリンシプル オブ プログラミング)》

SOLID 원칙을 기반으로 소프트웨어에는 설계를 개선하기 위한 원리, 원칙, 지침이 굉장히 많이 있습니다. 이 책은 이러한 원리 원칙을 카탈로그로 보여 주고 해설해 줍니다.

이 책에는 소스 코드가 따로 등장하지 않지만, 각각의 원리 원칙을 지키면 어떤 좋은 일이 있고, 지키지 않으면 어떤 폐해가 있는지 차근차근 설명해 줍니다. 설계에서 막히는 부분이 있다면, 원리 원칙을 적용해서 생각해 보세요. 분명 도움이 될 것입니다.

소프트웨어 원리 원칙은 특정 프로그래밍 언어와 프레임워크에 의존하지 않으므로, 설계 스킬을 현저히 높일 수 있는 기반이 될 것입니다.

17.1.10 《클린 아키텍처》

설계에 대한 이해가 높아지면, '더 좋은 설계를 목표로 하려면 어떻게 해야 할까?'라는 생각으로 이어질 것입니다. 그리고 설계 대상이 메서드와 클래스 등의 미시 단위에서, 아키텍처 전체와 같은 거시 단위로 자연스럽게 확장될 것입니다.

이 책은 SOLID 원칙을 시작으로 아키텍처 전체의 변경 용이성을 향상시키기 위한 원칙, 관점, 접근 방법을 설명합니다.

17.1.11 《도메인 주도 설계》

세상에 있는 여러 웹 서비스와 애플리케이션을 상상해 봅시다. 모든 서비스는 '우리는 이것을 판매한다!'라고 말할 수 있는 매력이 있습니다. 오랜 기간 사용되어 온 서비스는 이러한 매력을 유지하면서, 고객의 니즈에 따라 기능을 추가/변경하며 점점 발전합니다.

반면 매력이 점점 희미해지고, 진화가 멈추는 서비스와 애플리케이션도 있습니다. 서비스의 매력을 알 수 없게 되고, 서비스에서 처음 이야기하던 '가치'를 알 수 없게 되는 것은 개발 쪽도 마찬가지입니다. '우리가 무엇을 판매하고 있었지? 지금 개발하고 있는 신기능이 정말 고객을 만족시킬 수 있는 것일까?' 등 의문을 품은 적이 있지 않나요? 그리고 '서비스에서 판매해야 하는 것과 해야 하는 것을 확실히 알고, 무엇을 하면 고객을 만족시킬 수 있을지 확실히 알지만, 기존의 코드가 너무 복잡해서 새로운 기능을 추가할 수 없다'고 생각한 적도 있을 것입니다.

서비스에서 '판매하는 것'을 정의하고, 이를 성장시킬 수 있는 구조를 설계하는 방법이 바로 도메인 주도 설계(DDD, Domain Driven Design)입니다.

서비스에서 '판매하는 것'은 중심적 가치를 발휘하는 핵심적인 사업 영역입니다. 도메인 주도 설계에서는 이 영역을 '코어 도메인'이라고 정의합니다. 그리고 이를 기반으로 다음을 구현할 수 있는 설계 방법과 접근 방법을 설명합니다.

- 코어 도메인의 비즈니스 가치(기능성)를 높입니다.
- 코어 도메인을 구성하는 로직의 변경 용이성을 높이고, 비즈니스 가치를 빠르게 높일 수 있도록 합니다.
- 장기적으로 성장 가능한 설계로 만들어서, 서비스가 이익을 계속 낼 수 있게 만듭니다.

사실 조금 추상적으로 쓰여 있어서, 쉽게 이해할 수 없는 내용이 많습니다. 하지만 마이크로서비스 설계에서는 항상 언급될 정도로 설계와 관련된 판단을 하는 데 시사하는 바가 많습니다. 보다 높은 수준의 설계를 목표로 하는 분에게 꼭 추천하는 책입니다.

17.1.12 《설계를 통한 보안(Secure by Design)》

버그에는 다양한 원인이 있습니다. 가장 많은 원인 중 하나로는 잘못된 값(또는 존재할 수 없는 값)이 들어오는 경우입니다. 잘못된 값은 외부 공격자가 의도적으로 입력하는 경우도 있지만, 소스 코드의 로직 오류에 의해서 의도하지 않게 시스템 내부에서 만들어지는 경우도 있습니다.

앞서 클래스는 스스로 자신을 잘못된 상태로부터 보호하는 자기 방어 임무를 갖고 있어야 한다고 언급했습니다.

이 책은 보안 설계 책이지만, 다요소 인증[1]과 비밀번호 관리 도구 등의 보안 대책을 설명하는 책이 아니라, '클래스가 잘못된 상태에 빠지지 않게 하려면 어떻게 설계해야 하는가'를 다루는 책입니다.

이 책의 특징은 도메인 주도 설계를 기반으로 설명한다는 것입니다. 《도메인 주도 설계》에는 소스 코드가 별로 등장하지 않습니다. 그래서 실제로 어떻게 구현해야 하는지 해석하기 어렵습니다. 《설계를 통한 보안(Secure by Design)》은 《도메인 주도 설계》에 등장하는 난해한 접근 방법을 쉽게 이해할 수 있게 풀어서 설명합니다. 샘플 코드도 굉장히 풍부하므로, 어떻게 구현해야 하는지 눈으로 확인할 수 있습니다.

그래서 최근 도메인 주도 설계 학습자 사이에서 인기가 높아지고 있는 책입니다. 보안 향상을 통해서 도메인 주도 설계를 배울 수 있는 좋은 책입니다.

17.1.13 《도메인 주도 설계 철저 입문》

《설계를 통한 보안(Secure by Design)》은 샘플 코드가 풍부해서 이해하기 쉽지만, 어느 정도 기술 레벨을 필요로 하므로, 초보자에게는 조금 어렵게 느껴질 수 있는 내용입니다.

《도메인 주도 설계 철저 입문》은 《도메인 주도 설계》에 등장하는 디자인 패턴을 중심으로, 매우 쉬운 용어를 사용해 설명하는 입문서입니다. 수록되어 있는 소스 코드도 굉장히 풍부하면서도 단순합니다.

도메인 주도 설계에는 값 객체, 집약 등 다양한 디자인 패턴 외에도 유비쿼터스 언어, 경계 지어진 컨텍스트, 딥 모델, 도메인 엑스퍼트 등 다양한 개념이 많이 등장합니다. 그래서 일단 이 책으로 기본적인 디자인 패턴과 그 의도를 이해한 후, 《도메인 주도 설계》를 읽어 보는 것을 추천합니다.

---

1 (옮긴이) 다요소 인증(MFA, Multi-Factor Authentication)은 두 가지 이상의 인증 요소를 사용해서 본인을 인증하는 것입니다.

17.1.14 《도메인 주도 설계 모델링/구현 가이드(ドメイン駆動設計 モデリング/実装ガイド》

이 책도 도메인 주도 설계 입문서입니다.

　도메인 주도 설계의 목적, 모델링 방법, 등장하는 다양한 디자인 패턴의 의도가 쉬운 말로 설명되어 있습니다. 샘플 코드도 굉장히 풍부합니다.

　얇은 책이지만 중요한 포인트를 확실하게 설명하므로, 간단하게 읽기 좋은 책입니다.

　Q&A가 매우 충실해서, 설계에 어려움을 겪을 때 읽어 보면 많은 도움이 될 것입니다.

17.1.15 《도메인 주도 설계 샘플 코드와 FAQ(ドメイン駆動設計 サンプルコード&FAQ)》

방금 언급한 《도메인 주도 설계 모델링/구현 가이드(ドメイン駆動設計 モデリング/実装ガイド)》의 후속편입니다.

　모델링과 테스트 코드와 함께 도메인 주도 설계에서 난해한 주제인 '집약'에 대해 중점적으로 설명합니다.

　또한 이 책의 저자는 온라인으로 도메인 주도 설계와 관련된 질문에 적극적으로 답변해 줍니다. 이 책에서는 자주 묻는 질문에 대한 답변을 잘 정리하고 있어, 실무에 많은 도움이 될 것입니다.

　앞의 책과 마찬가지로 이 책도 샘플 코드가 풍부하며, 하나하나 잘 정리되어 있어 공부하기 좋습니다.

　도메인 주도 설계에서 자주 발생할 수 있는 문제를 옆에서 조언해 주는 듯합니다.

17.1.16 《테스트 주도 개발》

테스트 주도 개발은 테스트 코드를 먼저 작성하고, 테스트가 통과할 수 있게 프로덕션 코드를 작성하고, 리팩터링하면서 코드를 발전시키는 방법입니다.

　이 책에서는 사양 변경 상황을 가정하고, 테스트 주도 개발 과정을 설명합니다. 테스트를 활용해서 코드를 구현하는 방법을 샘플 코드와 함께 설명하므로 쉽게 이해할 수 있습니다. 또한 테스트에 유용한 디자인 패턴과 방법에 대해서도 설명합니다.

쉽게 테스트할 수 있는 코드는 개발 용이성이 높은 좋은 코드라고 할 수 있습니다. 테스트 주도 개발을 통해서, 자연스럽게 좋은 코드를 설계하는 방법을 배울 수 있는 책입니다.

그림 17.1 버그 헌터 2 REBOOT

기술 입문서는 아니지만, 공부에 도움이 될 만한 자료로 제가 제작한 게임을 소개하겠습니다. 버그를 퇴치하는 RPG 〈버그 헌터 2 REBOOT[a]〉입니다.

이 게임에서는 버그와 레거시 코드가 적으로 등장합니다. 다양한 프로그래밍 스킬과 설계 스킬을 사용해서 버그를 퇴치하면 되는 게임입니다.

예를 들어 이 책에서 소개했던 쓰레기 객체와 내용이 낡은 주석 등이 몬스터가 되어 주인공의 앞길을 막습니다. 그리고 내용이 낡은 주석은 주인공을 상태 이상에 빠뜨리고, 스마트 UI는 강한 결합을 사용하는 등 우리가 평소 개발에서 겪을 수 있는 문제를 스킬로 사용합니다. 이 책에서 다룬 많은 나쁜 구조가 계속해서 적으로 등장하는 것입니다.

그리고 이 게임은 단순하게 레벨을 올리기만 하면 쉽게 적을 쓰러뜨릴 수 있는 방식이 아닙니다. 스킬을 효과적으로 사용해야 적을 쉽게 쓰러뜨릴 수 있는 형태로 만들었습니다.

캡슐화와 값 객체 등 이 책에서 다룬 테크닉이 스킬로 등장합니다. 예를 들어 '코딩 규칙'은 낮은 주석에 큰 대미지를 입힙니다. 그리고 '단위 테스트'는 적의 반격을 막을 수 있습니다. 이처럼 실제 프로그래밍 스킬이 갖는 효과를 기반으로 스킬 효과를 만들었습니다.

추가로 '단일 책임 원칙'과 '리스코프 치환 원칙' 등의 설계 원칙을 스킬 습득에 필요한 아이템으로 설정했습니다.

이 게임을 플레이하면서 설계와 관련된 다양한 용어를 만날 수 있습니다. 놀면서 공부할 수 있는 게임이라 저 나름대로 만족하고 있는 작품입니다.

스마트폰과 컴퓨터 모두에서 플레이할 수 있습니다. 게다가 무료이므로 꼭 재미있게 즐기면 좋겠습니다.

a *https://game.nicovideo.jp/atsumaru/games/gm22047*, 한글 번역은 제공되지 않습니다.

17.2 설계 스킬을 높이는 학습 방법

실전 설계 스킬을 높이기 위해서, 효율적으로 공부하는 방법을 소개하겠습니다.

17.2.1 학습을 위한 지침

일단 학습하기 전에 기억해 두어야 하는 두 가지 지침을 소개하겠습니다.

- 인풋은 2, 아웃풋은 8
- 설계 효과를 반드시 머릿속에 새겨 두기

인풋은 2, 아웃풋은 8

첫 번째 지침은 인풋보다 아웃풋을 중시하는 것입니다. 인풋을 2라고 하면, 아웃풋은 8 정도로 잡는 것이 좋습니다. 이는 설계뿐만 아니라 학습에서도 적용됩니다.

예를 들어 자전거 타는 방법은 책으로 공부한다고 알 수 있는 내용이 아닙니다. 실제로 자전거를 타며 연습하고 균형 잡는 방법을 몸으로 익혀야 합니다. 마찬가지로 프로그래밍 언어 입문서를 읽는다고 바로 서비스를 개발하는 실전 프로그래밍 스킬이 몸에 익는 것은 아닙니다. 실제로 기능 요건을 마주하고, 요건을 만족하는 로직을 생각하면서 코드를 작성해 보는 경험이 필요합니다.

마찬가지로 설계도 책만 읽어서는 제대로 이해하기 힘듭니다. 실제로 코드를 작성해 보며 시행 착오를 경험해야, 설계와 관련된 스킬을 제대로 익힐 수 있습니다.

한 가지 내용을 새로 배웠다면, 곧바로 코드를 작성해 보며 여러 가지 시행 착오를 경험해 보세요.

설계 효과를 반드시 머릿속에 새겨 두기

두 번째 지침은 설계 전후에 효과(설계 효과)를 반드시 확인하는 것입니다.

예를 들어 전략 패턴(6.2.7절)은 조건 분기 중복 코드를 제거할 수 있는 효과가 있었습니다. 전략 패턴을 사용할 때, '적용하려는 코드가 현재 안고 있는 문제'와 '전략 패턴의 효과'가 일치하는지 확인하세요.

그리고 설계 적용 후에 효과가 제대로 발생했는지 확인해 보세요. 설계 적용 후에 제대로 효과를 보지 못했다면, 무엇이 문제인지 생각해 보는 것이 좋습니다. 이러한 생각이 쌓일수록 설계에 대한 이해가 깊어질 것입니다.

가장 안 좋은 형태는 설계 효과를 확인하지 않고, 그저 구조 변화에만 만족하는 것입니다. 이러면 문제 해결을 제대로 하지 못하고, 오히려 구조를 복잡하게 해서 문제를 더 심각하게 만들 수도 있습니다. 실제로도 어설프게 배운 디자인 패턴을 적용해서, 코드가 복잡해지는 경우도 많습니다.

이러한 두 가지 지침을 기반으로 이어지는 방법에 따라서 설계를 더 깊게 공부해 봅시다.

17.2.2 악마의 구조를 파악하는 연습

지금까지 이 책에서 어떤 구조가 악마를 불러들이는지 설명했습니다. 보다 좋은 설계를 하려면 동기 부여를 해야 합니다. 설계를 하고자 하는 동기는 위기감으로부터 옵니다. 어디에 악마가 숨어 있는지 간파하는 눈을 기르는 것이 첫걸음이라고 할 수 있습니다. 이 책의 내용과 비교해 보면서, 평소 개발에서 다루는 프로덕션 코드를 살펴보세요. 구조적으로 나쁜 부분이 어디인지, 왜 안 좋은지 분석하는 연습을 해 보세요. 앞에서 소개한 《리팩터링 2판》, 《클린 코드》 같은 책을 읽어 보면, '악마의 정체를 파악하는 눈'을 확실히 키울 수 있을 것입니다.

17.2.3 리팩터링으로 설계 기술력 높이기

설계 스킬을 높이는 가장 좋은 방법은 리팩터링이라고 생각합니다. 저도 리팩터링을 통해 설계 스킬을 높일 수 있었습니다.

그럼 과정을 설명하겠습니다. 리팩터링 연습 소재는 평소 업무에서 사용하는 프로덕션 코드입니다.[2] 프로덕션 코드는 대부분 복잡하다는 문제가 있습니다. 따라서 실천적인 레벨에서 사용할 수 있는 설계 능력을 기를 수 있습니다.

일단 리포지터리에서 로컬로 프로덕션 코드를 체크아웃하고, 연습용 브랜치를 나눕니다. 이 브랜치에서 리팩터링을 연습합니다. 어디까지나 연습용이므로, 주(main) 브랜치에 병합해서는 안 됩니다.

이어서 리팩터링 대상을 선택합니다. 줄 수가 많은 메서드, public 메서드는 난이도가 높으므로 피하는 것이 좋습니다. 왜냐하면 이러한 메서드는 많은 클래스와 메서드에 의존하고 있을 가능성이 높기 때문입니다. 줄 수가 적은 private 메서드와 static 메서드가 좋은 연습 소재입니다. 이러한 메서드는 public 메서드와 달리 다른 클래스와 메서드에 대한 의존도가 낮기 때문입니다.

이 책에서 설명했던 테크닉을 활용해서 여러 가지 시도를 해 보세요. 예를 들어 조기 리턴(6.1절), 일급 컬렉션(7.3.1절)을 사용해서 중첩을 해소해 보세요. 어떤 계산 후 기본 자료형의 지역 변수에 저장하는 로직이 있다면, 이를 인스턴스 변수로 갖는 값 객체를 설계해 보세요. 그리고 값 객체에 계산과 관련된 로직을 이동시켜 보세요.

반복해서 언급하지만 아웃풋이 중요합니다. 많은 연습이 중요합니다. 또한 의도대로 효과가 발생하는지도 반드시 확인하세요.

---

2 가상의 코드는 대부분 너무 이상적인 형태여서, 연습 소재로 좋지 않습니다.

구조 변경 연습만 하면 되므로 테스트 코드를 작성할 필요는 없습니다. 물론 테스트 코드까지 활용해서 리팩터링 연습을 해 본다면, 정말 좋은 공부가 될 것입니다.

C#과의 오랜 여행, 그리고 설계로 이어진 길

저는 C#으로 Windows 애플리케이션 개발을 했던 경력이 가장 깁니다. 대학교 연구실에서 일한 경력까지 포함한다면, 수십 년입니다. 그리고 이러한 C# 개발 경험 덕분에 설계 기술이 많이 향상되었습니다.

저도 처음부터 설계에 관심과 지식이 있던 것은 아닙니다. 과거에 C#을 사용해서 어떤 개발 프로젝트에 참여했을 때, 엄청난 레거시 코드 때문에 고생했던 적이 있습니다. 버그는 계속해서 발생하고, 프로젝트는 산으로 가고 있고, 야근도 매일매일 계속되었습니다. 점점 지쳐가면서 '대체 왜 이렇게 버그가 많을까? 대체 왜 이렇게 되어버린 것일까?'라는 생각이 들었습니다.

그러던 어느 날 좋은 기술서라도 읽어 봐야겠다고 생각하고, 회사의 책장을 이리저리 보다가, 우연히 《리팩터링》이라는 책을 보았습니다. '어떻게 하면 읽고 이해하기 쉬운 코드를 작성할 수 있는가', '어떻게 하면 버그를 줄일 수 있는가' 같은 내용을 보고, 저는 큰 충격을 받았습니다.

코드를 변경할 때 버그가 발생하게 만드는 설계가 있다… 제가 소프트웨어 설계를 처음으로 접했던 날입니다. 정말 과장이 아니라 이 책으로 인해 저의 운명이 바뀌었습니다.

책을 읽자마자 책에서 배운 내용을 사용해 보고 싶었습니다. 프로덕션 코드 리포지터리에서 연습용 브랜치를 만들고, 프로덕션 코드를 기반으로 리팩터링 연습을 매일 반복했습니다. 이때 설계 스킬이 가장 많이 늘었던 것 같습니다.

난잡했던 로직이 깔끔하게 정돈되어 가는 모습이 너무 재미있어서, 설계에 대한 흥미가 늘어 갔습니다. 그래서 《레거시 코드 활용 전략》, 《도메인 주도 설계》 등 다양한 설계 기술서를 구매하러 돌아다녔습니다.

제가 현재 리팩터링하고 있는 레일스 애플리케이션에 비해서, C#은 정말 리팩터링하기 쉽습니다. C#은 정적 언어이므로, 정적 해석을 통해서 클래스와 메서드의 호출 위치를 정확하게 추적할 수 있습니다. 또한 Visual Studio라는 IDE 자체가 정말 기능이 많습니다. 테스트 코드를 곧바로 작성할 수도 있고, 코드 분석 품질도 간단하게 수치화할 수 있습니다. 또한 작

성한 코드를 클래스 다이어그램으로 곧바로 시각화해서 볼 수도 있습니다.

하지만 이러한 축복받은 환경 속에서도 설계에 대한 이해가 부족하다면, 제가 경험했던 것처럼 버그가 넘치고 프로젝트가 무너져 내립니다. 설계 품질 향상 방법이 널려 있는데도, 사용하지 않아서 썩어 버리는 것입니다. 정말 안타까운 일입니다.

물론 IDE의 편리한 기능 때문에 품질이 저하되는 경우도 있었습니다.

예를 들어서 region 지시문이라는 전처리 문법이 있습니다. 이는 #region으로 묶어서, 코드를 접어 숨길 수 있는 기능입니다. 수백, 수천 줄의 메서드를 접어서 숨기는 용도로 region 지시문을 많이 사용했습니다. 이를 저에게 알려 준 분은 "region 지시문을 사용하면 코드를 읽기 쉬워진다."라고 이야기했지만, 사실 큰 메서드는 작게 분할해야 합니다. region 지시문으로 인해서 설계의 필요성 자체가 숨겨진 것입니다.

추가로 "if 조건문의 끝 괄호(})를 찾는 기능이 있는데, 이를 활용하면 if 조건문 내부에 수천 줄의 코드를 작성해도, 쉽게 if 조건문의 범위를 파악할 수 있어요. 대단하지 않나요?"라며 기뻐하던 분도 있었습니다. 물론 굉장히 긴 코드를 개선할 때, 괄호를 쉽게 찾아 주는 기능은 굉장히 편리합니다. 하지만 이로 인해 나쁜 코드를 작성하게 되는 것은 굉장히 좋지 않은 현상입니다.

언어의 특성과 설계 환경을 잘 활용하려면 설계 스킬이 필요합니다. 설계를 잘 배워서 코드의 품질을 높여 보기 바랍니다.

17.2.4 동작하는 코드를 작성했다면, 다시 설계하고 커밋하기

개발 시 설계 스킬을 높이고, 또한 품질 높은 코드를 커밋하는 방법입니다.

코드를 작성하기 전에 어느 정도 설계해도 괜찮지만, 일단 제대로 동작하는 코드를 빠르게 작성하는 것을 추천합니다. 시간을 들여 신중하게 설계하더라도, 실제로 코드를 작성해 보면 동작에 필수적인 요소를 빠뜨리는 경우가 많기 때문입니다.

동작하는 코드를 구현했다고 곧바로 커밋해서는 안 됩니다. 그때부터 이상적인 구조를 차근차근 설계합니다. 코드를 작성했기 때문에 동작에 필요한 값, 계산 로직, 분기 로직 등이 이미 만들어졌을 것입니다. 이러한 동작에 필요한 요소들을 메모장에 메모해 둡니다. 그리고 메모를 기반으로 변경 용이성을 고려해 클래스를 설계해 보세요. 처음에 작성한 코드를 기반으로, 설계 측면에서 좋은 클래스를 만듭니다. 그리고 이 클래스의 동작이 문제없다는 것을 확인했다면, 이때 커밋합니다.

이렇게 하면 코드의 품질도 높일 수 있고, 실전 설계 스킬도 높일 수 있을 것입니다.[3]

17.2.5 설계 기술서를 읽으며 더 높은 목표 찾기

설계가 잘되면 굉장히 즐겁습니다. 자신이 성장한다는 느낌을 받고, 실제로 성장하는 기회가 됩니다. 앞서 추천한 책을 통해, 설계를 더 깊게 공부해 보기 바랍니다.

《리팩터링 2판》과 《레거시 코드 활용 전략》은 상황에 따른 대응 방법이 카탈로그로 작성되어 있습니다. 그래서 책을 모두 읽을 필요도 없이, 사용하고 싶은 방법 부분만 간단하게 읽고 시험해 볼 수 있습니다. 계속해서 언급하지만 아웃풋을 내려면, 책을 읽자마자 손을 움직여 시행착오를 겪어 보아야 합니다. 그리고 설계 효과를 직접 확인해 보세요.

《도메인 주도 설계》는 소프트웨어를 장기적으로 성장시킬 수 있는 다양한 방법을 소개합니다. 조금 난해할 수 있지만, 관련 입문서들이 다양하게 나와 있으므로, 이러한 책을 함께 읽으면 조금 쉽게 접근할 수 있을 것입니다. 도메인 주도 설계도 실제로 손을 움직이며 다양한 시행착오를 거쳐야 더 깊게 이해할 수 있습니다.

모든 엔지니어가 악마에게 고통받지 않고, 쾌적하고 즐겁게 개발할 수 있는 세상이 될 수 있도록 모두 함께 노력해 봅시다.

---

3 이러한 방법을 도입할 때, 동작하는 코드를 다시 설계하는 과정에서 테스트 주도 개발을 활용해 보세요. 정확성이 더욱 향상될 것입니다. 관심 있는 분은 《테스트 주도 개발》을 읽어 보기 바랍니다.

옮긴이의 글

ChatGPT를 비롯한 생성 AI의 등장으로 많은 개발자가 사라질 것이라는 이야기가 들립니다. 하지만 현 시점에서 AI가 만드는 코드는 스택 오버플로(stack overflow) 같은 곳에서도 찾을 수 있을 정도로 간단합니다. AI는 이런 간단한 코드를 일일이 작성하는 수고를 덜어 줍니다.

이처럼 간단한 코드를 AI가 모두 만들면 개발자는 무엇을 해야 할까요? AI가 생성한 간단한 코드를 레고처럼 조립해서 더 큰 규모의 프로그램을 만드는 일에 집중해야 합니다.

그런데 코드를 제대로 이해하지도 않고, 마구잡이로 조합해서 프로그램을 만들면 어떤 일이 일어날까요? 이후에 버그가 발생하거나 요구 사항이 변경될 때 수정하기 어려울 것입니다.

코드를 잘 조합하기 위해서는 무엇이 필요할까요? 일단 '인터넷에서 찾은 코드' 또는 'AI가 만들어 준 코드'를 잘 이해하기 위한 지식이 필요합니다. 그리고 이를 분석하여 잘 결합하려면 '설계 기술'을 갖춰야 합니다.

'설계 기술'이라는 말은 이름만 들어도 어렵게 느껴집니다. 이 책은 설계 공부로의 첫걸음을 내딛을 수 있게 도와주는 '설계 기초 책'입니다. 이 책으로 설계 공부를 시작하면, 더 어려운 책으로 쉽게 넘어갈 수 있을 것입니다.

설계 기술을 어느 정도 체득하면, 더 이상 ChatGPT 같은 생성 AI가 '두려움의 대상'이 아니라 '함께 일하는 동료'처럼 느껴질 것입니다.

'결국엔 AI가 더 큰 규모의 프로그램도 만들게 되지 않을까?'라고 생각할 수도 있습니다. 그런데 그쯤 되면 이미 모든 직업이 사라져 있을 것입니다. 그 전까지는 인간의 설계 기술이 반드시 필요합니다. 들려오는 이야기에 흔들리지 않으려면 스스로를 믿고 나아가야 합니다.

이 책을 번역할 수 있게 도와주신 인사이트 관계자 모두에게 감사의 말씀을 드립니다.

참고 문헌[1]

- Bertrand Meyer, 《Object-Oriented Software Construction 2nd Edition(객체 지향 소프트웨어 설계 2판 원칙과 개념)》, Pearson Colleage Div, 2000. 번역서 없음.

- 増田亨, 《現場で役立つシステム設計の原則~変更を楽で安全にするオブジェクト指向の実践技法(현장에서 유용한 시스템 설계 원칙)》, 技術評論社, 2017. 번역서 없음.

- ThoughtWorks Inc., 《The ThoughtWorks Anthology: Essays on Software Technology and Innovation》, Pragmatic Bookshelf, 2008. 번역서: 《소트웍스 앤솔러지》, 위키북스, 2009.

- かとじゅん(j5ik2o), 《楽しいScala 気軽にはじめてみよう(즐거운 스칼라 부담 없이 시작해 보자)》, *https://zenn.dev/j5ik2o/books/scala-book-0f190ca38c551a9def3f*. 번역서 없음.

- 松岡幸一郎, 《ドメイン駆動設計モデリング/実装ガイド(도메인 주도 설계 모델링/구현 가이드)》, 翔泳社, 2020. 번역서 없음.

- 松岡幸一郎, 《ドメイン駆動設計サンプルコード& FAQ(도메인 주도 설계 샘플 코드와 FAQ)》, 翔泳社, 2021. 번역서 없음.

- Andrew Hunt, David Thomas, 《The Pragmatic Programmer》, Addison-Wesley Professional, 1999. 번역서: 《실용주의 프로그래머 20주년 기념판》, 인사이트, 2022.

- Robert C. Martin, 《Clean Code: A Handbook of Agile Software Craftsmanship》, Pearson, 2008. 번역서: 《Clean Code 클린 코드》, 인사이트, 2013.

- Martin Fowler, 《Refactoring: Improving the Design of Existing Code 2nd Edition》, Addison-Wesley Professional, 2018. 번역서: 《리팩터링 2판》, 한빛미디어, 2020.

---

[1] (편집자 주) 독자의 편의를 위해 번역서 서지 정보를 제공하였으며, 번역서가 없는 책은 '번역서 없음'으로 표기했습니다.

- 上田勲, 《プリンシプルオブプログラミング(프로그래밍의 원칙)》, 秀和システム, 2016. 번역서 없음.

- Robert C. Martin, 《Clean Architecture: A Craftsman's Guide to Software Structure and Design》, Pearson, 2017. 번역서: 《클린 아키텍처》, 인사이트, 2019.

- Michael C. Feathers, 《Working Effectively with Legacy Code》, Pearson, 2004. 번역서: 《레거시 코드 활용 전략》, 에이콘출판사, 2018.

- Joshua Bloch, 《Effective Java 3rd Edition》, Addison-Wesley Professional, 2017. 번역서: 《이펙티브 자바 Effective Java 3/E》, 인사이트, 2018.

- Eric Evans, 《Domain-Driven Design: Tackling Complexity in the Heart of Software》, Addison-Wesley Professional, 2003. 번역서: 《도메인 주도 설계》, 위키북스, 2011.

- 広木大地, 〈スケールする要求を支える仕様の「意図」と「直交性」(대규모 요구 사항을 해결하기 위한 사양의 '의도'와 '직교성')〉, *https://qiita.com/hirokidaichi/items/61ad129eae43771d0fc3*.

- Dustin Boswell, Trevor Foucher, 《The Art of Readable Code: Simple and Practical Techniques for Writing Better Code》, O'Reilly Media, 2011. 번역서: 《읽기 좋은 코드가 좋은 코드다》, 한빛미디어, 2012.

- 児玉公信, 《UMLモデリングの本質 第2版(UML 모델링의 본질 2판)》, 日経BP, 2011. 번역서 없음.

- 林宏勝, 〈概念投影によるオブジェクト指向設計の考え方とその方法(개념을 기반으로 구현하는 객체 지향 설계 접근 방법)〉, *https://speakerdeck.com/hirodragon112/conceptual-projection-design*.

- Kent Beck, 《Test-Driven Development: By Example》, Addison-Wesley Professional, 2002. 번역서: 《테스트 주도 개발》, 인사이트, 2014.

- 《JIS X 25010:2013 システム及びソフトウェア製品の品質要求及び評価(sQuaRE)-システム及びソフトウェア品質モデル(JIS X 25010:2013 시스템 및 소프트웨어 제품의 품질 요구 및 평가(sQuaRE)-시스템 및 소프트웨어 품질 모델)》, *http://kikakurui.com/x25/X25010-2013-01.html*. 번역서 없음.

- Michael Keeling, 《Design It!: From Programmer to Software Architect》, Pragmatic Bookshelf, 2017. 번역서: 《개발자에서 아키텍트로》, 한빛미디어, 2021.

- デジタルトランスフォーメーションに向けた研究会, 〈DX レポート~IT システム「2025年の崖」克服とDXの本格的な展開~(DX 리포트~IT 시스템 '2025년 절벽' 극복과 DX의 본격적인 전개)〉, *https://www.meti.go.jp/shingikai/mono_info_service/digital_transformation/pdf/20180907_03.pdf*.

- 広木大地, 〈老朽化ソフトウェアの技術的な負債, 毎年12兆円の衝撃(노후화된 소프트웨어 기술 부채 연간 12조 엔 충격)〉, *https://note.com/hirokidaichi/n/n1ce83fa154e5*.

- 広木大地, 《エンジニアリング組織論への招待(엔지니어링 조직론으로의 초대)》, 技術評論社, 2018. 번역서 없음.

- Philippe Kruchten, Robert L. Nord, Ipek Ozkaya, 〈Technical debt: From metaphor to theory and practice(기술 부채: 은유부터 이론과 실제까지)〉, IEEE Software 2012 November/December, vol.29, No.6, 18-21.

- Chris Birchall, 《Re-Engineering Legacy Software(레거시 소프트웨어 리엔지니어링)》, Manning, 2016. 번역서 없음.

- MathWorks Inc., 〈循環的複雑度(순환적 복잡도)〉, *https://jp.mathworks.com/discovery/cyclomatic-complexity.html*.

- Nelson Cowan, 〈The magical number 4 in short-term memory: A reconsideration of mental storage capacity.(단기 기억의 매지컬 넘버 4: 정신적 저장 능력의 재고)〉, Behavioral and Brain Sciences(2000), 24, 87-185.

- 長瀬嘉秀, 西田高士, テクノロジックアート, 〈凝集度と結合度: このコードのどこが悪いのか?(응집도와 결합도: 이 코드는 어디가 나쁜가?)〉, *https://www.itmedia.co.jp/im/articles/0510/07/news106.html*.

- 〈元ゲ-ム開発者のためになるゲ-ムデザイン(マジカルナンバ-)のお話(전직 게임 개발자를 위한 게임 디자인(매지컬 넘버) 이야기)〉, *https://togetter.com/li/1074311*.

- 森崎修司, 《なぜ重大な問題を見逃すのか? 間違いだらけの設計レビュ-(왜 중대한 문제를 간과하는가? 오류 투성이 설계 리뷰)》, 日経BP, 2013. 번역서 없음.

- 〈「ランチェスター戦略」をビジネスに応用した「マーケットシェア理論」('란체스터 전략'을 비즈니스에 응용한 '시장 점유율 이론')〉, *https://www.sumitai.co.jp/recruit/?column=41*.

- David Scott Bernstein, 《Beyond Legacy Code: Nine Practices to Extend the Life (and Value) of Your Software(레거시 코드를 넘어서)》, Pragmatic Book-shelf, 2015. 번역서 없음.

- Vaughn Vernon, 《Implementing Domain-Driven Design》, Addison-Wesley Professional, 2013. 번역서: 《도메인 주도 설계 구현》, 에이콘출판사, 2016.

- Dan Bergh Johnsson, Daniel Deogun, Daniel Sawano, 《Secure By Design》, Manning, 2019. 번역서 없음.

- 成瀬允宣, 《ドメイン駆動設計入門》, 翔泳社, 2020. 번역서: 《도메인 주도 설계 철저 입문》, 위키북스, 2020.

- Kristofer, 〈Half baked objects(절반만 구운 객체)〉, *https://krkadev.blogspot.com/2010/05/half-baked-objects.html*.

찾아보기